はじめて学ぶ
パーソナリティ心理学

個性をめぐる冒険

小塩真司 著

ミネルヴァ書房

目　次

第0章　はじめに …………………………………1
1. 本書の目的……1
2. 人を判断する難しさ……2
3. 研究者は間違える……4
4. 人々は極端な考えを揺れ動く……7
5. 言葉の問題：パーソナリティ，性格，人格，気質……10

第1章　個人差をどう考えるか ………………………15
　　　　──人々の違いを視覚化してみる
1. 身長で考えてみる……15
2. パーソナリティの個人差……24

第2章　見えないものをどう見るか ………………32
　　　　──構成概念という考え方
1. 直接見えないもの……32
2. 直接測定できない場合には……34
3. 環境の影響力……37

第3章　パーソナリティをどうやって測るのか ……………45
　　　　──基本的な考え方
1. データのかたち……45
2. パーソナリティの測定をどのように考えればよいのか……52

第4章　測定できているかどうかをどう判断するか …………57
　　　　──信頼性と妥当性
1. 信頼性と妥当性……57
2. 信頼性……58

3．妥当性……61
　4．信頼性と妥当性を考えるポイント……65

第5章　人をどのように分けるのか……68
──類型論について考える
　1．類型論……68
　2．古代ギリシア・ローマ時代の類型論……70
　3．体格と性格……75
　4．その他の類型論……80

第6章　どのような物差しを当てるか……82
──特性論の展開
　1．特性論……82
　2．パーソナリティ特性の探求……87
　3．5つのパーソナリティ特性……92

第7章　分けることと測ることは違うのか……103
──類型と特性を理解する
　1．尺度水準……103
　2．尺度水準と類型・特性……106

第8章　知性を測ることはできるのか……114
──知能検査の歴史
　1．知能検査の歴史……114
　2．知能の数値化と知能の構造……124
　3．知能指数と社会……132

第9章　あなたは人を分類しているか(1)……141
──血液型性格判断の歴史
　1．昭和初期の血液型研究……141
　2．血液型性格判断の復活……149

3.「関連があってほしい」と思う気持ち……153

第10章　あなたは人を分類しているか(2) ……159
　　　　　――血液型性格判断の是非
　　1.「当てはまる」と思える理由……159
　　2.「私はA型で神経質なのですが，なぜですか？」という反論……164
　　3.　確証バイアスとステレオタイプ……169
　　4.　信じることの是非……177

第11章　遺伝と環境はパーソナリティにどのように
　　　　　かかわるのか ……190
　　　　　――双生児の研究から
　　1.　双子に注目する……190
　　2.　遺伝と環境に関する考え方の基本……193
　　3.　遺伝と環境の影響力を推定する……200
　　4.　遺伝と環境についてどう考えるべきか……203

第12章　赤ちゃんに個人差はあるのか ……215
　　　　　――気質とその発達
　　1.　乳幼児の個人差……215
　　2.　乳幼児以外の気質理論……219
　　3.　気質とパーソナリティ……222

第13章　あとがき ……227
　　1.　類型的な見方から特性的な見方へ……227
　　2.　特性的に捉える練習……229
　　3.　最後に……232

人名索引
事項索引

第0章　はじめに

1．本書の目的

　本書は，心理学をはじめて学ぶ人に向けたパーソナリティ心理学のテキストです。パーソナリティ心理学は，こころの個人差に注目し，そのような個人差をどのようにとらえることができるか，何がそのような個人差を生じさせるのか，そのような個人差が何をもたらすのか，などを検討する心理学の一領域です。みなさんになじみのある言葉でいうと「性格」というものを扱う心理学です。なぜ，「性格」ではなく「パーソナリティ」という言葉を使うのか，その理由は後に説明します。

　本書は通常のテキストのように覚えるべきことを羅列するようには構成されていません。パーソナリティ心理学の研究内容を網羅するよりも，みなさんの素朴な「性格に対する考え方」を少しだけ変えてもらうことを目的に書かれています。できるだけ読み物として面白い内容となるように，あえて記述する内容を取捨選択し，単純化した部分もあります。パーソナリティ心理学の知識を網羅するようなテキストには，日本語で読めるものにも素晴らしいものがあります（青柳ほか，2006；榎本・安藤・堀毛，2009；若林，2009など）ので，ぜひそちらも参照していただければ幸いです。

　なお本題の説明に入る前に，この章では本書を読み進めるための心構えのようなものをいくつか示したいと思います。これらを読んでもらうことで，筆者のスタンスを理解してもらえるのではないかと期待しています。

2．人を判断する難しさ

　大学教員にはさまざまな種類の仕事があります。研究に大学での教育，学科の運営，また本書のようなテキストを執筆することも仕事の一環です。またときには，高校生の前で模擬講義を行うこともあります。これは，そのときの出来事です（小塩，2009）。

　この出来事が起こる数週間前に私は，「当日は午後2時に高校に集合です」という指示を，大学の担当者から受けていました。模擬講義をする高校は自宅のすぐ近くなので，午後2時少し前に高校に到着すればよいだろうと思いながら，余裕をもって自宅をあとにしたのです。

　校門から校舎までは，少し坂になった道を上っていくことになります。道の両脇にはケヤキでしょうか。晩秋までまばらに残った紅葉を眺めつつ，高校生に話す内容をあれこれと考えながら坂を上っていきました。

　校舎に到着し，1階の受付で「模擬講義に来た中部大学の者です」と告げると，やや急ぎ足で2階の部屋に案内されました。するとそこには，今回の模擬講義をコーディネートしている企業の男性担当者がいました。
「あ，先生，お待ちしていました。すぐ教室に移動してください」

　その男性は挨拶することもなく，このように告げたのでした。

　こういった模擬講義は，高校から大学に直接依頼が来る場合もあるのですが，高校が企業にコーディネートを依頼する場合もあります。高校としては，多様な学問領域，生徒の多様な進路に対応したいと考えます。しかし高校がすべて一から対応するのは大変なので，企業にコーディネートを依頼することになるのです。するとその企業が，高校にかわって周辺の大学や短大，専門学校に模擬講義を依頼してきます。大学側も，このような模擬講義を大学の宣伝の一種だと考えますので，できるだけ依頼に応じようとするのです。今回も企業が間に入った模擬講義でした。

　通常，模擬講義の前にいったん会議室などに集合し，校長先生や進路担当の

先生と挨拶を交わすものです。少なくとも，私がこれまでに行った高校ではそのようにしていました。ところが今回は何の挨拶もなく，進路担当の先生と名刺を交換することもなく，すぐ高校生が待つ教室に連れて行かれたのでした。
「授業は80分になります。ではよろしくお願いします」
　実際に指示された授業の時間も，事前に聞いていた時間より20分も長かったのです。これでは準備した内容では足りないではないか，と少し憤りを感じてしまいました。しかし，20分話を膨らませることは何とかできますので，模擬講義は滞りなく終わらせることができました。
　1時間以上話をしていると，少し高揚した気分になるものです。なんとかうまく授業をこなしたほっとした気分と，高揚した気分を感じつつ，集合場所である会議室に向かいました。すると，ふと講義前の担当男性の顔が頭に浮かびました。この企業の担当者の不躾で，投げやりで，いいかげんな態度は何だろう……そんなことを思いながら歩いていました。会議室に足を踏み入れ，「おつかれさまでした。模擬講義が終わりました」と告げると，担当男性が言いました。
「おつかれさまでした，先生。もうこれで結構ですので，お帰りいただいて構いません」
　結局，たいした説明もなく，高校の先生に挨拶をすることもなく，帰路についたのです。「怒りっぽい先生だったら，この場でこの担当者を怒鳴りつけてるんじゃないかなあ……」などと思いながら。
　家に帰ると，今日おきたことを妻に話しました。あの担当者は何だ，もう少し愛想よくしたっていいじゃないか。そもそも，高校の先生に挨拶もできないなんて，おかしいじゃないか，などと愚痴を言ったのです。そして，今度，大学で担当者に会ったら，今回の出来事を伝えようと考えていました。
　数週間後，学内で模擬講義を依頼してきた担当者に会う機会がありました。「この前の模擬講義，行ってきましたよ」と話しかけると，その担当者は言ったのです。
「先生，すみませんでした……恥をかかせてしまって。集合時間を間違えてお

伝えしていたのです。本当は1時30分に集合だったのですよ」

　なんと，失礼な態度を取っていたのは模擬講義をコーディネートしていた企業の男性ではなく，私の方だったのです。2時に集合だと思いこみ，2時少し前に到着し，たいして悪びれず謝りもせず，逆に憤ってすらいたのですから。あの男性は，「遅れてきたくせに偉そうな態度の大学教員だな」なんて思っていたかもしれません。

　そもそもの原因は，私に集合時間を間違えて伝えた担当者です。しかし，その原因が隠されたとき，限られた情報の中で人を判断する状況が生じてくるのです。

　日常生活で誰かのことを判断するときのことを思い浮かべてみてください。本当は，この話の担当者のような原因があるにもかかわらず，そのことを知らないために，「あいつはイヤな奴だ」「あの人はいいかげんだ」と簡単に判断していないでしょうか。その人が本当にどのような人物なのかを知ることは，それほど簡単なことではありません。しかし我々は，つい簡単に断定してしまおうとします。そのことが，対人関係上のさまざまな問題を生じさせることもあるのです。

　おそらく，みなさんが素朴に感じている「性格」についての考え方と，心理学者の考え方とのあいだにはギャップがあります。本書が，そのようなギャップを少しでも埋めることにつながれば嬉しく思います。

3．研究者は間違える

　テレビドラマに登場する研究者や新聞の科学欄を思い浮かべてみてください。「○○学会で画期的な発表がおこなわれた」という場面や記事を目にしたことはないでしょうか。しかしじつは，その学問分野の動向を変えてしまうような影響力をもつ「学会での発表」が行われる学問分野というのはほとんどなく，あったとしてもごくまれにしか生じないものなのです。多くの学問において評価されるのは，学会での発表ではなく，学会が発行する雑誌に掲載された「研

究論文」です。学会発表をしていると,「この発表はもう論文になっているのですか？」と尋ねられることがあります。研究者が参照したいのは,口頭で伝えられる発表よりも論文なのです。

ところがその論文も,掲載されたときにはそれが絶対的に正しいという保証はありません。普段研究に携わっていない人がこのような話を聞くと驚くかもしれませんが,研究者にとってはそれほど驚くべき話でもないのです。論文の中味が誤っている可能性はけっしてゼロではなく,「研究者は絶対に間違えることがない」というのは誤りです。どんなに素晴らしい業績を残した研究者であっても,間違えてしまうことはあります。逆に,誤った結論を導いたことがある研究者の「すべての研究」が間違いであるわけでもありません。

なお,一口に誤りと言っても,その中味は一つではありません。

第1に,単純なミスをしてしまうことがあります。じつは,研究者が発表した論文は,完璧なものではない場合があります。単純な記述のミスをしてしまう場合もありますし,研究計画上の不備,実験や調査上のミス,統計処理を行う際の思い違いや判断ミス,結果の解釈の誤りなど,発表された論文には多くの誤りが含まれています。ただし,このような誤りをできるだけカバーしようとするシステムも,研究の世界には備えられています。その一つは論文の査読制度です。これは研究雑誌に投稿された論文を,複数の研究者が審査するシステムです。そしてもう一つは,研究が積み重ねられていくことです。ある研究が発表され,その研究が他の研究者の興味を喚起させるような面白いものである場合には,他の研究者もそのテーマを扱うようになっていきます。面白そうなところに研究者が集まっていく,と言い換えてもいいかもしれません。すると,以前は見逃されていたミスや誤りが修正される可能性がでてきます。もちろん,これらのシステムがうまく機能しない場合もあります。しかし通常は,このようなプロセスで研究が発展していくのです。

第2に,時代の変化の影響があります。たとえばパーソナリティ心理学の場合には,コンピュータと統計処理方法の発展に大きく影響を受けてきました。世界初のプログラム可能なコンピュータは,第二次世界大戦中の1941年にドイ

ツでつくられましたが，1944年の連合軍によるベルリン空爆で破壊されてしまいました（Richards & Alderman, 2007 鴨澤訳, 2008）。その後，アメリカで1946年に膨大な数の真空管を使用した巨大なコンピュータENIAC（エニアック）⁽¹⁾がつくられたのを皮切りに，時代を経るに従ってコンピュータは高性能になり，小型化し，気軽に使用できるようになっていきました。パーソナリティの研究を行うためには，数百名以上からとられた数多くの質問項目のデータをいちどに分析する必要があります。この計算は，とても手作業で気軽にできるようなものではありません。しかし，コンピュータがない時代には手作業で計算せざるを得なかったのです⁽²⁾。

現在，それほど高価ではないパソコンで1秒もかからずできる統計処理も，ほんの百年前には手作業で数カ月かけて計算していました。複雑な計算を繰り返していれば，ミスをすることもあったでしょう。計算機器の進歩は必然的に新たな研究方法やデータの処理方法を生み出し，以前の研究では気づかれなかったミスの指摘につながったり，以前の研究では見出すことができなかった研究結果を見出すことにつながったりすることになります。

これらいずれの誤りも，研究活動の中でつねに存在するものです。「研究者」というと，「真実を述べる人」というイメージを持つかもしれません。しかし実際にはそうではなく，あくまでも「真実を追究する人」であって，本人が追究しているものが真実かどうかは，本人ですらわからないことがあるのです。それは，論文が発表されて数十年たってからやっとノーベル賞が与えられるケースが多いことからも想像できるのではないでしょうか。

過去のパーソナリティ心理学の研究の中にも，現在では顧みられないものがたくさんあります。その研究が行われた当時はホットなトピックだったとしても，重要性が失われたり，他の説明に置き換えられたりして，忘れられていくからです。現在行われている研究でも同じことが言えます。研究者は少しでも

（1） ENIACの総重量は30トンもあったそうです。
（2） 机の上におけるくらいのいわゆる「電卓」が登場したのも1960年代になってからのことです。

長く他の研究者が参照してくれる研究をし，論文を書こうと努力するのですが，すべてがうまくいくわけではありません。しかし，それらの研究に価値がないわけではありません。新たな研究はかならず，それまでに行われた先行研究から派生して行われるものです。

本書でも，「過去にはこんな研究があった」という内容がいくつも出てきます。現在はとりあげられていないから価値がないのではなく，そのようなアイデアがあったという事実を重視してもらいたいと思います。これらの研究の多くは，どこかで現在の研究へとつながっているのですから。

4. 人々は極端な考えを揺れ動く

みなさんは，パーソナリティなどの心理的な個人差が遺伝によって決定されると思いますか，それとも環境によって決定されると思うでしょうか。

これまでの歴史の中で，人間の個人差，とくに能力の個人差の原因を遺伝に求める立場にたつ研究者と，環境に求める立場にたつ研究者が，激しい論争を繰り返してきました[3]。また，このような論争は，社会制度にも影響を与えてきました。

19世紀の進化論の発展を受ける形で，19世紀から20世紀はじめにかけての多くの研究者たちは，知的能力をはじめとする個人差が遺伝によって決定されると信じるようになっていました。その影響を受け，1907年にはアメリカで優生断種法という法律が制定されます。この法律は，犯罪者や知的能力に劣る者，てんかん病者，強姦者，麻薬中毒患者などに対して，強制的に断種手術（子どもができないようにする手術）を行うことができるという内容でした。この法律が制定された背景には，このような問題を生み出す要因が，遺伝を通じてそのまま子孫に伝えられるのだ，という考え方がありました。

（3） たとえば Eysenck versus Kamin, 1981 齊藤訳, 1985 や Gould, 1996 鈴木・森脇訳, 2008 を読むとよいでしょう。

このような時代背景の中で，若くしてアメリカ心理学会会長にもなった，心理学における行動主義の提唱者であるワトソン（Watson, J. B. 1878-1958）[4]は，著書のなかで次のように主張しました。
「代々が詐欺師，殺人者，泥棒，売春婦という長い間続く家系に生まれた，健康でよく育った赤ん坊であっても，注意して育てれば最終的には好ましい結果が得られると，私は確信している」（Watson, 1924 p. 82）。
　このワトソンの主張は，あたかもアメリカの多くの州で制定された優生断種法を念頭に置いているかのようです。そしてこの文章の後に，多くのテキストにも引用される，有名なフレーズが登場します。
「私に1ダースの健康な乳児と，彼らを育てるための特殊な世界を与えたまえ。そうすれば私はランダムにその中の一人を取り上げ，彼の才能，好み，性癖，能力，適性，祖先の家系に関係なく，私が選んだ専門家—医師，法律家，芸術家，社長，そうだ，乞食や泥棒さえ—に，きっとさせてみせよう」（Watson, 1924 p. 82）
　このワトソンが記述した一節は非常に有名なもので，科学者や行動主義心理学者の傲慢さの表れとして批判されることもあります。しかし，この一節が遺伝決定論者・優生学の信奉者たちに向けられたメッセージだったと考えれば，印象が変わるのではないでしょうか。実際に，このあとでワトソンは「私は事実の範囲を越えようとしており，自分でそのことを認める。しかし，私に異を唱える人々もそうしているし，何千年来そうしてきた」と書いているのですから。
　さてもう一人，フロイト（Freud, S. 1856-1939）という名前を耳にしたことがあるでしょうか。フロイトは19世紀半ばにウィーンで生まれた人物で，精神分析学の創始者として有名です。精神分析学では，生後間もない頃からの親からの養育が重要視されます。成長した後の精神的な病理の原因が，幼少期に親から受けた虐待や親子間の問題にあるという指向性を強くもつ学問であるわけです。フロイトがこの精神分析学という学問を創始したのは1900年前後ですの

（4）　1915年，37歳の若さでアメリカ心理学会の会長になっています。

で，やはりフロイトの念頭にも優生学があったことでしょう。その中でフロイトは，幼い頃の養育がその後に大きく影響を及ぼすという，いわば「環境決定論」を主張したのです。

　ある極端な主張が行われると，それに反対する極端な立場が出現してきます。遺伝決定論に対して，ワトソンやフロイトは環境がその後の人生を決定すると主張しました。その後，心理学の世界でも一般社会でも，環境要因を重視する立場が優勢となっていきます。

　ではここで，小さな頃の環境が，その後の人間の特質をすべて決定すると考えてみましょう。あなたがいまもっている知的能力も性格も，幼い頃に経験してきたことですべてが決定されていることになります。しかし，ちょっと待ってください。うまくいっている場合はよいのです。もしあなたの成績が悪かったら，自分の性格が気に入らなかったら，もしもあなたが何らかの精神的な疾患をもっているとしたら……それらの原因をすべて「自分の周囲の環境」たとえば「親の育て方」や「学校の先生の教え方」にすることはできるのでしょうか。

　別のことを考えてみましょう。みなさんに子どもが生まれたとします。みなさんはその子を，絶対に非行に走らせることなく，まったく犯罪に手を染めさせることなく，学業成績も優秀に育てる自信はあるでしょうか？　あるいは，こう考えてみてもよいでしょう。あなたはその子を，生粋の犯罪者に育て上げる自信はありますか？……少なくとも私には，そのようなことを断言する自信はありません。

　ところが，重大な犯罪が起こるとマスコミはその原因を「生い立ち」に求めていきます。そこには，環境要因を重要視することの影響が多分に認められます。犯罪者の親であっても，自分の子どもを犯罪者に仕立て上げようと思って育てるわけではないでしょう。そのあたりのことをもう少し考慮すべきではないでしょうか。

　その一方で近年では，脳科学や分子遺伝学の発展とともに，遺伝要因が注目されるようにもなっています。そして社会の中にも，さまざまな人間の個人差

が「遺伝」という要因から構成されうることを認める風潮が出てきています。すると，どういう考え方が生じてくるでしょうか。「白色人種は遺伝的に……」「日本国民は遺伝的に……」「東大生どうしが結婚すれば子どもは遺伝的に……」「私は頭がよくないので賢い相手と結婚すれば子どもは……」と，まるで約100年前の思想を繰り返すような考え方が出てきかねないのです。

さて問題となるのは，「遺伝か環境か」というどちらかの要因「だけ」しか考慮しない姿勢です。実際には，環境要因が大きな影響を及ぼさないと思われるような，生まれて間もない子どもにも個性がみられます。しかも，同じ両親から生まれた複数の子どもそれぞれが，異なる個性を持って生まれてきます。けっして，子どもは親のコピーではないのです。そしてもちろん，成長とともに周囲の環境もその子に影響を与えていきます。このあたりを理解するのも，ちょっと難しいのかもしれません。「じゃあ結局，どっちが大事なのですか」という質問を学生から受けることがあります。それに対しては，「そこには『結局』などない」という答えになるのではないでしょうか。

本書では，パーソナリティや知能に対する遺伝と環境の影響とその考え方についても説明しようと思います。みなさんが素朴に抱いている遺伝決定論でも環境決定論でもない理解のしかたを，ぜひ身につけてもらいたいと思っています。

5. 言葉の問題：パーソナリティ，性格，人格，気質

日本の近代学問は，西洋の学問を輸入することで発展してきました。そこでは，どうしても「どのように翻訳するか」という問題が生まれてきます。普段何気なく使っている，「性格」「人格」「気質」といった言葉についても，同じ

（5） だからといって，「親の責任がゼロ」だと言っているわけではありません。親に責任があるかどうかはケース・バイ・ケースであり，多くの原因と同じように「完全に責任なし」とも「完全に責任あり」とも言えないものです。この議論は，本書第11・12章の内容に関連します。

ことが言えます。

　まず,"temperament"という言葉から説明したいと思います。"temperament"は「体液の混合」という意味からできた単語で,日本語では「気質」が訳語に当たります。気質（temperament）は,より遺伝的・神経学的・生物学的に規定されると考えられる行動面・心理面の個人差を表す言葉で,第12章で説明するように近年では乳幼児期にみられる行動上の個人差を表す言葉としてもさかんに用いられています。"temperament"は,非常に古くから人間の個人差や特徴を表す言葉として用いられ,明治時代に日本に入ってきました。『明治のことば辞典』（惣郷・飛田,1986）という本によると,「気質」は明治時代後期から,"temperament"の訳語として用いられるようになった造語であるということです。

　次に"character"という言葉です。"character"はギリシア語の「刻みつけられたもの」という意味から来ており,日本語では「性格」という言葉が訳語に当てられてきました。19世紀の精神病理学において,"character"という言葉は悪行や道徳,狂気にかかわる個人差を表現するものとして用いられてきました。この言葉は研究者によって,次に説明する"personality"と同じ意味で用いられたり,情動や衝動を制御する要因という意味で用いられたり,また精神分析学において正常な機能と病理的な機能を説明する用語として用いられていました。

　そして,"personality"です。"personality"は古代ギリシアの劇で用いられた仮面であるペルソナ（persona）から来た言葉であり,日本語では「人格」という言葉が当てられてきました。『明治のことば辞典』によれば,この「人格」も,明治時代に哲学者の井上哲次郎（1856-1944）によって作られた造語であるということです。

　さて,海外の心理学においても,"character"と"personality"の使い方は混乱してきたようです。しかし近年では,心理学においてこころの個人差を

（6）　なぜ「体液の混合」なのかは第5章を参照してください。

扱うときには，"personality"を使用するようになってきています。20世紀初めには，"*Character and Personality*"というタイトルの研究誌もありましたが，その後この雑誌は"*Journal of Personality*"へと名前が変わっています。このように変化してきた理由は，この2つの単語の意味の違いにあります。

アメリカの心理学者オールポート（Allport, G. W. 1897-1967）は，「character は personality に価値評価を付随したものであり，personality は character から価値評価を除いたものである」（Allport, 1937）と述べています。オールポートが述べるように，"character"という単語には「望ましい」というニュアンスが含まれており，"personality"という単語にはそのようなニュアンスがあまり含まれていないようです。

たとえば，次のような言い回しを英語で使います。

 A. He is a character.「彼は面白い人だ／彼は個性的だ（よい意味で）」
 B. He has a wonderful personality.「彼は素晴らしい性格のもち主だ」

このように"character"は，この単語だけで「（よい意味で）面白くて個性的な性格」という意味になります。その一方で"personality"は，この単語だけで「よい性格」という意味にはなりません。このように，これらの単語は微妙にニュアンスが異なっているのです。

では日本語の「性格」と「人格」はどう違うのでしょうか。これも文章の例を出してみましょう。

 A. 彼は性格者だ。
 B. 彼は人格者だ。

「彼は人格者だ」という表現は意味が通じますが，「彼は性格者だ」という表現は意味がよく分かりません。ところが，これを

 C. 彼はよい性格のもち主だ。

とすると，意味が通じます。これらの日本語と英語の使い方を対応づけてみる

と，本来であれば「character＝人格」「personality＝性格」とするのが，より近い意味になるのかもしれません。

　しかしながら，たとえば海外の心理学においては，personality の中に「知能」（知的能力の個人差）も含まれます。日本語の「性格」にも「人格」にも，知能を含む幅広い個人差というニュアンスはありません。ですので，最近では personality をカタカナで「パーソナリティ」と表現することも多くなっています。

　なお，近年，海外の心理学においてこころの個人差を扱う際には，"personality" がおもに用いられていると述べましたが，一方で "character" という単語が使われるケースも出てきています。たとえば，「キャラクター教育（character education）」という言葉があります（二宮，2008）。ここまでの議論をふまえて考えれば，"character" には「より望ましい個人差」というニュアンスがあり，"character education" とは道徳面や倫理面にかかわる個性を伸ばしていく教育であることがすぐに理解できるのではないかと思います。しかし，そのようなニュアンスがあることを知らなければ，日本語で「キャラクター」と言えば小説やアニメ，漫画の登場人物が思い浮かびますので……違う教育になってしまいそうです。

　日本語において，「性格」「人格」「パーソナリティ」は，それほど厳密に区別されて使用されてきたわけではありません。「気質」はこれらと少し違った意味で使用しますが，厳密に区別されていない場合もあるので注意が必要です。また，日本語ですでに定着してしまった言葉の言い回しが存在する，というケースもありますので，必要なとき以外は本書でも「性格」「人格」「パーソナリティ」の3つについてあまり厳密に区別しないで使用していこうと思います。

　では，少し長い前置きでしたがこれくらいにして，本題に入っていきたいと思います。

文献

Allport, G. W. (1937). *Personality: A Psychological Interpretation*. New York:

Henry Holt.

青柳　肇・安藤寿康・伊藤美奈子・伊藤裕子・遠藤由美・大平英樹・サトウタツヤ・杉浦義典・二宮克美・子安増生（2006）．キーワードコレクション　パーソナリティ心理学　新曜社

Craighead, W. E., & Nemeroff, C. B. (Eds.) (2001). *The Corsini Encyclopedia of Psychology and Behavioral Science*, 3rd ed. New York: John Wiley & Sons.

榎本博明・安藤寿康・堀毛一也（2009）．パーソナリティ心理学：人間科学，自然科学，社会科学のクロスロード　有斐閣

Eysenck, H. J. versus Kamin, L. (1981). *Intelligence: The Battle for the Mind*. London: Pan Mcmillan.（アイゼンク，H. J.・ケイミン，L.　齊藤和明（訳）（1985）．知能は測れるのか：ＩＱ討論　筑摩書房）

Gould, S. J. (1996). *Mismeasure of Man*. New York: W W Norton & Co Inc.（グールド，S. J.　鈴木善次・森脇靖子（訳）（2008）．人間の測りまちがい：差別の科学史　上・下　河出書房新社）

二宮克美（2008）．キャラクター心理学　子安増生・二宮克美（編）　キーワードコレクション　心理学フロンティア　新曜社　Pp. 142-145.

小塩真司（2009）．見えるのか，見えないのか，それが問題だ　こころの「強さ」を育てる　第2回　児童心理，**63**(16)，115-121.

小塩真司・中間玲子（2007）．あなたとわたしはどう違う？：パーソナリティ心理学入門講義　ナカニシヤ出版

Richards, M., & Alderman, J. (2007). *Core Memory: A Visual Survey of Vintage Computers*. San Francisco: Chronicle Books.（鴨澤眞夫（訳）（2008）．Core Memory：ヴィンテージコンピュータの美　オライリー・ジャパン）

惣郷正明・飛田良文（編）（1986）．明治のことば辞典　東京堂出版

若林明雄（2009）．パーソナリティとは何か：その概念と理論　培風館

Watson, J. B. (1924). *Behaviorism*. New York: The People's Institute Publishing Company.

第1章　個人差をどう考えるか
——人々の違いを視覚化してみる

　この章では，「身長」を題材としながら，まず人びとのあいだにある個人差をどのようにとらえることができるのかについて解説します。さらにその話を発展させる形で，こころの個人差をどのように考えていくことができるのかについて，解説してみたいと思います。

1．身長で考えてみる

（1）個人差のない世界を考える

　手始めに，「個人差がまったく存在しない世界」というものを考えてみましょう。たとえば，もしも私たちの身長に個人差がなかったら，どんな風景になるでしょうか。

　身長に個人差がないということは，すべての人が同じ身長をもつということになります。もちろん，生まれたときは体が小さく，成長とともに大きくなっていくのですが，全員が同じペースで大きくなっていきます。同じ学年でも，4月生まれの子と3月生まれの子とでは身長が異なります。しかしこの空想の世界では，生後何年何ヵ月の子は何cmになる，ということが確定しているということにします。そして，高校を卒業する頃になると身長の伸びは止まり，男女問わず全員が165cmになるとしましょう。

　このとき，身長のグラフを描くと図1-1のようになります。100%の人が165cmの身長となるため，棒グラフの棒が1本だけになります。

　街に出て見回すと，全員がまったく同じ背の高さです。挨拶をするときにも，

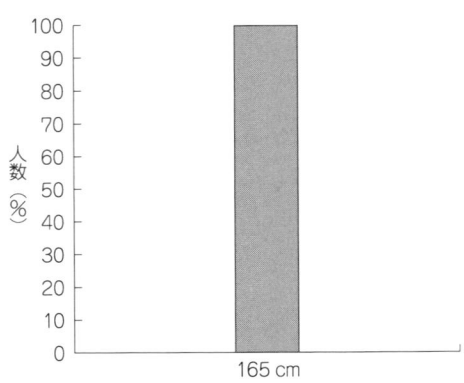

図1-1 すべての人が同じ身長の場合

見上げたり見下ろしたりする必要はありません。体全体のサイズも限られてきますので（体重は人によって多少違っているかもしれません），服をつくるにしても自動車の座席をつくるにしても，使用する人の体の大きさを気にする必要はありません。健康診断で身長を測定する必要すらなくなることでしょう。つきあう相手の背の高さを気にする必要もありませんし，親になったときに子どもの背の伸びについてやきもきする必要もありません。

　身長に個人差がまったく存在せず，すべての人が同じ身長になるというのは，このような状態のことを言うのです。このような世界は，少し奇妙な感じがするのではないでしょうか。

（2）　2段階の身長

　次に，身長が「2段階しか存在しない」世界を考えてみましょう。たとえば，人々の半数が150cm，もう半数が180cmになるという世界です。

　教室の中には，身長が非常に高いか非常に低いかの2種類の人しかいません。現実の世界では男性のほうが平均身長は高いのですが，この仮想の世の中では性別と身長に関係がないと仮定しましょう。男性も女性も，それぞれの半数が150cmであり，半数が180cmになります。したがって，カップルの組み合わせは，150cmどうし，180cmどうし，男性が180cmで女性が150cm，男性が

第 1 章　個人差をどう考えるか

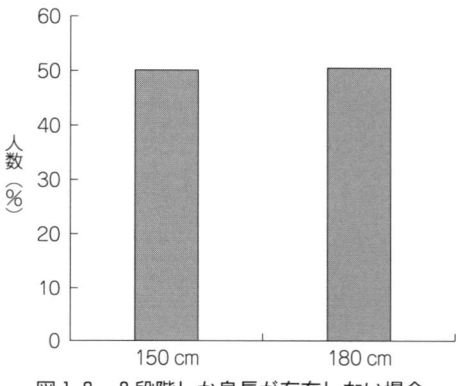

図1-2　2段階しか身長が存在しない場合

150cmで女性が180cmの4種類になります。

　このような世の中の場合，180cmどうしのカップルに誕生した子どもは180cmに，150cmどうしのカップルに誕生した子どもは150cmになることでしょう。また，180cmと150cmのカップルに誕生した子どもは，150cmあるいは180cmになる確率が半々になると思われます。

　この世界の身長を棒グラフに描くと，図1-2のようになります。人口の50％が150cmで50％が180cmになりますので，2本の棒が描かれることになります。この2種類の人々はうまく共存することができるでしょうか。理想としては，背の高さにかかわらず，お互いに認め合って仲よく暮らしていってもらいたいものです。

　問題が生じるのは，「背が高いほうが望ましい」とか「背が低い人のほうが優れている」と言う人が出てくるような場合です。すると，180cmと150cmのカップルから子どもが生まれるとき，「子どもの背はどうなるんだろう？」という心配が生まれてきます。人と人とを分けるような要因に「社会的な望ましさ」，つまり「こちらのほうが望ましい」という要素が付随するとき，私たちはたんに人を分けるだけではなく，優越感や羨望，妬みといった多くの感情を抱き，仲間意識や他者の排斥，差別といった行動が生じてくるのかもしれません。

（3） 3段階の身長

では次に，身長が3段階で構成される世界を考えてみましょう。

生まれてきた人は，150cm か165cm か180cm という3つの身長段階のいずれかになります。ただし，人数の割合は等しくありません。150cm の身長は人口の25％，180cm の身長も人口の25％であるのに対し，165cm の身長は人口の50％と半数を占めるという世界です。ここまでの例と同じように，性別と身長には関係がないとします。この状態を棒グラフで示すと，図1-3のようになります。

このような世の中の場合には，「平均的な身長の持ち主」という人々が登場します。165cm の身長の人は平均の身長の「普通の人」であり，150cm の人は「背が低い人」，180cm の人は「背が高い人」と呼ばれることになるでしょう。

「平均」という人々が登場することで，人々の意識もまた少し変わってくる可能性があります。そこに「社会的な望ましさ」という要素が加われば，なおさらです。たとえば，「うちの子は今のところ平均的な身長だけれど，大人になって150cm だったらどうしよう」と悩む親，などが現れてくるかもしれません。「結婚するなら180cm の男性と」とか，「背の低い人は仕事ができる」といった，「普通の人とはちょっと違う特徴をもつ人」として，平均的ではな

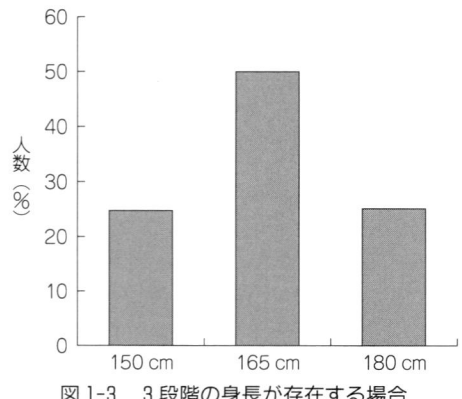

図1-3　3段階の身長が存在する場合

い背の高さの人々が表現される可能性もあります。

(4) 実際の身長を見てみる

　ここまでは，あくまでも空想の世界の話です。しかし，個人差のない世界から，2段階，3段階の個人差がある世界までを考えてみることによって，個人差が生じることによってそこから派生する問題が少しだけ想像できたのではないでしょうか。

　実際の身長はどのような人数分布になっているのでしょう。図1-4は，2008年度の学校保健統計による，17歳男性における身長の分布です。横軸は身長，縦軸は人数のパーミル（1000分の1の単位）を表しています。この図を見ると，どのようなことが分かるでしょうか。

　まず第1に，先ほど示した図1-3のように，中央あたりのグラフの棒が高く，左右に行くに従って低くなっていくことが分かります。この年の17歳男性の平均身長は約171cmということですから，大多数の人々がこの平均の周辺の身長になっているといえます。

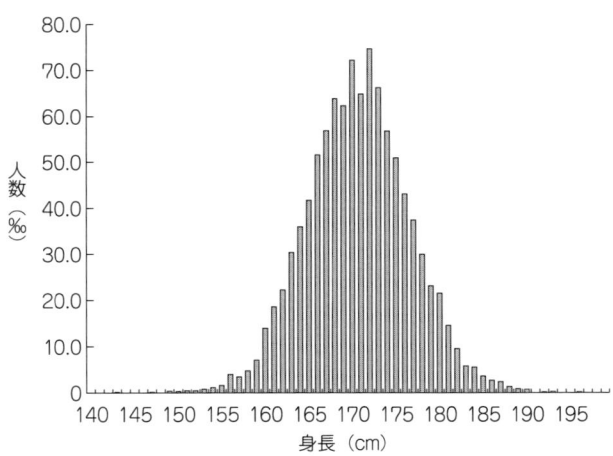

図1-4　17歳男性の身長分布（文部科学省，2008に基づき筆者作成）

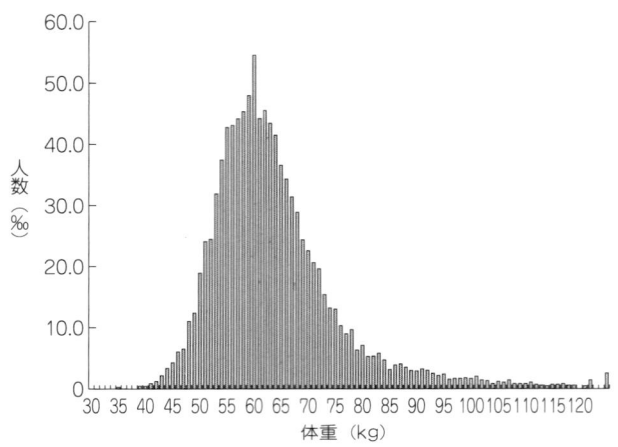

図1-5　17歳男性の体重分布（文部科学省，2008に基づき筆者作成）

　第2に，身長の幅が非常に大きい，ということも分かります。グラフでは低い棒なのでよく分からないかもしれませんが，身長の幅は140cm台から190cm台にまで広がっています。ごく少数ですが，きわめて身長が低い人ときわめて身長が高い人が存在しているということです。

　第3に，グラフがほぼ左右対称の形をしている，ということも分かります。このようなグラフは正規分布，またベル（鈴）の形に似ていることから，ベル・カーブと呼ばれることもあります。[7]

　日常生活の中で自分や周囲の人の身長を意識するだけでは，身長の人数分布がこのような形になっているということがなかなか分かりません。このようにデータを整理することは，人々のあいだに存在する個人差を理解するための一つの方法なのです。

　ちなみに，17歳男性の体重の分布は図1-5のようになります。

　このデータにおける体重の平均値は約63kgになります。やはり，そのあたりに多くの人が位置しているのが分かります（ただし，ピークのやや右側に平均がきます）。

―――――――――――

（7）「ガウス分布」と呼ばれることもあります。

しかし図1-5を見ると，図1-4の身長の分布とは少し違う形状になっているのが分かるのではないでしょうか。体重の分布は，左側が急で右側がなだらかな形状をしています。グラフの一番右側の棒は，125kg以上の人々を表しています。このデータによると，17歳男性のおよそ1000人に2人が125kg以上の体重の持ち主なのだそうです。

たとえば，身長180cmの男性がいるとします。彼の体重を40kgにさせることはきわめて難しいでしょう（命にもかかわりそうです）。しかし，身長が180cmで体重が100kg以上の男性ならいそうです。植屋・滝沢（1992）によると，1991年における全力士の平均身長は180.7cmで平均体重は124.1kgなのだそうです。食事や運動の要因によって，体重が非常に重くなることはあり得ますが，体重を軽くする方向には限界があります。このような制限があるために，体重の場合には身長とは異なった，偏ったグラフになってくるのです。

（5） 集団と分布

次は，男性と女性の身長の分布を比べてみたいと思います。図1-6が，17歳男女の身長の分布を一つのグラフに表したものです。なお，2つの集団の違いが分かりやすくなるように，棒グラフではなく面で描いてあります。

先ほど述べたように，男性の平均身長は171cmである一方で，女性の平均身長は158cmです。女性の身長分布も，男性と同じようにほぼ左右対称となっていることが分かると思います。

さて，男女の平均身長は，10cm以上も異なっています。この平均身長の違いだけを耳にすると，「女性『全員』が，男性『全員』より10cm以上背が低い」と考えてしまいがちなのですが，もちろんそれは違います。「そんなふうには考えていない」と主張したい人もいるでしょうが，「平均値の差」だけに注目していると，ついついそのような認識をしてしまうことがありますので，注意が必要です。

いくら平均値に差があると言っても，背の高い女性よりも低い身長をもつ男性は結構な割合でいるのです。それは図1-6で言えば，男女のグラフが重なっ

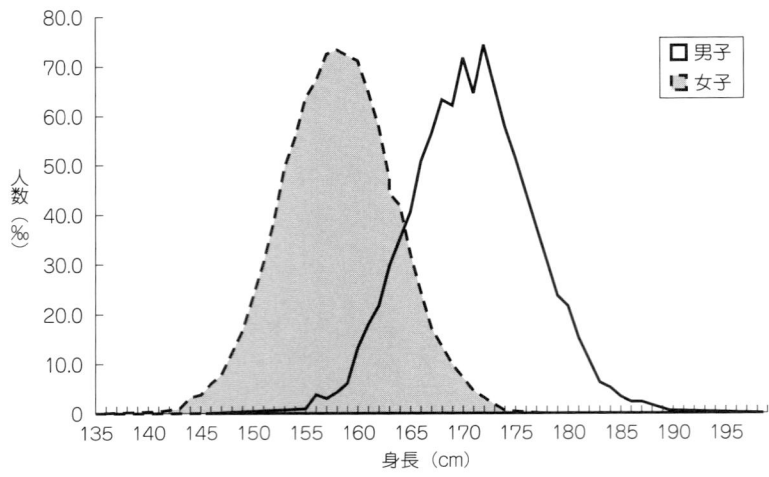

図1-6　17歳男女の身長の分布（文部科学省，2008に基づき筆者作成）

ている部分に相当します。

　話は少し変わりますが，「ミス日本コンテスト」というイベントが行われていることを知っているでしょうか。その公式サイト（http：//www.sponichi.co.jp/miss_nippon/index.html）には，候補者のプロフィールが掲載されたページがあります。たとえば，2009年度ミス日本候補者として29名のプロフィールが掲載されていました。彼女たちの身長は，158cmから176cmまでの範囲で平均が168cmでした。29名のうち1名だけが150cm台，160cm台は16名，170cm以上が12名です。図1-6の女性の平均身長の分布と見比べてみてください。候補者の一番身長が低い女性で，ちょうど女性全体の平均くらいです。170cmというのは，女性の中で背の高いほうから1.8％程度までに位置する人たちであることを意味しています。きわめて背の高い人たちが多くの割合で候補に入っているということが分かります。

　なお，「だからミスコンテストは差別的だ」と言いたいわけではありません。このような個人差が存在することと，このような個人差を測定することと，個人差を評価することと，そしてその評価の用い方とは別個に考えるべきことです。これらのことについては，また後の章で触れてみたいと思います。

第1章 個人差をどう考えるか

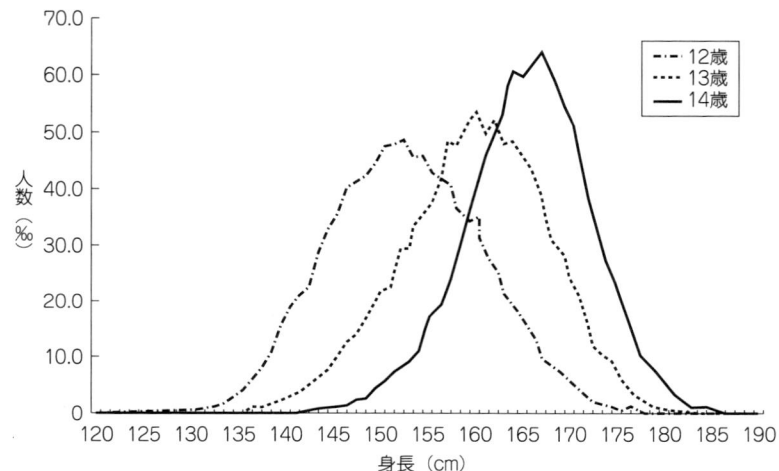

図1-7　12〜14歳男性の身長分布（文部科学省，2008に基づき筆者作成）

　身長は男女で差が生じるだけではありません。思春期は身長が伸びていく時期ですが，皆が同じ時期に伸びるわけでも，同じような伸び方をするわけでもありません。次にその様子を見てみましょう。

　図1-7は，12歳から14歳までの男性の身長の分布を一つのグラフに表したものです。12歳男子の平均身長は153cm，13歳は160cm，14歳は165cmです。グラフを見ても，年齢を経るに従って平均身長が上昇していく様子がよく分かると思います。

　もう一つの特徴は，12歳から14歳になるに従って，グラフが上に伸び，幅が狭くなっていくことです。これはたんに平均値だけを見ていては分からない特徴ですね。ちょうどこの頃は，思春期に身体が大きく変化する第二次性徴の時期に相当します。しかし，全員が同じ時期に第二次性徴に入っていくわけではありません。みなさんの中学時代を思いだしてもらえば，成長の時期が生徒によって異なっていたことが分かるのではないでしょうか。

　中学3年生から高校生の時期になると，身長の平均値があまり上昇しなくなっていきます（14→15歳で2.9cm，15→16歳で1.7cm，16→17歳で0.8cmです）。つまり，図1-7にあるように，12歳では身長が伸び始めた生徒とまだ伸びない

生徒が混在しているためにグラフの幅が広く，14歳頃には多くの生徒が身長の伸びを経験しているのでグラフの幅が狭くなってくるのです。

　しかし，ここでも注意しなければいけないのは，「全員が平均値のような身長の伸びを経験するわけではない」という点です。個人によっては12歳ですでに175cm以上の身長になっている生徒もいますし，14歳で140cm台の身長の生徒もいるのです。

2．パーソナリティの個人差

(1)「明るい人」と「暗い人」に分ける

　ここまでは背の高さという，誰が見ても存在する個人差についての話をしてきました。背の高さには個人差がありますが，もちろん背の高さはパーソナリティではありません。

　ではここで，「明るさ」というパーソナリティを考えてみましょう。「あの人は明るい人だ」「私は暗い性格だ」といった表現を使うことがあります。「明るさ」の反対は「暗さ」になります。

　身長のところで説明した通り，個人差がない状態というのは，すべての人が同じ明るさをもつ，ということです。しかし実際の人々を観察してみると，やはりそれぞれの人が違った明るさの程度をもっていると考えたほうがよさそうです。

　ひとつのやり方は，図1-8のように，人々を「明るい人」か「暗い人」かに分けることです。すべての人間を，はっきりと2種類に分けることができるのであれば，このようなやり方は妥当なやり方だということができるでしょう。

(2)「中間の人」を考える

　しかし，このようにうまくはっきりと「明るい人」と「暗い人」に分けることができるとは限りません。多くの人は，明確に「明るい人」とも，明確に「暗い人」とも言えない，「中間的な人」であるかもしれません。

第 1 章　個人差をどう考えるか

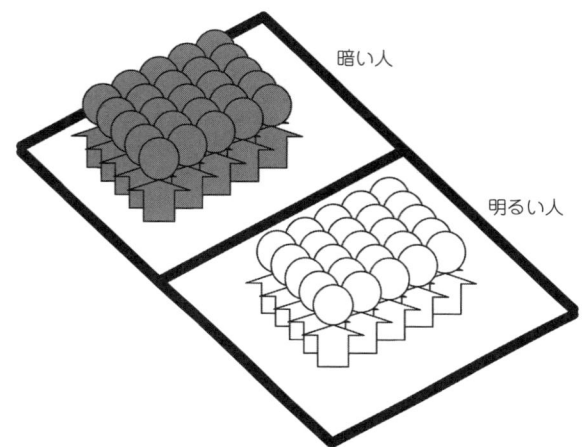

図 1-8　人々を明るい人と暗い人に分ける

　このように「明るくもなく暗くもない中間の人」の存在を考えると，図 1-9 のように「中間のグループ」をつくるのがよいように思えてきます。すると，グループが 3 つ構成されます。すべての人々は，「明るい」「中間」「暗い」という 3 つのグループのいずれかに分類されるというわけです。

　このような分類のしかたは，中間を考慮するという点で，「明るい」か「暗い」か，という 2 種類に分けるよりも強引な分け方ではないような印象をもつかもしれません。しかし，少し考えてみると，「明るい」と「中間」のさらに「中間」に位置する人や，「暗い」と「中間」のさらに「中間」に位置する人がいるのではないか？とも思えてくるのではないでしょうか。またさらに，同じ「明るい人」のグループに所属している人々は，まったく同じ明るさだと言ってしまうことはできるのでしょうか。それは「暗い人」のグループに所属している人についても，「中間」のグループに所属している人々についても同じことが言えます。同じグループに所属しているのだから，同じ明るさなんだ，と言い切ることはできない可能性もあります。

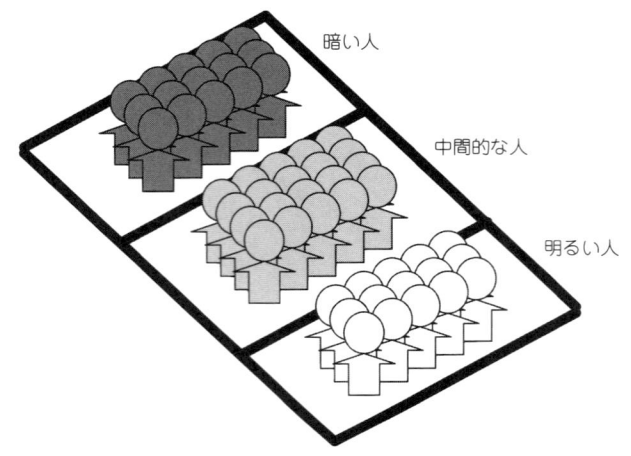

図1-9　中間の人々が存在する

(3)　より細かい個人差を

　これは，身長を考えるときでも同じです。身長をmm単位以下の細かい単位まで測定していくと，「まったく同じ背の高さの人」が少なくなっていきます。もちろん，同じ背の高さの人がまったくいないわけではありません。しかし，背の高さを「低い」「中間」「高い」と分けたとしても，実際には図1-4で見たように，個人差は低い人から高い人まで細かい段階で生じているのです。

　パーソナリティとしての「明るさ」を考えるときにも，図1-10のように「暗い」から「明るい」まで，程度がさまざまな人々が存在する，と考えることができるのではないでしょうか。Aさんは本当に「暗い人」で，Bさんはそれよりはちょっとだけ明るいのだけれどもCさんよりは暗い，CさんはBさんよりは明るいけれどもDさんよりは暗い……といったイメージです。

　なお，ここでは「パーソナリティとしての明るさをどのように測定するか」は，まだ考えていません。パーソナリティの測定に関しては，また後の章で説明しようと思います。

第1章　個人差をどう考えるか

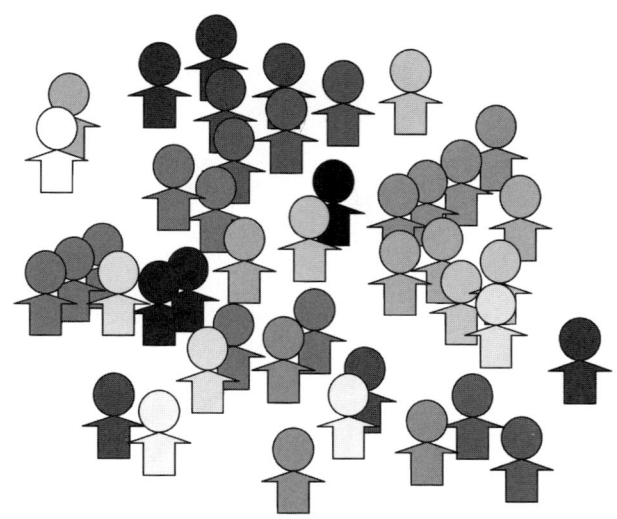

図1-10　いろいろな「明るさ」の人が存在する

（4）　明るさで並べてみる

　ある人が明るいのか暗いのかについて，絶対的な基準があるわけではありません。ある人物の行動を見ただけでは，その人が明るい人と言えるのか，暗い人と言えるのか，明確には判断できないということです。

　それは背の高さも同じことです。みなさんは「身長180cmの人は背が高い」と思っているかもしれませんが，それは「何と比較して高いと考えるか」によります。たとえば，オランダ中央統計局（CBS; Centraal Bureau voor de Statistiek; http：//www.cbs.nl/）によると，2000年のオランダ人男性の平均身長は180.4cmということです。したがって，身長180cmの男性は，オランダではごく普通の平均的な身長の持ち主だということになります。身長180cmは，あくまでも「日本においては背の高い人」だということになるのです。

　そこで重要なのは，相対的な比較を行うことです。これは身長もパーソナリティも同じです。相対的な比較を行うための一つの方法は，図1-10のような人々を，図1-11のように順に並べてみることです。これは，パーソナリティについても，図1-4の身長の例と同じようなグラフに描いてみる，ということ

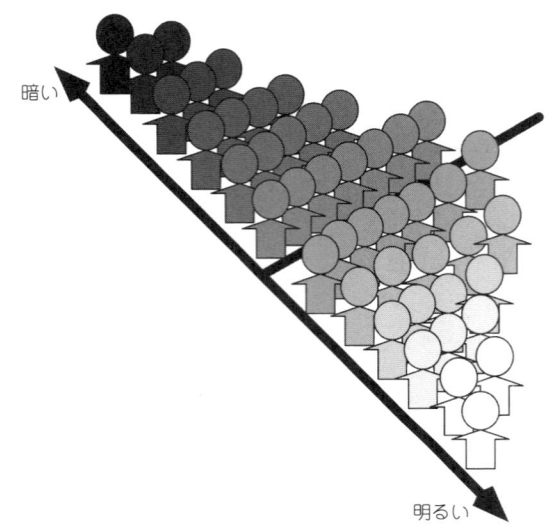

図1-11　明るい人から暗い人まで並べてみる

を意味します。

　ここでパーソナリティの「明るさ」には単位はありません。また，最低がどの程度で最高がどの程度かという基準があるわけでもありません。明るさの「幅」や「段階」も，明確に決まっているわけではありません。

　何も決まっていないと何も比較することができなくなってしまいますので，便宜的に決めてみます。たとえば，明るさが12段階あるとしましょう。ある段階とある段階の幅は等しいと仮定します。つまり，1段階目と2段階目の差と，4段階目と5段階目の明るさの差が，等しいと仮定しておきます。そして，同じ段階に位置する人を，同じ集団だとみなします。

　なお，もちろん厳密には，その集団の中にも違う明るさの人がいることでしょう。それは図1-4の身長でも同じです。これは，どの程度の細かさで考えるのが適当か（身長でいえばメートル単位かセンチ単位かミリ単位か1000分の1ミリ単位か），という問題にかかわります。

　いくつかの問題はありますが，このように明るさを細かい段階で分け，人々

を当てはめた様子が図 1-11 になるということです。

（5） 数値を割り振る

　暗い人から明るい人まで順に並べ，その段階に数値を割り振ってみましょう。たとえば，一番暗い段階の人には「1」，2番目に暗い段階の人には「2」，一番明るい段階の人には「12」といったようにです。

　ここで，ある一人に注目してみます。その人には，明るさの段階の数値が割り振られています。図 1-12 は，このような割り振られた数値が個人に与えられている様子を表しています。

　このように，個人に数字を割り振ると，いちいち他の人と比べなくても，その人がどんな「明るさ」をもつのかがすぐに分かるようになります。いわばこれは，身長と同じように「明るさ」を数値化したことになるのです。

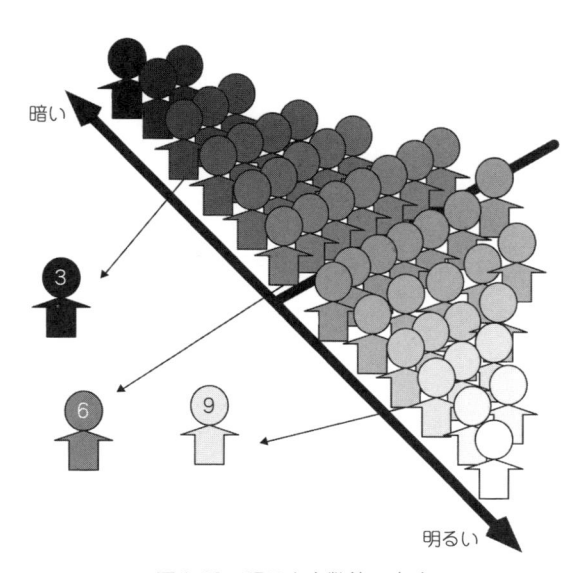

図 1-12　明るさを数値で表す

（6） 数値で表す際の注意

　「パーソナリティ（性格）を数値で表す」ということに対して，否定的に考える人や「よく分からない」という反応を示す人がいます。また逆に，とくに違和感なくパーソナリティを数値で表すことを受け入れてしまっている人もいます。

　第1の重要なポイントは，身長や明るさを数値で表したとしても，その数値そのものに「望ましさ」が付随しているわけではない，という点です。数値化を行うことがそのような誤解を助長することもありますが，本来は，「背が高いほうが望ましい」とか「明るい性格のほうが望ましい」という判断は，数値化とは「別のところ」で行われるのです。

　第2に，身長や明るさというのは，あくまでも人間がもつ多くの個人差のなかの一部分の特徴にすぎない，という点にも注意が必要です。身体的な特徴であれば，身長だけではなく体重や座高，足の大きさ，足の長さ，ウエストの大きさ，血圧や血液検査の数値など，さまざまな指標があります。パーソナリティも同じです。明るさだけではなく，やさしさや活発さ，誠実さや好奇心の強さなど，多くの特徴を考えることができるのです。そしてその多くの特徴一つ一つについて，図1-10や図1-11のような個人差を想定することができるのだ，というイメージをもってほしいと思います。

　人間以外の動物の単純に見える行動であっても，そこに細かい段階が存在する場合があります。たとえば，ミツバチはエサを見つけて巣に戻ると，お尻を振るような動作（尻振りダンス）をして，他のミツバチにエサの量や程度，場所や距離を伝えます。このことは，生物の授業などで聞いたことがあるのではないでしょうか。じつは，同じ巣にいる同じ女王蜂から生まれた働き蜂であっても，たいしたエサが見つかったわけでもないのに非常にたくさんお尻を振るミツバチもいれば，最高に素晴らしいエサに対してもあまりお尻を振らないミツバチもいるのです（Jacobsen, 2008 中里訳, 2009）。しかしたいていのミツバチは，その両極の中間程度に位置しています。そして，一つの大きな巣にいる多数のミツバチの行動を観察し，どの程度のエサにどの程度の興奮を示すかを

記録すれば，中程度の蜂が多くて極端な蜂は少ない，釣り鐘型の曲線を描くことができるのです。

　ミツバチの巣全体は，このような個体差があることによって恩恵を受けています。なぜなら，食料が少ないときには大したエサでなくても大興奮する蜂がいれば少なくともエサにはありつけますし，食料が豊富なときには最高の場所だけに反応する蜂がいたほうがよりよいエサが手に入ると考えられるからです。重要なことは，どちらの蜂の行動が絶対的に望ましいかということが決まっているわけではなく，どちらが望ましいかは時と場合によるということです。

　身長であってもパーソナリティであっても，「人々の個人差を表現する」ということに違いはありません。そして，個人差を表現するときには，それに伴って多くの問題点や注意点が生じてくるのです。個人差を考えるときには，このような構えをもっておくのがよいでしょう。

文献

Jacobsen, R. (2008). *Fruitless Fall: The Collapse of the Honeybee and the Coming Agricultural Crisis*. New York: Bloomsbury USA.（ジェイコブセン，R.　中里京子（訳）（2009）．ハチはなぜ大量死したのか　文藝春秋）

文部科学省（2008）．平成20年度学校保健統計調査（http：//www.mext.go.jp/b_menu/toukei/001/1256666.htm　2009年4月2日にアクセス）

植屋春見・滝沢宏人（1992）．大相撲力士の体格の経年的分析：昭和30年，44年，53年，平成3年の資料から　日本体育学会第43回大会号，637．

第2章　見えないものをどう見るか
——構成概念という考え方

　第1章では，人々のあいだにみられる「違い」を，視覚化してとらえるということを試みました。その中で，身長とパーソナリティとしての明るさを，同じもののように扱いました。しかし，身長と明るさを，同じ「もの」として扱ってよいのでしょうか。第2章では，そのあたりの問題からスタートして，考えを深めていきたいと思います。

1．直接見えないもの

（1）明るいのにその明るさは直接見えない

　パーソナリティの「明るさ」とは何でしょうか。人は，自分や他人の何を見て，「この人は明るい」「私は明るい」と判断するのでしょうか。

　身長であれば，「長さ」という物理的・客観的な指標がありますので，「身長とは何なのか？」と悩む必要はありません。身長が高い人は高いのですし，低い人は低いのです（ただし第1章でも述べたように，身長が「高い」「低い」という判断は絶対的なものではありません）。

　ところが，「明るい人は物理的に明るいのだ」と言うことはできません。「物理的に明るい」というのは，暗い人よりも明るい人のほうが「実際に光っている」ということを意味します。自分自身で光らなくても，「光の反射しやすさ」でも構いません。その場合，「とても明るい人」というのは鏡のように光を反射しやすい人のことを指すことになります。

　もし物理的に光っているならば，照度計と呼ばれる部屋や照明の明るさを測

定する器械で，人間の明るさも測定することができるはずです。あるいはもし，「明るさ」が光の反射しやすさであったとしたら，一定の光を人間に照射してその反射してくる光を照度計で測定すればよいことになります。しかし，こういったことでパーソナリティの「明るさ」を測定することはできません。皮膚の色とパーソナリティの明るさも，関係はなさそうです。女性であれば化粧をする機会もあるでしょうが，明るめの化粧をしていれば明るい人物かというと，かならずしもそうではないでしょう。

　身長は誰が見ても客観的に存在しており，身長計で物理的な長さを測定することができるのに対し，「明るさ」というパーソナリティは物理的に存在するわけではありません。パーソナリティの「明るさ」を直接見たり，直接測ったり，直接触れたりすることは不可能なのです。

（2）構成概念

　このような，直接的に測定することが困難で，理論的に仮定される概念のことを構成概念と言います。なお，心理学で用いられる構成概念には2種類のものがあると言われています（渡邊，1995）。一つは傾性概念とよばれるもので，これは観察された行動パターンをまとめて記述しただけの概念のことです。もう一つは理論的構成概念とよばれるもので，たんに行動をまとめただけではなく，理論的な仮定や脳神経系統といった内的要因なども含む概念のことを表します。いずれにしても，構成概念として表される概念は，直接的にそのものを測定することが困難なのです。

　さて，パーソナリティとしての「明るさ」は，構成概念の一種だと考えることができます。先ほど説明したように，明るさは物理的な明るさではなく，直接観察・測定することができないものだからです。

　同じことは明るさだけではなく，他のパーソナリティについても言えます。たとえば「やさしさ」を考えてみましょう。「あの人はやさしい人だ」という表現をすることがありますが，では「やさしさとは何か？」と言われると，少し困ってしまうのではないでしょうか。なぜなら，やさしさという「もの」が

存在するわけではないからです。

　パーソナリティ以外の個人差でも，構成概念に相当するものがあります。たとえば「運動能力」はどうでしょうか。運動能力というものを直接見ることはできません。見ることができるのは，実際に運動をしたときの行動の様子や行動の結果です。同じように，「学力」も直接見ることができない構成概念です。見ることができるのは，テストなどに表れた行動の結果です。

　構成概念というと，少し難しいように思うかもしれませんが，これらのように，じつは日常的に使われる言葉の中には，構成概念として考えることができる言葉が数多く登場してくるのです。

2．直接測定できない場合には

（１）　間接的に見ること

　「明るさ」が直接測定できないとなると，困ったことが生じてきます。いったい何を見て，この人が明るいか，どの程度の明るさなのかを判断すればよいのでしょうか。

　やはり見ることができるのは，行動もしくは行動の結果です。その人が明るいパーソナリティの持ち主であるかどうかについても，その人の行動や行動の結果を見ないと，判断することができません。なお，ここでの行動とは，日常の言葉で言うところの行動よりも少し広い意味でイメージしてください。たとえば，言語で報告することも，文章に回答することも行動ですし，何かを選択した結果であればそれは行動の結果だといえます。

　私たちは日常的に，自分や他の人の行動や行動の結果を見て，自分や他者のパーソナリティ（性格）を判断しています（図2-1）。私たちが目にすることができるのも，行動です。いくつかの行動を目にして，「この人はこんなパーソナリティ（性格）の人だな」という推測を行います。たとえば，笑顔でいることが多くてよくしゃべり，少し声のトーンも高くはきはきしている，そんな行動を目にすると，「この人は明るい人だな」という推測を行います。みなさん

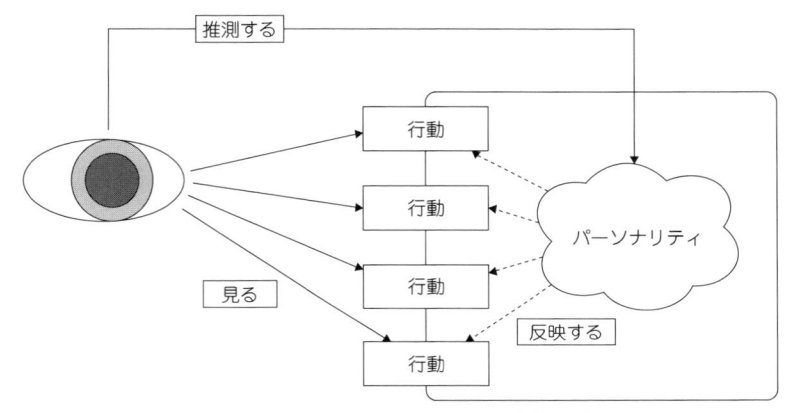

第2章　見えないものをどう見るか

図2-1　行動を見てパーソナリティを推測する

も普段の生活の中で，知らないうちにそのような推測を行っているのではないでしょうか。[8]

このような推測を行う背景には，「その人がもつパーソナリティが行動に反映している」という考え方があります。図2-1で言えばこれは，パーソナリティから行動への点線の矢印部分にあたります。もしも，この関係が成り立たないのであれば，行動を見てパーソナリティを推測しても，「何も推測したことにはならない」ことになってしまいます。

（2）　行動はパーソナリティだけでは生じない

大きな問題は，パーソナリティと行動とがどれくらい結びついているか，という点にあります。日常生活の中で私たちが自分や周囲の人のパーソナリティ

---

(8)　個別の具体的な事例から一般的な法則を導き出す推論のしかたを「帰納」と言いますが，まさに普段我々が行っているのは，いくつかの行動を見てその人の行動の法則（＝パーソナリティ）を見出そうとしていることに相当します。また逆に，いったん「この人はこういうパーソナリティの持ち主だ」と認識すると，次も特定の行動を予測します。これは一般的な法則から個別的な結論を得る推論のしかたである「演繹」を行うことに相当すると言えるでしょう。

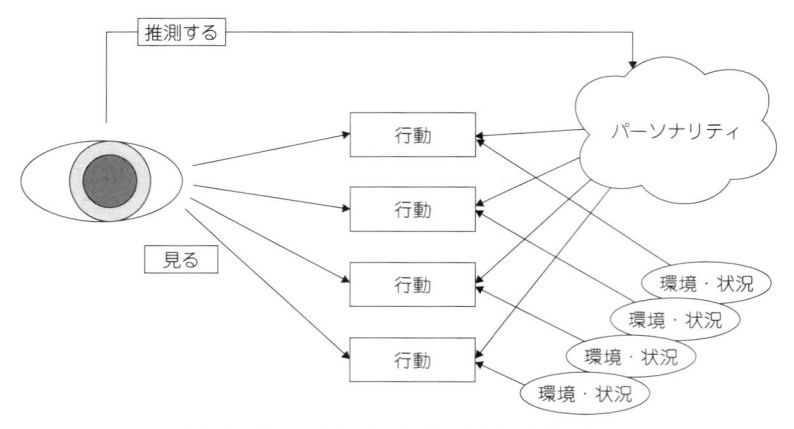

図 2-2　パーソナリティと状況から行動が生じる

を推測するときの一つの問題点に，「行動とパーソナリティを直接結びつけてしまう」ということがあります。図 2-1 ではあたかも，パーソナリティが100パーセント行動を生み出すように描かれていますが，じつはそれは誤りなのです。

　なぜなら，一つの行動は，「パーソナリティ」と「環境（状況）」とのかかわりのもとで生じるからです。言い換えると，「ある状況において，あるパーソナリティの持ち主がある行動をする」と理解してもよいでしょう。

　そして，私たちはパーソナリティを直接見ることができないので，行動（もしくは行動の結果）だけを観察します。図 2-2 のように，観察された行動は，パーソナリティそのものではなく，環境の要因からも影響を受けたものになっているのですが，あくまでも見えるのは行動だけであり，そこからパーソナリティを推測しようとするのです。

　たとえば，とても明るいパーソナリティの持ち主だったとしても，失恋したばかりだったり，授業の単位を落としたことが分かったばかりだったり，体調が悪かったりすれば，いわゆる明るい人がするような行動の頻度は減少すると予想できます。したがって，どのような状況下でその行動をとったか，ということを理解することが重要になってきます。もっとも，その状況を正確に理解

するのはなかなか難しいことなのですが……。

　普段の生活の中で誰かが何か成功したり失敗したりすると，すぐに私たちは「その人自身のせいだ」と考えがちになってしまいます。これを，基本的帰属錯誤（fundamental attribution error）と言うのですが，これはものごとの原因を求める（原因帰属を行う）際に私たちがもつ，クセの一種です。第0章に書いた，模擬講義のコーディネーターの例は，まさにこのエラーがもたらしたものだと言えるでしょう。本当は大きな環境・状況の要因があるにもかかわらず，「なんて失礼な人だ」と考えてしまっていたのですから。

　本当は，ある行動の原因をその人の内部の要因（性格や気質といったもの）だけに求めること自体に無理があるのです。行動が生じるためには，かならず環境・状況の要因が必要です。

　さらにそれだけではありません。細かく言うと環境要因に含まれるのですが，そのときたまたま偶発的にするような行動も，人間はおこなうことがあります。本当は何か環境や状況の要因があるのでしょうが，何が要因になっているのか分からないような「その他」の要因ですね。このように考えると，いったい行動のうちどれだけがパーソナリティの影響を受けていると言えるのか，心もとない気分になってきます。

3. 環境の影響力

（1）　環境は無視できない

　図2-2に示したように，行動はパーソナリティだけで生じるわけではありません。環境要因の影響力が大きい場面では，パーソナリティの影響力は相対的に環境要因に比べて小さくなり，予期せぬ行動が生じることもあります。

　たとえば，1994年にアフリカの国ルワンダでおきた大虐殺はどうでしょうか。一説には，たった100日あまりで80万人から100万人が殺されたと言われています。しかも，それまで平和に近所づきあいをしていたような隣人によって殺されるという事態が生じたのです（イリバギザ・アーウィン，2006；ルランガァ，

2006)。その背景には，民族対立を煽る政府や貧困の問題などがありました。虐殺の様子を描いた本を読めば，それがいかに悲惨な様子だったかがよく分かります。では，この国の人々は，虐殺を行うようなパーソナリティの持ち主だったのでしょうか。

　またたとえば，1940年前後にドイツで行われた，ユダヤ人の大量虐殺はどうでしょうか。当時ヒトラーが率いていたナチス党の政策によって，数百万人のユダヤ系の人々が殺害されたと言われています。多くのドイツ人がこの大量虐殺に関与したのですが，では彼らは虐殺に加担するようなパーソナリティの持ち主だったのでしょうか。

　アメリカの社会心理学者ミルグラム（Milgram, S. 1933-1984）は，服従実験と呼ばれる有名な実験を行いました。この実験は，2ヵ月の準備期間を経て，1961年の8月にスタートしました。では，あなたがこの実験に参加すると考えて，想像してみてください（以下はブラス，2008に基づく）。

（2）ミルグラムの実験に参加したあなたの様子

　あなたは「記憶の研究への参加者を求む」という新聞の求人広告を見て，実験に参加しようと思い立ちました。実験を行うのは，名門イェール大学の心理学の先生のようです。実験に参加すると，時給4ドルの謝礼金と交通費がもらえる約束になっていました。

　予約した時間にあなたはイェール大学の実験室に向かいます。すると，グレー色の上着を着た実験者が出迎えました。彼は自分の名前はウィリアムズだと自己紹介しました。グレーの上着を着ているので，医者ではなさそうです。そして実験室のドアのところで，もう一人の実験参加者が紹介されます。その参加者はウォレスという名前で，笑顔で自己紹介をしてきました。

　実験者のウィリアムズはあなたに，実験参加の謝礼金の小切手を書いて渡しました。彼は，このお金は実験で何が起ころうともあなたのものにしてよい，ここでお金を渡したのは，あなたがお金をもらうために私の言う通りにしたのではないということをはっきりさせるためだ，とあなたに伝えました。

ウィリアムズはあなたに伝えます。内容は,「これからあなたとウォレスさんに,記憶の実験に参加してもらう」「この実験は,人間が間違えたときに罰を受けると物事を正確に学ぶことができるようになるという理論があるが,その理論を科学的に検証するために行われる」「あなたがたのうち一人は教師役,もう一人は生徒役になって実験に参加してもらう」といったものでした。

そして,目の前にくじが出されます。あなたとウォレス氏はくじを引き,ウォレス氏が生徒役,あなたが教師役に決定します。

教師役のあなたは,「ショック発生機」の前に座らされました。このショック発生機は横幅が90センチ,高さと奥行きが40センチの大きさで,左上には英語で「ショック発生機,ダイソン機械会社」と会社名も入っています。正面のパネルは金属製で,スイッチが30個並んでいます。それぞれのスイッチの上にはボルト数を表す数字が並んでいて,スイッチを入れるとジーという音とともに小さな赤いランプがつくようになっています。ボルト数の上には,「弱いショック,普通のショック,強いショック,とても強いショック,激しいショック,極度の激しいショック,危険:激烈なショック」と書かれ,最後の2つのスイッチのボルト数の上には「XXX」とラベルが張ってあります。

あなたといっしょに実験に参加しているウォレス氏は,隣の部屋に連れて行かれました。あなたもついてくるように言われ,隣の部屋に向かいます。ウォレス氏は,電気ショックを伝えるための電極を右手首につけられます。この電極は,あなたが座るショック発生機につながっているのだそうです。さきほどウィリアムズ氏が言っていた罰というのは,電気ショックのことだったのです。

ショック発生機がある部屋と学習者が電極をはめて座る部屋は,お互いに見えないようになっています。しかし,マイクとスピーカーを通じて声だけは通じるようになっています。

ショック発生機がある部屋に戻り,実験の説明が始まります。あなたは,紙に書かれた単語のペアを読み上げるように言われます。電極をはめられたウォレス氏は,そのペアになった単語を覚え,回答するのです。もしも回答が正しければ,なにもしません。しかし回答が間違った場合には,電気ショックの罰

を与えることになります。一つ間違えるごとに，1段階ずつ強いショックを与えていってください，とウィリアムズ氏から言われます。

　ウィリアムズ氏が「何か質問はありますか？」と尋ねると，ウォレス氏が答えます。「自分は何年か前，病院で多少心臓がよくないことがわかりました。深刻ではないのですが……電気ショックはどれくらい強くて危険なのでしょうか」するとウィリアムズ氏はすぐ自信たっぷりに，「ショックは痛いかもしれませんが，けっして危険なものではありませんよ」と答えました。

　ウィリアムズ氏は，あなたに電気ショックがどの程度のものか試してみると言いました。あなたは手首に電極をはめ，3番目のスイッチを入れて電気ショックを流します。あなたは何ボルトくらいかと聞かれて「150ボルトくらいですか？」と答えますが，実際は45ボルトだということが分かります。思った以上に，ショックは大きいようです。

　実験が始まりました。あなたは単語を読み上げ，ウォレス氏は答えていきます。正しい回答のとき，あなたは「正解です」と言い，次の単語を読み上げます。

　ウォレス氏は間違えました。あなたは「間違いです」と言い，一番低いボルト数のスイッチを入れます。そのまま実験は続いていきます。またウォレス氏は間違えました。あなたは「間違いです」と言い，次のスイッチを入れます。

　しばらく実験は続いていきました。ウォレス氏が間違えて，あなたがスイッチを入れると「うっ！」という声が聞こえてきました。またウォレス氏が間違えてスイッチを入れると，「うっ！おい，本当に痛いよ」と聞こえてきます。あなたはそのまま実験を続けます。またウォレス氏が間違えました。あなたがスイッチを入れると，「心臓が痛くなってきたよ，出してくれ，頼む！」という声が聞こえてきます。

　あなたは不安になって，ウィリアムズ氏に「続けますか？」と尋ねます。ウィリアムズ氏は冷静に，「続けてください」とあなたに言います。

　またウォレス氏は間違えました。あなたがスイッチを入れたときのウォレス氏の叫び声はだんだん悲痛なものになっていきます。壁を叩く音もしてきます。

「もう我慢できない，ここから出してくれ！」「本当に心臓が痛いんだ！」「おい！出せよ！出せ，出せ！」……そのたびにあなたはウィリアムズ氏に確認するのですが，「続けてください」と冷静に言われるだけです。最後のほうは，ウォレス氏の声も聞こえてこなくなっていきます。

　実験のあと，あなたは年齢や職業，教育水準や宗教，実験のときにどんなことを思ったかなどを尋ねられました。そして，今回の実験のタネあかしをされたのです。罰を与えると記憶力が向上するという理論もありませんし，本物に見えたショック発生機も偽物で，ダイソン機械会社という会社も架空の会社でした。そしてウォレス氏も出てきました。じつはウォレス氏はけがも何もしておらず，電気ショックも与えられていなかったのです。電気ショックが与えられたときの声も，録音されたものでした。すべては演技だったのです。実験の対象となっていたのはあなたで，本当は実験者に服従して何ボルトの罰まで与えるかを調べたかったのだということでした……。

(3) ミルグラムの実験から分かること

　ミルグラムの実験は，実験の参加者が本当に「記憶と罰の実験をしているのだ」と思うように，また他の研究者が指摘しそうな実験の問題点を避けるように，巧妙に計画されていました。

　結果はどのようなものだったのでしょうか。みなさんは，何パーセントくらいの人々が，最後のスイッチまで入れてしまったと思いますか？

　実際の結果を見てみましょう。40人の実験参加者のうち，「とても強いショック」を超えて「激しいショック」と書かれた300ボルトになる前に，実験者の命令を拒否した人はいませんでした。40人のうち5人は315ボルト以上に進むのを拒否し，最後のスイッチである450ボルトになる前に拒否した人は14人でした。しかし，じつに40人中26人（65％）の人は，最後のスイッチまで入れて電気ショックを与えてしまったのでした。

　ミルグラムはこの実験の手順を，イェール大学の4年生や中流階級の大人，精神科医たちに見せ，自分や他の人々がこの状況下でどんな行動をするのかを

予想させました。しかし誰も，これだけ多くの人が最後まで電気ショックを与え続けるとは予想しませんでした。たとえば大学生は，最後まで電気ショックを与えるのは100人中1，2名だろうと予想したのです。みなさんもそうではないでしょうか。しかし現実は異なるのです。

　なおミルグラムは，条件をさまざまに変えて（学習役と教師役が互いに見えるようにする，同じ部屋にする，接触できるような距離にするなど）実験をしたり，またアメリカ以外の国でも実験を行ったりもしました。さすがに，学習役と教師役が接触するような隣り合った距離にいる場合には，最後まで罰を与える比率は減少すると思うのではないでしょうか。ところが，このような条件でも，40人中12人（30％）が，最後まで電気ショックを与え続けたのです。

　このような実験参加者に多大な苦痛を与えるような実験は，現在では倫理的に不可能です。ミルグラムの実験の様子を聞くと，ひどい実験だと思うかもしれませんが，当時は大した説明もせずに，実験参加者を騙したまま帰らせてしまうような研究者がたくさんいたということです。調査や実験の後で参加者にその内容を詳細に説明し，理解を求めることをデブリーフィングと言うのですが，最初にこの言葉を印刷物の中で使ったのはミルグラムでした。ミルグラムが研究をしていた当時の「常識」は，今の感覚とは異なっていることを理解しなければいけません。

　いずれにしても，ミルグラムの一連の研究は，いかに環境・状況要因が行動に大きな影響を与えうるかを表しています。この実験に参加した人たちは，けっして「他人を傷つけるのが好きなパーソナリティの持ち主」ではないのです。また，誰もこんなに多くの人が最後まで電気ショックを与え続けるとは予想しないという事実も，私たちの普段の思い込みがかならずしも正しくないことを示しています。

　ただし，何度も繰り返しますが，「じゃあ環境要因だけで行動は決定されるのか」と問われれば，かならずしもそうではないだろう，と答えることになります。環境とパーソナリティは，行動に対してともにある程度の影響力をもつのです。

（4） 一貫性論争

　アメリカの心理学者ミッシェル（Mischel, W. 1930- ）は，1968年に"*Personality and Assessment*"という1冊の，その後大きな議論を巻き起こす本を出版しました（Mischel, 1968 詫摩訳, 1992）。

　パーソナリティが行動に大きく影響するのであれば，たとえばやさしいパーソナリティの持ち主がさまざまな場面でやさしい行動をするといったように，場面を超えた行動の一貫性が観察されるはずです。

　しかし彼は，人間の行動が場面を超えて一貫しているという証拠はきわめて少ないこと，個人の行動がそのときの状況によって大きく規定されていることを，数多く行われている研究の結果をまとめながら主張しました。たとえば，ある人が明るそうな行動をしており，あなたがその人に会うたびにそのような行動をしている（行動に一貫性がみられる）のは，あなたがその人を見る「状況が一貫しているから」だと考えることもできるのです。

　また，人間は学習をします。ある状況ではある行動をするのが適切だということを学習した場合，次にその状況においてその行動をすることは，パーソナリティの反映だと言うことができるのでしょうか。それは，過去の状況の中で生じた行動が現在の状況の中でくり返されているだけだと解釈できてしまうかもしれません。

　ミッシェルがこの本を出版してから，数十年の間，盛んに論争が行われました。わが国においても，いくつかの議論が行われてきました（たとえば，若林，1993と渡邊・佐藤，1994を読み比べてみるとよいのではないでしょうか）。

　現在では，パーソナリティ「だけ」が行動を決定すると考える研究者は少ないでしょう。しかしこの議論は，パーソナリティ心理学や社会心理学においてその後も多くの新しい研究が行われていく中で，最終的な決着をみないままになっているという側面もあります。

　たしかに，行動に対する環境や状況の影響は大きなものです。では，そのような影響がある中で，パーソナリティをより適切に考えていくには，どのようにすればよいのでしょうか。次章では，パーソナリティの測定という観点から

考えてみたいと思います。

文献

ブラス，T. 野島久雄・藍澤美紀（訳）（2008）．服従実験とは何だったのか：スタンレー・ミルグラムの生涯と遺産　誠信書房

イリバギザ，I.・アーウィン，S. 堤江　実（訳）（2006）．生かされて。　PHP研究所

Mischel, W. (1968). *Personality and Assessment*. New York: John Wiley & Sons.（ミッシェル，W. 詫摩武俊（監訳）（1992）．パーソナリティの理論：状況主義的アプローチ　誠信書房）

ルラングァ，R. 山田美明（訳）（2006）．ルワンダ大虐殺：世界で一番悲しい光景を見た青年の手記　晋遊舎

若林明雄（1993）．パーソナリティ研究における"人間―状況論争"の動向　心理学研究，**64**，296-312.

渡邊芳之（1995）．心理学における構成概念と説明　北海道医療大学看護福祉学部紀要，**2**，1-7.

渡邊芳之・佐藤達哉（1994）．一貫性論争における行動の観察と予測の問題　パーソナリティ研究，**2**，68-81.

第3章　パーソナリティをどうやって測るのか
——基本的な考え方

　第1章では個人差の表し方を，第2章ではパーソナリティが直接測定できないことを説明してきました。この章では，パーソナリティを測定するときの基本的な考え方を説明しようと思います。現在，世界中のパーソナリティ心理学でもっとも頻繁に用いられているのは，質問項目と選択肢が用意され，選択肢に丸をつけることで測定する，質問紙尺度を用いたパーソナリティの測定方法です。そこでこの章では，質問紙を用いたパーソナリティの測定方法における基本的な考え方を中心として，少し広く構成概念を測定することの意味を説明したいと思います。

1．データのかたち

（1）コイン投げ

　コイン投げ（コイントス）をして遊んだことはありますか？　サッカーやアメリカンフットボールでは，最初にボールや陣地の所有権を決めるためにコイントスを行うことはみなさん知っているのではないでしょうか。

　コインが歪んでいたり投げるときにインチキをしたりしない場合には，コインの表が出るか裏が出るかは1／2の確率です。このコイン投げを10回行って，何回表が出るかを数えてみましょう（実際に何度かやってみると実感できるのではないかと思います）。表が出る確率は1／2ですので，「5回くらい表が出るんじゃないか」と予想できるのではないでしょうか。

　図3-1は，このようなコイン投げ10回を1セットとして，このセットを500

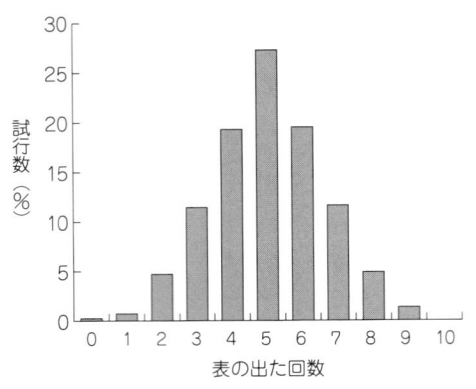

図3-1 10回のコイン投げを500試行実施した結果（シミュレーションの結果）

回行ったときの結果（コンピュータでのシミュレーション結果）です。縦軸は、それぞれの表が出た試行数のパーセンテージを表します。図3-1の場合、10回中5回表が出た試行は約27％、10回中9回表が出た試行が約1％だということになります。

たしかに、コインの表は1／2の確率で出ますので、10回コインを投げれば平均すると5回表が出ることになります。5回表が出ることが多いのは確かで、図3-1の棒グラフでも表が出た回数「5」の部分が一番高くなっています。

しかし、「かならず表が5回出る」わけではありません。たしかに平均は5回なのですが、その部分を中心にして左右に広がったグラフになっていることが分かると思います。グラフの端のほうを見ると、表の出た回数が「0」という試行もあることが分かります。

このグラフは、何かに似ています。それは、第1章で見た身長の分布です。身長とコイン投げという、まったく異なる事象のグラフが同じような形になるのは、面白い現象だと思いませんか。

（2） 選択肢が2つの質問項目が10個あったら

さて、もしも10個の質問項目が用意されていると仮定しましょう。そして、

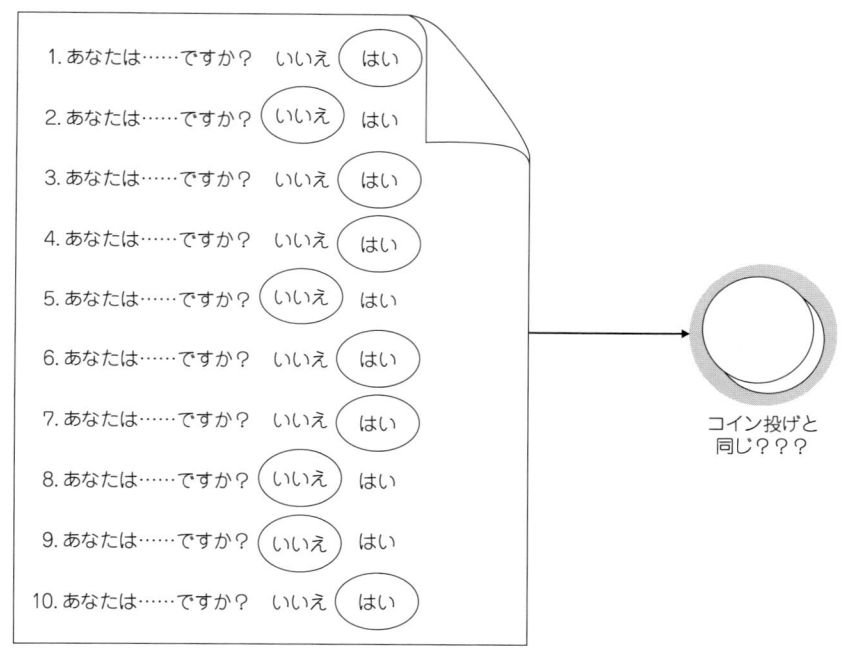

図3-2 コイン投げと同じこと？

それぞれの質問項目について「いいえ」「はい」の二者択一で回答するとします。さらに，それぞれの質問項目に「いいえ」と答えるか「はい」と答えるかが2分の1の確率で生じるとしましょう。たとえば，「あなたは自分のことが好きですか」という質問に対して，半分の人々が「いいえ」と答え，残りの半分の人々が「はい」と答えます。同じように別の質問項目に対しても，半分の人々が「いいえ」と答え，残りの半分の人々が「はい」と答えるような質問項目が用意されているとします。

このように，10個の質問項目それぞれについて，「いいえ」か「はい」への回答の確率が1／2であるとするならば，図3-2のようにコイン投げと同じことが生じるのではないでしょうか。

ただし，コイン投げのように，完全に半分の人が「いいえ」と答え，残りの半分の人々が「はい」と答えるような質問項目をつくるのは難しそうです。そ

こで，回答の選択肢を2つではなく，もう少し増やして4つや5つにしてみましょう。たとえば，「いいえ」「どちらかというといいえ」「どちらでもない」「どちらかというとはい」「はい」という選択肢を用意すれば，回答は5段階になります。そうすると，「いいえ」と「はい」だけのときよりも，ある程度回答がばらついてくれるかもしれません。質問の作り方にもよりますが，中央あたりに回答が集まり，極端な回答が比較的少なくなる可能性も高まります。

（3）データを見ると

まず，表3-1の質問項目に回答してみてください。10個の質問がありますので，それぞれについて「まったく当てはまらない」から「とてもよく当てはまる」までの5つの選択肢のうち，一つずつに丸をつけてください。

すべての質問項目に丸をつけたら，10項目の丸をつけた数字を合計しましょう。合計得点は何点になったでしょうか。

この質問項目のセットを，500人に実施しました。先ほどのコイン投げも500

表3-1 質問紙の例

それぞれの質問が「自分にどれだけ当てはまるか」を考えて，1から5の数字のいずれか1つに○をつけてください。質問は1．から10．まであります。すべての質問に答えて下さい。

1．まったく当てはまらない，2．どちらかというと当てはまらない，3．どちらとも言えない，
4．どちらかというと当てはまる，5．とてもよく当てはまる

1．私は，才能に恵まれた人間であると思う ……………………………… 1 2 3 4 5
2．私は，周りの人達より優れた才能を持っていると思う ……………… 1 2 3 4 5
3．私は，周りの人達より有能な人間であると思う ……………………… 1 2 3 4 5
4．私は，周りの人が学ぶだけの値打ちのある長所を持っている ……… 1 2 3 4 5
5．周りの人々は，私の才能を認めてくれる ……………………………… 1 2 3 4 5
6．私は，周りの人に影響を与えることができるような才能を持っている … 1 2 3 4 5
7．私が言えば，どんなことでもみんな信用してくれる ………………… 1 2 3 4 5
8．私に接する人はみんな，私という人間を気に入ってくれるようだ …… 1 2 3 4 5
9．私は，どんなことでも上手くこなせる人間だと思う ………………… 1 2 3 4 5
10．周りの人達が自分のことをよい人間だと言ってくれるので，自分でも
　　そうなんだと思う ………………………………………………………… 1 2 3 4 5

◆10個の質問項目の回答を合計する → _____点

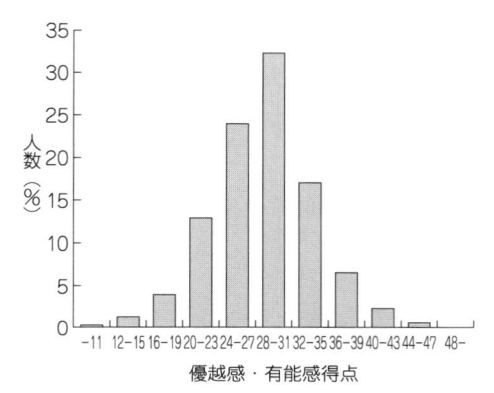

第3章 パーソナリティをどうやって測るのか

[図: 優越感・有能感得点のヒストグラム。横軸は得点区分（-11, 12-15, 16-19, 20-23, 24-27, 28-31, 32-35, 36-39, 40-43, 44-47, 48-）、縦軸は人数（％）で0から35。28-31が最も高く約32％。]

図3-3　質問項目に回答した500名の結果

回行いましたので同じだけのデータが得られています。項目数が10個ですので，それぞれの人がコイン投げを10回行ったのと同じように，10項目に回答していることになります。

　では実際に，質問項目に回答されたデータを見てみたいと思います。

　500人のデータの分布は，図3-3のようになります。図3-1のコイン投げの結果と非常によく似た分布の形になっていることが分かります。身長もコイン投げも，質問項目への回答も，まったく異なる事象であっても同じような形のグラフになるのは，少し不思議な感じがするのではないでしょうか。

　なお，500人分のデータにおけるこの得点の平均値は28.4であり，標準偏差は5.6でした（標準偏差とは得点のばらつきをあらわす指標の一つで，各データが平均値から平均してどれくらい離れているかを表す数値です）。図3-3を見ると，やはり平均値に相当する28点から31点の部分に，もっとも多くの人が集まっていることが分かります。

　なお，この10項目は，優越感・有能感尺度というものです。これは，自己愛的なパーソナリティ傾向を測定する尺度の下位側面の一つとして見出されたものです。この10項目の合計得点が高いほど，自分が他の人よりも優れており，有能であると自己評価する傾向が高いと考えられています（興味のある人は，小塩，2004や小塩，2005を参照してください）。

あなたの優越感・有能感得点は何点だったでしょうか。得点だけを見ても，それが高いのか低いのかはなかなか実感できないのではないでしょうか。しかし，大学の受験勉強を経験した人であれば，偏差値なら実感が湧くかもしれません。

今回は500名分の平均値と標準偏差が分かっていますので，そこから偏差値を算出することができます。

$$\text{優越感・有能感得点の偏差値} = \frac{(\text{あなたの得点}(\quad) - 28.4)}{5.6} \times 10 + 50$$

たとえば，あなたの得点が39点だったとしましょう。(39−28.4)/5.6×10＋50＝68.9という数値が偏差値となります。また，もし25点だったとすると，(25−28.4)/5.6×10＋50＝43.9という偏差値になります。もちろん，平均値付近の28点をとった場合には，偏差値は(28−28.4)/5.6×10＋50＝49.3という，ほぼ50という値になります。偏差値は，平均が50，標準偏差が10に変換された指標なのです。

（4） コイン投げとは異なる点

コイン投げ10回と質問項目10個への回答，両者のデータの分布は非常によく似たものになりました。しかし，すべてにおいて同じ特徴をもったデータだと言ってよいのでしょうか？

表3-2を見てみましょう。上の表は，コイン投げを10回繰り返したときの，ある回数と別の回数との間の関連を表したものです。それに対して下の表は，優越感・有能感尺度10項目の，ある項目と別の項目との関連を表したものです。

ここで示されている数字は，相関係数と言われる指標です。相関係数は，2つのデータの関連の大きさを表します。両者の間にまったく関連がないときには「0（ゼロ）」となります。片方が高くなればなるほどもう片方も高くなるような関係のときにはプラスの値，片方が高くなればなるほどもう片方が低くなるような関係のときはマイナスの値になります。相関係数は−1から＋1ま

第3章 パーソナリティをどうやって測るのか

表3-2 コイン投げ試行間の相関・質問項目間の相関（$n=500$）

◎コイン投げ試行間の相関係数

	1回目	2回目	3回目	4回目	5回目	6回目	7回目	8回目	9回目	10回目
1回目	-	.02	.00	.00	-.06	.06	-.02	-.02	.03	-.05
2回目		-	-.08	.03	-.07	.00	-.10	-.03	-.07	-.02
3回目			-	-.01	.02	-.02	.01	.00	.08	.03
4回目				-	-.10	-.04	.10	.07	-.01	-.01
5回目					-	.03	.02	-.01	-.07	.01
6回目						-	.03	-.02	-.02	.01
7回目							-	.01	-.01	-.07
8回目								-	-.05	-.01
9回目									-	.04
10回目										-

◎優越感・有能感尺度10項目間の相関係数

	項目1	項目2	項目3	項目4	項目5	項目6	項目7	項目8	項目9	項目10
項目1	-	.68	.63	.45	.41	.53	.19	.26	.32	.26
項目2		-	.72	.57	.39	.57	.22	.30	.44	.32
項目3			-	.43	.37	.52	.28	.32	.43	.34
項目4				-	.44	.58	.24	.28	.36	.34
項目5					-	.47	.31	.39	.32	.34
項目6						-	.31	.33	.43	.29
項目7							-	.39	.34	.30
項目8								-	.36	.45
項目9									-	.31
項目10										-

（注）コイン投げは表を1，裏を0として数値化してある。

での値をとりますが，±1に近づくほど関連が強くなることを表します。この数値は後の章でも出てきますので，覚えておいてください。

　さて，このことをふまえてもう一度，表3-2を見てみましょう。コイン投げの試行間の相関係数は，ほとんど「0（ゼロ）」に近い値になっていることが分かります。このことは，ある回に投げた表か裏かの結果が，別の回のコイン投げとはまったく無関連であることを表しています。10回のコイン投げで9回裏が続くと，「次は表だろう」と推測してしまうことがありますが，その推測は間違いです。これをギャンブラーの錯誤（gambler's fallacy）と言います。コインに記憶は蓄積されませんので，それ以前に表であったかなかったかは，

次の回のコイン投げには影響を与えません（なかなか直観的には納得できないかもしれませんが）。

その一方で，優越感・有能感尺度の10項目どうしの相関係数は，すべて正の値になっていることが分かると思います。つまり，この尺度の場合には，ある項目に「当てはまる」と回答する人は別の項目にも「当てはまる」と答える傾向にあり，ある項目に「当てはまらない」と回答する人は別の項目にも「当てはまらない」と回答する傾向が観察されるのです。もちろん，全員が絶対にそのように回答するというわけではありませんが，相関係数を見るかぎり，そのような傾向は明らかに見られると言えます。これが，コイン投げとは大きく異なっている点です。

2．パーソナリティの測定をどのように考えればよいのか

（1）行動が生じる要因

第2章の内容を，もう一度復習してみましょう。図3-4を見てください。

ある行動は，特定のパーソナリティと特定の環境・状況から生じてくるという話でした。行動はけっしてパーソナリティだけから生じてくるものではありません。それは，ごく普通の人の多くがある状況下に置かれれば，人を死に至らしめるほどの強さの電気ショックを与えてしまいうることを示したミルグラムの実験を思い浮かべれば分かります。

しかし，同じ状況下におかれた人々が違う行動をする場合を考えてみるとど

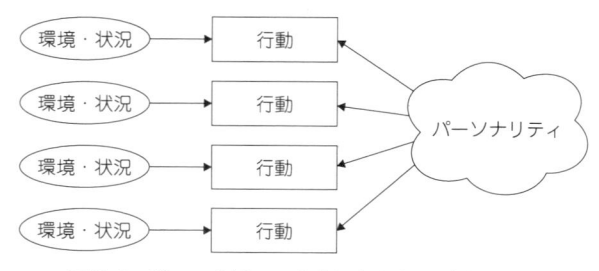

図3-4　パーソナリティと状況から行動が生じる

うでしょうか。もしかするとそこで観察される行動の違いには、より大きくパーソナリティが影響を及ぼしているかもしれません。パーソナリティの測定を考えるときのカギは、このあたりにありそうです。

（2） 相対的な比較

　ここで言う行動に表れるパーソナリティの影響とは、絶対的なものではなく相対的なものです。言い換えると、「程度の問題」だということです。

　たとえば、「おしゃべり」というパーソナリティがあるとしましょう。おしゃべりなパーソナリティの持ち主は、いろいろな場面でよくしゃべる行動が観察されるはずです。しかし、「どの場面でも同じようにしゃべる」わけではありません。友だちと道を歩いているときと、教室で講義を聞いているときと、葬式に参列しているときとでは、同じ程度のしゃべる行動が観察されるとはちょっと思えません。

　しかし、おしゃべりなパーソナリティの持ち主Aさんと、おしゃべりではないパーソナリティの持ち主Bさんがいると考えてみましょう。そして、しゃべる行動がどの程度観察されるかを、10点満点で評価してみます。表3-3がその結果です。

　Aさんは歩いているとき、とてもよくしゃべる行動が観察され、9点という評価でした。それに対してBさんはAさんよりも歩いているときにはしゃべる行動が少なく、7点という評価になっています。教室での講義中、Aさんはけっこうしゃべって周りの学生に迷惑がられています。しかし、歩いているときほど頻繁にしゃべっているわけではありません。それに対してBさんは、比較的静かに講義を聴いていますが、たまにしゃべる程度の行動は観察されます。きっと、もっと厳しい先生の講義時間中であれば、彼女たちのしゃべる行動は

表3-3　AさんとBさんの状況別のおしゃべり行動

	歩いているとき	教室での講義中	葬式に参列中
Aさん	9	6	3
Bさん	7	3	0

もっと少なくなることでしょう。さて、葬式に参列しているとき、Ａさんは目に留まったことを隣の人にひそひそと話しており、3点という評価でした。それに対してＢさんはまったくしゃべる行動が見られず、0点でした。

　ＡさんとＢさんはそれぞれが異なる状況で異なる行動をしています。しかし、Ａさんは一貫してＢさんよりも「よくしゃべる」行動が確認されます。もしもこのような相対的な一貫性を観察することができるのであれば、それはパーソナリティの反映である可能性が増してきます。[9]

（3）　行動を回答に置き換えて考える

　具体的な場面での行動ではなく、行動の部分を「質問に対する回答」に置き換えてみましょう。この章の最初で述べたように、質問項目への回答によって測定するという手法が、現在もっとも広く用いられているパーソナリティを把握する方法です。しかし、これまでの話と矛盾するわけではありません。広い意味で考えれば、質問に対する回答も、行動の一種に違いはないのです。

　この場合も、図3-4と同じ構造になります（図3-5）。ある質問に対する回答には、パーソナリティも影響を及ぼしますし、その他の要因も影響を及ぼします。その他の要因として何が考えられるかというと、たとえば回答しているときの周囲の状況（騒がしかったり、話しかけられていたり）、質問に答える以前の経験（叱られた直後だった、けんかをした直後だった、告白された後だった、など）、質問そのものの要因（質問の意味が分からない、漢字が読めない、など）、その他さまざまな要因が「その他」の中に含まれます。

　したがって、いかに「その他」の要因を少なくするかという点が、パーソナリティの影響を回答に大きく反映させるためには重要となってきます。「その他」の要因が少なければ少ないほど、質問に対する回答にはパーソナリティが反映されると考えることができるからです。そのような観点から、この「そ

（9）　ただし、ＡさんとＢさんそれぞれに、今回想定していない異なる状況要因が存在している可能性は否定できません。ですので、可能性が増す、という表現を用いているのです。

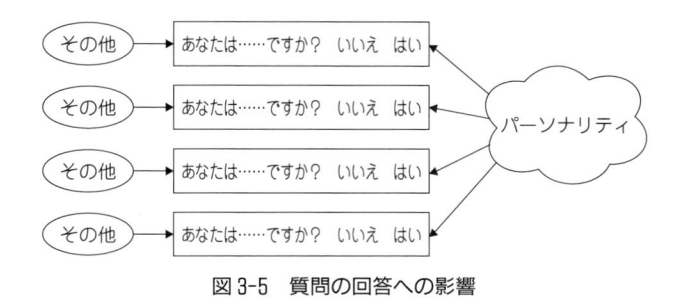

第3章 パーソナリティをどうやって測るのか

図 3-5 質問の回答への影響

他」の要因のことを「誤差（error；エラー）」と表現することもあります。

（4） 複数の質問

　もう一つ重要な点は，質問が「複数」用意されている点です。先ほど表 3-3 で説明したことを思いだしてください。AさんとBさんは，複数の場所でそれぞれ異なる程度の「しゃべる行動」をしていました。そして，Aさんは一貫してBさんよりも「よくしゃべる」という行動が観察されることから，「おしゃべり」というパーソナリティがその行動に影響を及ぼしている可能性が推測できたのです。

　同じように，質問項目を複数用意することによって，ある人物が一貫して「はい」と答える傾向にあるのか，別の人物が一貫して「いいえ」と答える傾向にあるのかを調べることができます。もちろん，すべての質問項目に「はい」と答えなくても，すべての質問項目に「いいえ」と答えなくてもよいのです。多少のズレはあったとしても，ある程度一貫していることが観察されればよいと考えます。表 3-2 のように，質問項目の間に正の関連がみられるということは，ある程度は同じ傾向の回答が得られることを意味していると言えるのです。

　いかがでしょうか。「パーソナリティを測定する」という行為は，簡単そうに思えるかもしれませんが，考えていくと意外と奥深いものがあると思えるのではないでしょうか。しかし，もう少し重要な話が残っています。それは次の章で説明したいと思います。

文献

小塩真司（2004）．自己愛の青年心理学　ナカニシヤ出版

小塩真司（2005）．自己愛人格の構造と適応過程　梶田叡一（編）　自己意識研究の現在2　ナカニシヤ出版　Pp. 101-118.

第4章　測定できているかどうかをどう判断するか
——信頼性と妥当性

　ここまで見てきたように，パーソナリティの測定は身長や体重を測定するのとはちょっと違って，ややこしい仮定がいくつか入りこんでくるのが分かります。その最大の理由は，構成概念であるパーソナリティを直接測定することができないから，という点につきます。この章では，直接測定できないからこそ確かめておかなければいけない2つのポイントである，信頼性と妥当性について説明したいと思います。

1．信頼性と妥当性

　パーソナリティの測定用具を開発するときには，信頼性と妥当性という2つの側面を検討することが重要視されます。
　「信頼性の検討」とは，測定用具が安定して測りたいものを測ることができているかを明らかにすることです。そして「妥当性の検討」とは，本当に測りたいものを測っていると言えるのかを明らかにすることです。
　このあたりの話を分かりやすく説明するために，少し変わった例ですが「漫才を審査する審査員グループ」というものを考えてみようと思います。「その漫才が面白いかどうか」は，もちろん個人によって異なります。しかしときには，審査員が採点をして優勝者を決めることも行われます。そういったテレビ番組を思い浮かべてください。
　なお，この審査員グループは5人で構成されているとします。そして，それぞれの審査員は0点から10点までの合計50点満点で審査を行うことにしましょ

う。では，この例から，どのようなことを考えていくことができるのでしょうか。

2. 信頼性

(1) 漫才審査の信頼性
では，第1の例です。

◆ ◆ ◆

漫才コンビAと漫才コンビBが舞台に登場し，それぞれが芸を披露しました。5人の審査員の得点はコンビAに対して35点，コンビBに対して25点がつけられ，コンビAのほうが次の予選に勝ち進むことになりました。

数ヵ月後，勝ち進んだコンビAと敗者復活で勝ち残ったコンビBが再び対決することになりました。披露されたネタも同じもので，お客さんの盛り上がり具合も前回と同じ程度でした。ところが，5人の審査員の審査結果は，コンビAに対して26点，コンビBに対して36点がつけられたのです。

また数ヵ月後，同じコンビAとコンビBが別の大会に出場してきました。舞台でのネタも同じもの，会場の盛り上がりも同程度で，審査員も同じ5人です。しかし今度の審査結果は，コンビAが23点，コンビBが15点というものでした。

第4章　測定できているかどうかをどう判断するか

◆　◆　◆

　このように，同じ漫才コンビの同じ内容のネタに対して評価を行っているにもかかわらず，その時々によって評価がバラバラでは，「この審査員たちの評価をあまり信用することができない」と感じるのではないでしょうか。お客さんの盛り上がり具合も同じ程度であればなおさら，「この審査員たちは何を見ているんだ！」とテレビの前で文句を言ってしまいそうです。
　では，第2の例です。

◆　◆　◆

　漫才コンビAが芸を披露しました。そしてその芸を見て，5名の審査員が採点を行いました。すると，5人中2人が「9点」，3人は「3点」で合計が27点となりました。次に漫才コンビBが芸を披露し，5名の審査員が採点を行ったところ，1名が「1点」，3名が「5点」で1名が「10点」の合計26点でした。このあと，何組かが舞台に登場してきたのですが，5名の審査員の得点はいつも評価がバラバラで，まったく一貫しません。

◆　◆　◆

　このように，つねに大きく採点が分かれてしまう場合にも，「この審査員たちは大丈夫だろうか？」と不安を抱いてしまいます。複数の漫才師が登場してくるのですから，そこには上手い漫才師から下手な漫才師まで，あるいは非常にウケるネタからまったくウケないネタまで，何らかの「力の差」というものがあるはずです。しかし，一人一人の審査員の得点がバラバラでまったく一貫しない状況では，何を見ているのか分からないと言わざるを得ません。

（2）　信頼性とは

　質問紙尺度の信頼性を検討する一つの方法に，時間的な安定性を検討することがあります。これを再検査信頼性と言います。
　先ほどの審査員の第1の例は，この再検査信頼性が十分ではないために，「審査員の評価が信用できない」と感じたのです。同じ漫才コンビについて何度か評価を行ったときに，比較的得点が高いコンビは時間を経てもある程度得

点が高い傾向に，得点が低いコンビは時間を経てもある程度得点が低い傾向にあることを確かめるのが，この作業に相当します。もちろん，その日の出来不出来はあるでしょうし，繰り返し出場することで実力が向上することもあるでしょう。しかし，同じコンビの同じ芸，しかも同じ程度会場が盛り上がった芸を見ているにもかかわらず，何度かその芸を見るたびに評価があまりにも上がったり下がったりするのでは，その審査員たちが何を審査しているのかが分からなくなってしまいます。したがって，このような場合は「この審査員グループの審査結果は信頼性が高いとは言えない」と判断することになるのです。

また，先ほどの審査員の第2の例は，内的整合性（内的一貫性）と呼ばれる信頼性の例になります。これは，ある構成概念を測定する複数の指標がある程度一致した変動をするかどうか，言い換えると構成概念以外の「その他」の要素の影響が大きくないかどうかを検討することに相当します。

もしも，審査員Aが「漫才師の容姿」，審査員Bが「漫才師の年齢」，審査員Cが「笑顔の回数」といったように，審査員それぞれが漫才以外の要素を大きく評価してしまっているようであれば，審査結果の得点は審査員によってバラバラなものになってしまうでしょう。

内的整合性（内的一貫性）は，第3章の表3-2（p.51）や表3-3（p.53）で説明したことにも関連します。もしも5人の審査員が本当に漫才コンビの「漫才の実力（あるいはそれに近いもの）」を評価しているのであれば，5人の評価はある程度一致してくるはずです。もちろん審査員によって多少の好みの違いがあり，得点は上下するでしょう。しかし，やはり下手なコンビには総じて低い得点が，上手いコンビには総じて高い得点がつけられることになるはずです。したがって，審査員によって審査結果がバラバラなのであれば，「この審査員グループの審査結果は信頼性が高いとは言えない」ということになるのです。

実際の質問紙尺度の作成において，再検査信頼性は，数週間から数カ月間隔で同じ調査対象者に同じ質問紙を実施し，相関係数を算出することで検討されます。

また，内的整合性（内的一貫性）は，尺度に含まれる一つ一つの項目と全体

の得点との相関を検討すること（項目─尺度間相関とかI-T相関と呼ばれます），偶数番号の項目の合計得点と奇数番号の合計得点の間の相関を検討すること（折半法と呼ばれます），そしてα係数（アルファ係数）という指標を算出することなどによって検討されます。[10]

　研究などで具体的な作業を行ってみないと，これらがどのようなものか実感できないかもしれませんが，質問紙尺度を作成するときには，このような作業を行うのだということを覚えておいてもらいたいと思います。[11]

3. 妥当性

（1） 漫才審査の妥当性

　ここからは信頼性ではなく，審査の「妥当性」というものに焦点を当ててみたいと思います。

　ではまず第1の観点です。

　この5人の審査員は，どんな人々なのでしょうか。漫才の採点を行っていますので，もともと漫才師で，今もお笑いの仕事に携わっている人たちであれば，審査結果にも納得がいくかもしれません。しかし，もしもこの中に，お笑いの仕事の経験もなく，ふだんお笑いの舞台やテレビ番組を見ることもない，とくにお笑いに興味があるわけでもない……といった審査員が複数混ざっていたらどうでしょうか。いくら得点を合計するとはいえ，やはり審査結果は妥当なものとは言えなくなりそうです。もしかすると，「そういう人を笑わせることこそが真の実力なのだ」と考える人がいるかもしれません。しかし，そういう人

---

(10) α係数をはじめとする信頼性の指標がおよそ0.80以上あることが，十分な信頼性の基準とされることが多いと言えます。しかし，たとえばα係数は分析に使われている変数間の関連の大きさと項目数の多さに影響を受けますし，もしもある程度の時間的な変動を認めるような構成概念を測定する尺度であれば再検査信頼性は低くなることが予想されます。ですので，この基準を一律に用いることには少し注意が必要です。

(11) その点で，実際に作業を体験できる心理学実習の授業は重要な意味をもちます。

が観客として芸を見ている場合と，審査員として評価をする場合とでは見方が変わってしまいそうです（たとえば，審査をするときに些細な失敗を過剰に見積もってしまう，よくテレビに出る漫才コンビを高く評価してしまうなど）。また，もしもそのような素人が審査をする場合には，「かっこいいから」「笑顔がかわいいから」など，本来評価すべきポイントとは違う部分で判断してしまうかもしれません。さらに言えば，そのような人物に審査された場合，審査の対象者である漫才コンビが結果に納得できるのか，という問題も生じてきそうです。

次に第2の観点です。

漫才を採点する，という以上は，その採点結果が会場のお客さんの盛り上がり具合と，ある程度は一致する必要があると考えることができます。まったく会場が盛り上がらなかった漫才が高い得点で，爆笑に包まれた漫才が低い得点という結果では，その審査の妥当性が疑われてもしかたがないと言えるのではないでしょうか。また，この審査によって優勝した漫才コンビが，その後ちゃんと芸能界の第一線で活躍しているかどうか，という観点も重要です。優勝したのに他の番組では笑いをとることができず，トーク番組でもそれほど面白さを発揮できず，1年後にはコンビを解散し，芸能界からもいなくなってしまった……，という審査を行っていたのであれば，この審査の妥当性が疑われてもしかたがないと言えます。

そして第3の観点です。

審査のプロセスでは，何組も漫才師が登場し，何度も審査を繰り返し，結果を得点で示していきます。それが全体として，誰が見てもたしかにそれなりに納得できるものになっていれば，やはり審査の妥当性はある程度確保されることになるでしょう。またたとえば，その審査員グループの審査が，ある漫才コンビの体調のよいときと体調の悪いときの芸の差や，観客も分からないようなミスといった微妙な差をしっかり反映するようであれば（たとえば，審査の得点だけでなく，審査員のコメントを聞いたときに「ああ，それでその得点をつけたのか」と納得できるようであれば），この審査者グループの審査の妥当性の評価は上がることになるでしょう。

（2） 妥当性とは

　さて，漫才の審査の妥当性について，3つの例を挙げてみました。

　第1の例は，「内容的妥当性」と呼ばれるものの例に相当します。これは，測りたいものをちゃんと過不足なく測っているか，あるいは専門家が測定された内容の過不足のなさをちゃんと判断しているか，という検討を行うことです。漫才の審査であっても，審査してほしいポイントというものがあるはずです。そこをあまり外さずに審査できているかどうかが，内容的妥当性に相当するのです。

　内容的妥当性は，到達度を測る検査を思い浮かべると分かりやすいでしょう。たとえば，パーソナリティ心理学の授業を15回行った後で，テストを実施するとします。もしもそのテスト問題が，第8回目の余談で述べられたもの「だけ」だったとしたらどうでしょうか。そのテストはパーソナリティ心理学の内容のテストとして，とても内容的に妥当だとは言えないことになります（学生の多くは文句を言うことでしょう）。授業を行って，学生がどの程度理解できたのかという到達度を測定しようとするのであれば，学期全体の授業からおおむね過不足なく問題を用意するのがよりよいやり方だと考えられます。

　第2の例は，「基準関連妥当性」と呼ばれるものに相当します。これは，ある方法で測定されたものと，それ以外の方法によって測定されたもの（これを外部基準といいます）との関連を検討することです。会場でウケた漫才のネタはやはりより高い評価になり，受けなかった漫才のネタはやはりより低い評価になるというのが，漫才の審査と外部基準（お客さんの盛り上がり）との関連に相当します。

　別の例ではたとえば，新しく開発された健康診断の結果と，医者の診断結果の関連を検討することを挙げることができます。医者の診断は，開発された健康診断とは別の方法ですので，外部基準になります。したがって，この関連を検討することは，健康診断結果の基準関連妥当性を検討することにあたります。

　この基準関連妥当性はさらに，併存的妥当性と予測的妥当性という2つの内容に分かれます。併存的妥当性は，外部基準が測定とほぼ同時に得られている

場合です。先ほどの例で言えば，会場の盛り上がり具合と審査結果が関連しているかどうかに相当します。会場の盛り上がりと審査はほぼ同時に生じますので，併存的妥当性に相当します。予測的妥当性は，外部基準が後で得られる場合です。優勝したコンビがちゃんと活躍しているかどうかは，審査結果を示した後に分かることですので，予測的妥当性を検討することに相当するのです。

　第3の例は，「構成概念妥当性」と呼ばれるものに相当します。これは，本来測定されるべき「構成概念」から考えられることが実際に生じているかを検討することです。

　もしも漫才の審査者グループが，本当に漫才コンビの「漫才の実力」を審査しているのであれば，本当に実力のあるコンビとそうではないコンビの差や，コンビの調子の良し悪しといった微妙な差を反映した審査結果を出すことができるのではないでしょうか。このように，「本当にこれを測っていたらこうなるはずだ」という予測を立てて，実際にそのような結果が得られるかどうかを検討していくことが，構成概念妥当性の検討ということになります。

　さて，とはいっても，構成概念妥当性というものはやや曖昧です。じつは，妥当性を検討すること自体が，構成概念妥当性を検討することにほかならないと考えることもできるのです。ここまで説明してきたように，直接測定することのできない構成概念を，何とか上手く測定しようと試みているのがパーソナリティを測定することなのですから，その妥当性を検討することは，まさに構成概念妥当性を検討することに相当すると考えることもできるわけです。

　妥当性に関しても，実際に研究を行ったり実習の授業などで作業を行ったりしてみないと，作業の実感がわかないのではないかと思います。しかし，信頼性のところで述べたのと同様に，質問紙尺度を作成する際には，このような妥当性の検討を行っているのだということを覚えておいてもらえればよいのではないかと思います。

4. 信頼性と妥当性を考えるポイント

（１） 信頼性と妥当性の注意点

　先ほどの漫才審査員グループの例でみたように，そもそも安定した，信頼性のある審査をしていないと，その審査の妥当性を問う以前の問題になってしまいます。これは，乗るたびに違う数字が表示される体重計があったとしたら，それが体重を量っているのかどうか以前の問題になる，というのと同じことです。

　パーソナリティを測定する質問紙尺度の信頼性と妥当性の問題についても同様で，妥当性を検討するためには，まずはある程度の信頼性を確保しておく必要があるのです。実際に，新たなパーソナリティ尺度を開発する研究においても，まずは信頼性を検討し，そのあとで妥当性を検討するプロセスを経ることが多いと言えます。

　また，信頼性についても妥当性についても，「完全な信頼性」や「完全な妥当性」というものがあるわけではないので注意してほしいと思います。なぜなら，構成概念という目に見えない，直接触れることのできない概念を，間接的な方法で測定しようと試みているからです。第3章の図3-5（p.55）で示したように，その回答にはかならず環境・状況その他さまざまな要因が混入してきてしまいます。そして，その影響をできるだけ少なくしようと工夫することはできますが，その影響をゼロにすることは不可能なのです。ですから，信頼性と妥当性が検討されている質問紙尺度や心理検査，知能検査で測定を行ったとしても，その結果はつねに「完全」ではありません。

　もしもみなさんが，これらの尺度や検査を使用する立場になったときには（たとえば，学校の先生や企業の人事担当者など），信頼性と妥当性についてぜひ注目してほしいと思います。具体的には，市販されている検査や研究に使用されている尺度であれば，書籍や論文の形で信頼性と妥当性が報告されているはずですので，ぜひその内容をチェックしてほしいと思います。[12]

（2） 日常生活の中で構成概念を見つけてみよう

　ここまで，パーソナリティが構成概念であり，直接観察・測定することができないこと，そのために信頼性や妥当性を考える必要があることを説明してきました。日頃何気なく使用しているパーソナリティに関する用語は，使っているときにそのつもりがなくてもじつは構成概念なのです。

　じつは他にも，普段の生活の中や仕事，趣味の世界などで，構成概念（や，そのように考えることが可能なもの）を測ろうと試みる機会や測られた結果に触れる機会というのは，意外とたくさんあります。

　たとえば，みなさんの子どもが学校からテスト結果や成績の通知表をもってきたとき，そこに記載されているのは，「学力」という構成概念を間接的に測定した結果です。学業成績も入試の成績も，通知表の結果も，「学力そのもの」ではなく，学力とその他の要因がともに反映したものになっているのです。[13]

　またたとえば，「野球の上手さ」や「サッカーの上手さ」を評価するときでも同じです。野球やサッカーの上手さそのものを直接的に測定することはできず，ボールの扱いや足の速さ，チームメイトとのやりとりや練習への取り組み方など，多くの観点から間接的に評価せざるを得ないのです。足の速さやボールの扱いの上手さは野球やサッカーが上手いことの一つの反映ではありますが，それらだけで野球やサッカーの上手さが決まるわけではありません。

　他には，たとえば「歌唱力」はどうでしょうか。得点が出るカラオケで高得点を出すことは，本当の意味で「歌が上手い」ことと同じだとみなしてよいのでしょうか。本当の意味での「歌唱力」は，直接測ることのできない構成概念であり，カラオケの高得点はあくまでもその一つの指標にすぎないと考えた方がよいのではないでしょうか。

---

(12)　どうしても判断がつかないときは，専門家（心理学者）に問い合わせて相談するのも一つの方法だと思います。

(13)　通知表にテスト結果以外の要素，たとえば授業への参加態度や勉学への関心・意欲の程度も反映するのであれば，通知表に現れた数字にはますます多くの要素が含まれることになります。

また，みなさんは毎年，健康診断を受診することと思います。そこで，たとえば「視力」はどうでしょうか。目でものを見分ける・識別することができる能力を視力と言いますが，視力検査の結果と「視力」はイコールの関係なのでしょうか。あくまでも視力検査は「検査」ですので，「視力の高い人は視力検査でよい結果を出すことができる（しかし，誤差も伴う）」と理解するのが正しいでしょう。

　このように考えると，少なくとも「〇〇力」と名がつくようなものは，おおよそ構成概念として捉えておくのがよさそうです。ポイントは，「行動（や行動の結果）と構成概念は100パーセント完全にイコールの関係ではない」という点です。「ある構成概念をより多くもつから，より多くこの行動や結果が生じる（そしてそこにはかならず誤差も生じる）のだ」と理解しておきましょう。

　人を何かで評価しようとする場合には，つねに同じような問題に直面するものだと考えておいた方がよいのです。ぜひ，身近にある「構成概念を測定しようとする試み」を探して，少し考えてみてはいかがでしょうか。

文献

Borsboom, D., Mellenbergh, G. J., & Van Heerden, J. (2004). The concept of validity. *Psychological Review,* **111**, 1061-1071.

Cronbach, L. J., & Meehl, P. E. (1955). Construct validity in psychological tests. *Psychological Bulletin,* **52**, 281-302.

第5章　人をどのように分けるのか
——類型論について考える

　長い人類の歴史の中で，人は人々をいくつかのグループに分けることによって記述してきました。本章では，そのようなパーソナリティの記述のしかたである「類型論」について説明してみたいと思います。とくに，類型論の代表的な例をいくつか挙げ，その歴史的な意義についても考えてみたいと思います。

1．類型論

（1）　野菜を分類してみる
　目の前にさまざまな種類の野菜があると想像してみてください。ニンジン，ダイコン，ジャガイモ，サツマイモ，カボチャ，ナス，キュウリ，トマト，ホウレン草にキャベツに白菜……さまざまな野菜があります。
　これらを，何かの基準で分類してみましょう。たとえば，「硬い野菜」「柔らかい野菜」「葉ものの野菜」という分類はどうでしょうか。「硬い野菜」にはニンジン，ダイコン，ジャガイモ，サツマイモ，カボチャが含まれ，「柔らかい野菜」にはナス，キュウリ，トマトが含まれ，「葉ものの野菜」にはホウレン草，キャベツ，白菜が含まれます。
　これ以外に，別の分類方法もあるはずです。たとえば「春にとれる野菜」「夏にとれる野菜」「秋にとれる野菜」「冬にとれる野菜」という収穫する季節による分類もできそうです。他には，「緑色系統の野菜」「赤色系統の野菜」「黄色系統の野菜」といった色での分類も可能ですし，「丸い形」「細長い形」「平らな形」といった形状での分類もできそうです。

人間の特徴についても,「分類」という手法がとられることがあります。たとえば,皆さんの指には指紋があります。指紋は,一卵性双生児でもその形状が異なるなど,世界中に同一の形状をもつ人はいないと言われています。このことから,個人の同定に使われたり犯罪捜査に使われたりするわけです。しかし,このようにすべての人で異なっている特徴であったとしても,分類することが可能です。たとえば,渦状紋(指紋が渦を巻いている形状),弓状紋(指紋の下部が閉じておらず広がった形状),蹄状紋(馬のひづめのように指紋の下部がやや閉じたような形状),といった具合です。なお,これらの混合型やどこに分類すべきか不明瞭な場合もあります。皆さんの指は,どの指紋の類型に当てはまるでしょうか。

(2) 類型論とは

　類型論(タイプ論)とは,人間をいくつかの種類に分類し,その各グループに典型的な特徴を記述することによって,パーソナリティを記述する方法のことです。先ほどの野菜の分類や指紋の分類は,まさにこの類型論的な把握のしかただと言えます。

　この章で見ていくように,人間は古くから類型論を用いてきました。また類型論で記述されるパーソナリティは,身体や外見的な特徴とも結びつけられることが多かったと言えます。後の章で説明しますが,皆さんにもっともなじみのある類型論は,4つの血液型によって人々を分類する血液型性格関連説ではないでしょうか。やはりここでも,身体的な特徴(血液型)とパーソナリティ(性格)が結びついています。

　さて,指紋のように,世界中のすべての人で異なるような特徴であったとしても,ある一定の基準を設けることによって,いくつかの種類に分類することができます。そして,多くのものをいくつかの種類に分類するという整理方法は,日常生活の中で頻繁にみられるものです。おそらく複雑で多様なものを分類するという整理・理解のしかたは,遠い昔から人類が行ってきたものなのでしょう。もしかすると,幼児が四つ足の動物を見て「ワンワン」と呼び,車輪

のついたものを見て「ブーブ」と呼ぶように，多くの種類のものに一つの名前を付けるという行為そのものが，ある範囲からある範囲までのものに対してラベルをつけるという「分類」を伴うものだとも言えるのかもしれません。

2．古代ギリシア・ローマ時代の類型論

（1）『人さまざま』

　古代ギリシア時代は，多くの学問や文化，芸術が花開いた時代でした。そして，そこでは，人間の観察記録とも言うべきものも残されています。

　紀元前4世紀頃，アリストテレスの弟子で哲学者・植物学者のテオプラストス（Theophrastus 紀元前371-287）は，『人さまざま』という書物を残しています。この本の英語名は"*The Characters*"ですので，人間の性格（パーソナリティ）について体系的に書かれた世界最古のものといえるでしょう。

　『人さまざま』では，けち，おしゃべり，へそまがり，お節介，傲慢といった，30の見出しがつけられています。そして，それぞれの冒頭で用語の定義をし，その後で具体的な人物像が描かれていきます。なお，中には，今ではパーソナリティ用語としてあまり適切とは思われないもの（無駄口，上の空，迷信など）も含まれていますが，いずれも描かれる人物像は興味深いものばかりです。

　たとえば，次の一節は，「へそまがり」な人について書かれたものです（テオプラストス，2003）。

◆　◆　◆

　へそまがりとは，言葉使いの点で，態度の無礼なことである。そこで，へそまがりの人とは，およそつぎのようなものである。

　すなわち，「誰それはどこにいますか？」と人から尋ねられると，「私をそっとしておいてもらいたいですね」と答える。

　また，挨拶をされても，挨拶を返さない。

　また，ものを売るときは，買手に，自分は手放したいのだが，どれほどの値

になるかね，とは言わずに，あんたはいくら儲けるのかね，と尋ねる。

　また，[先方に]祝いごとがあったので，[へそまがりの人にも]敬意を表し，ご馳走を届けにきた人に，なきにひとしい贈りものですな，と言う。

　また，ついうっかり自分に泥をかけたり，押したり，足のつま先を踏んづけたりした人を，断じて許さない。

　さらにまた，友人が寄付を求めにくると，出すのはごめんですね，と言いはするが，あとになってそれを持ってゆき，私はこの貴重な金を無駄に失うんですな，と言う。

　また，道でつまずきでもすれば，きまってその石に悪態をつく。

　また，相手が誰であれ，長い間待つという辛抱はしない。

　また，唄うことも，詩句の朗唱も，踊ることも拒む。

　また，神々にすらお祈りをしないのが，彼のつねである。

◆　◆　◆

　ここで示したように，最初に「へそまがり」というパーソナリティ特徴の定義が述べられ，その後で具体例が続いていきます。2,000年以上も前に描かれた，しかも日本から遠く離れた人々の様子であるのにもかかわらず，現代の日本にも同じような人物がいるように思えます。

　もちろん，当時のギリシアと現在の日本とでは社会・文化状況が大きく異なりますので，現在の日本人が「まったく同じ行動をする」というわけではありません。すでに説明したように，行動には状況要因が大きく影響を及ぼします。これだけ時代と場所が異なれば，人々が置かれた状況の違いはきわめて大きくなりますので，具体的な個々の行動は異なってきます。しかし，具体的な行動の点では異なっているものの，少し抽象的なレベルであるパーソナリティという点から両者を見れば，共通する部分があるのではないでしょうか。そのように考えると，テオプラストスが描いた「へそまがり」な人物が，たしかに現代の日本にもいるように思えるところが面白いと思います。

　また，テオプラストスの記述のしかたにも，興味深い点があります。最初に類型の特徴を示し，その定義を述べ，その後で具体的な人物例を挙げるという

記述方法は，現在でも人物像を描く多くの書籍でみられるものです。古くから人々は人間の特徴について詳しく観察し，記述してきたのですが，そこには現代の人々と多くの点で重なる部分があると言えるでしょう。

（2） 四気質説

　テオプラストスが誕生する数年前に亡くなった人物に，古代ギリシアの医者ヒポクラテス（Hippocrates 紀元前460-377）がいました。ヒポクラテスは医学を呪術や迷信と切り離し，現代で言うところの科学的な手法を持ち込もうとしたことから，医学の父とも呼ばれる人物です。

　ヒポクラテスは，人間には4種類の体液があり，この4種類の体液の混合に変調が生じた際に病気が生じるという四体液説を唱えました。4種類の体液とは，血液，粘液，黒胆汁，黄胆汁というものです。この4つの体液は，ヒポクラテス以前に考えられていた古代ギリシアの四大元素にも対応しており，また四季にも対応していました。「血液」は四大元素のうち「空気」で四季では「春」，「黄胆汁」が四大元素のうち「火」で四季では「夏」，「黒胆汁」が四大元素のうち「地」で四季では「秋」，「粘液」が四大元素のうち「水」で四季では「冬」に対応するといった具合です。

　ヒポクラテスの死後500年あまり経った頃，ペルガモン（現トルコ）にガレノス（Galen 129-200頃）という人物が誕生しました。ガレノスは生きた動物を解剖・実験するなどして，古代の医学を大きく発展させた人物で，後にローマでも活躍しました。また彼は，ヒポクラテスの四体液説から，四気質説とも呼ばれる人間の類型論を発展させました（ガレノス，2005；二宮，1993）。

　この四気質説は表5-1のように，多血質が楽観的で健康な気質，胆汁質がいらだちやすい気質，黒胆汁（憂うつ）質が抑うつ的で落ち込みやすい気質，粘液質が静かで無関心な気質として描かれています。

　そもそも，気質という日本語の元になった"temperament"には「体液の混合」という語源があります。この言葉は四気質説から来ていますので，体質や遺伝といった，生物学的なニュアンスが含まれています。しかしながら，ここ

表 5-1　四気質の内容

体液	気質		季節	元素	特徴
血液	多血質	(sanguine)	春	空気	快活，明朗，社交的など
黄胆汁	胆汁質	(choleric)	夏	火	せっかち，短気，積極的など
黒胆汁	黒胆汁(憂うつ)質	(melancholic)	秋	地	用心深い，心配性，不安定など
粘液	粘液質	(phlegmatic)	冬	水	冷静，堅実，勤勉など

で記述された4つの気質の記述は，気質と言ってもパーソナリティと言っても間違いではないように感じられます。

　このヒポクラテスの説は，中世イスラム世界へと広がっていきます。そしてヨーロッパでは，ヒポクラテスから1,000年の時を経たルネサンス期（14世紀以降）に，古代ギリシア・ローマ時代の古典文化が復興する中で，再度ヒポクラテスの医学が注目を集めるようになっていきます。それに伴って四気質説も，ルネサンス以降のヨーロッパへと伝えられていきます。たとえば，哲学者カント（Kant, I. 1724-1804）も四気質説について述べており，4つの気質を感情の気質（多血質・黒胆汁（憂うつ）質）と活動の気質（胆汁質・粘液質）に分類しました（Kant, 1798 渋谷訳, 2003）。そして，多血質―粘液質―黒胆汁（憂うつ）質―胆汁質という四角形のモデルを作ることができ，対角線上に位置する気質は互いに打ち消し合うので，4つの気質が混合した気質は存在しないと述べています（Kant, 1798 渋谷訳, 2003 Pp. 263-264）。

　この他にも多くの学者がこの四気質説を取り上げていきましたが，心理学に大きな影響を与えたのは，世界ではじめてドイツのライプチヒ大学に心理学実験室を開設したヴント（Wundt, W. M. 1832-1920）です。この「実験心理学の父」と呼ばれるヴントも，ガレノスの四気質説にもとづいた気質説を展開していきました。その説では，「強さ」と「速さ」によって，4つの気質が整理されています。多血質は「強くて速い」，黒胆汁（憂うつ）質は「弱くて遅い」，胆汁質は「弱くて速い」，粘液質は「強くて遅い」という組み合わせです。またヴントは，それぞれの気質は長所と短所を併せ持つので，4つの気質をそれぞれ場面に応じて使い分けるのがよいと考えていました。たとえば，日常生活

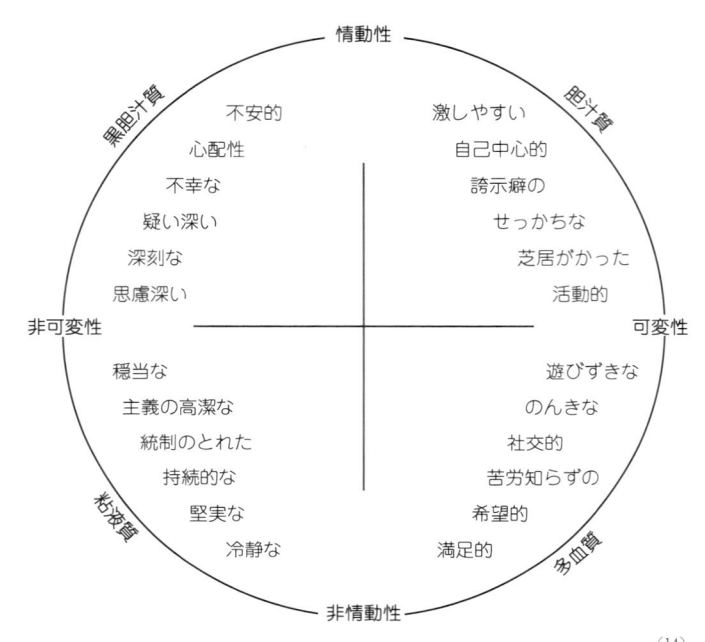

図5-1 四気質の円環モデル（Eysenck, 1967 梅津・祐宗他訳, 1973より）[14]

の小さな喜びや悩みには多血質で、人生の重大事件のような場合には黒胆汁（憂うつ）質で、興味を抱く対象には胆汁質で、決心を遂行するようなときには粘液質で対応すべきだということです。

さらに、イギリスで知能やパーソナリティ、行動療法の研究を精力的に行った心理学者アイゼンク（Eysenck, H. J. 1916-1997）も、ガレノスの四気質を想定しながらパーソナリティ構造を考えています。アイゼンクがカントやヴントの説を取り入れながら描いた四気質の図が、図5-1 です。

このように、ヒポクラテスから始まりガレノスを経て完成された四気質説は、じつに2,000年以上にもわたって受け継がれてきた、きわめて息の長い説だと

---

(14) アイゼンクの理論では、縦軸の情動性が「神経症傾向の高さ（情緒不安定性）」、非情動性が「神経症傾向の低さ（情緒安定性）」、横軸の可変性が「外向性」、非可変性は「内向性」に対応づけられています（第6章参照）。

言うことができます。また，四気質説は初期の心理学にもきわめて大きな影響を与えました。また後ほど説明しますが，日本では，この四気質説から血液型性格判断が生まれてきました。まさかこれだけの時と場所を隔てて，四気質説が現代の日本の人々に影響を与えているとは，ヒポクラテスもガレノスも想像すらしなかったことでしょう。

　しかしながらもちろん，人間の体液がこれら4種類で構成されるわけではありません。ただし，4つの類型の記述内容については，多くの研究者に影響を与えたと言えます。また，ヴントやアイゼンクが整理したように，4つの類型を「2つの軸（次元）」によって導くという考え方も，類型をどのように科学的に理解するかという点で，現代の心理学に大きな影響を与えてきました。

3．体格と性格

（1）クレッチマー説のインパクト

　1921年，ドイツの精神医学者であったクレッチマー（Kretschmer, E. 1888-1964）は，その後，精神医学や心理学に大きな影響を及ぼす1冊の本を出版しました。それは，『体格と性格』（ドイツ語原題：*Körperbau und Charakter*）というタイトルの本でした。なおこの本は，1944年には日本語に翻訳され，出版されています。しかし，それより以前に出版された性格心理学の書籍（髙良，1931による『性格学』）にはすでにクレッチマーの説が取り上げられており，「諸専門雑誌に現れた性格と体格，ないし精神病との関係を論じた文献がすでに数百に上る」（現代語訳は筆者）と記述されています。当時の研究論文数全体を考えると，たった10年あまりで世界中で数百の関連する研究を生み出したというのは驚異的と言えるのではないでしょうか。このように，クレッチマーの説は，当時の精神医学界・心理学界にとってきわめてインパクトの高いものだったことが推測できます。

　クレッチマーは「気質」を，血液と体液といった内分泌機構によって定まるものだと考えました。また「性格」は個人の感情的ないし自発的な反応の総和

であり，遺伝されたものに経験が加わったものとしています。さらに「体質」を，個人のさまざまな特性の総和であると考えています（Kretschmer, 1921 斎藤訳，1944）。

（2） 体格の分類

まずクレッチマーは，頭や顔の形状から足の先，皮膚や体中の毛の生え具合に至るまでを記述するための，詳細なチェックリストを作成しました。そして，精神科の病院に入院している患者の服を脱がせ，よく光を当て，観察者が印刷されたチェックリストの項目順に身体の様子を一つ一つチェックしていきました。『体格と性格』によると，巻き尺などで身体の特徴を測定するよりも，観察者が身体の特徴を目で見て判断することで，数字には表れにくい印象や美しさを判断したのだそうです。また必要に応じて，スケッチを描いたり写真を撮ったりすることで記録していきました。

このようなデータを集めることで，男女問わず，また病理を示す人にも正常な人にも共通して見られる体格の類型が見いだされていきました。それは，細長型，肥満型，闘士型という3類型です[15]。なお，これらの3類型にうまく含まれないものを特殊不整型（内分泌不全型）としました。図5-2は，『体格と性格』で描かれた，3つの体格の典型像です。

細長型は，体の長さが厚みよりも優先して発育した体格です。クレッチマーによるとこの体格は，痩せて細長く，実際より大きく見え，皮膚は乾燥気味で，血の気が乏しく，狭い肩から筋肉の少ない細い腕が伸び，肋骨を数えることができ，腹部の脂肪が少ない，といった特徴が典型的とされています。

闘士型は，骨格，筋肉，皮膚の発育のよさが特徴となる体格です。この体格の典型的な特徴は，身長が高く，肩幅が広く，胸も腹もしっかりとしており，下半身よりも上半身の発育がよいといったものです。

---

(15) 1944年に翻訳された『体格と性格』では，細長型は「狭長型（菱弱型）」，闘士型は「力士型」と訳されています。

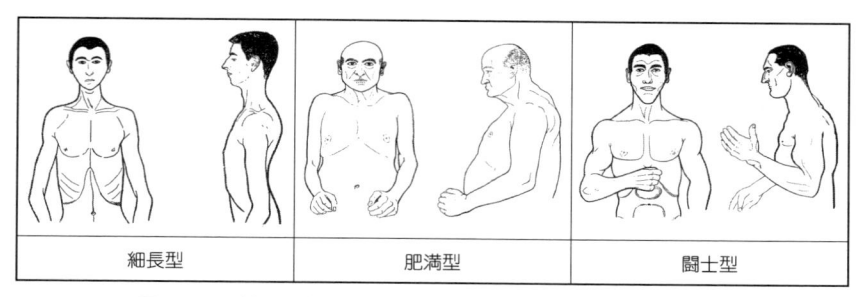

図 5-2　3 種類の体型（Kretschmer, 1921 斎藤訳, 1944 より）

　肥満型は，頭部・胸部・腹部の周囲が大きくなり，脂肪が蓄積する体格です。この体格の人は，丸みを帯びた体で，首が短く，手足は骨張っておらず柔らかく，柔和で広い顔を持つとされています。

（3）体格と精神疾患の対応

　クレッチマーは，精神病院に入院している患者の体格を測定・記述し，分類していきました。そして，体格の類型と精神疾患の種類と見比べてみたのです。それが表5-2です。当時，2大精神病と呼ばれていたのは躁うつ病（双極性障害。『体格と性格』では「循環病」と表現）と，統合失調症（翻訳された当時は分裂病および精神分裂病と呼ばれていた）でした。

　「うつ病」という病気があることは，耳にしたことのある人もいるのではないでしょうか。躁うつ病（双極性障害）は，気分が落ち込んだ状態，興味や喜びを感じることができない状態が一定期間続く症状と，逆に気分が異常に高揚する状態が一定期間続く症状が交互に繰り返される精神疾患です。また統合失調症は，妄想や幻覚を中心として，多くの感情・思考・意思に関する障害を伴う精神疾患です。

　表5-2のように，クレッチマーは統合失調症には細長型，闘士型，不整型の体型が多く，躁うつ病には肥満型が多いことを見いだしました。このようなデータを発表したことが，クレッチマーの説の説得力を高めていったと言えるでしょう。

表 5-2　精神疾患と体格の関連（Kretschmer, 1921 斎藤訳, 1944より作表）

	躁うつ病	統合失調症
細長型	4	81
闘士型	3	31
細長―闘士混合型	2	11
肥満型	58	2
肥満混合型	14	3
不整型	―	34
確定不能	4	4
計	85	166

表 5-3　クレッチマーによる体格・気質とその特徴

体格	対応する病理	気質名称	気質の特徴	備考
細長型	統合失調症	分裂気質	1. 非社交的，静か，内気，まじめ 2. 臆病，恥ずかしがり，気の小さい，神経質，自然と書物が好き 3. 従順，善良，正直，鈍感，愚直	過敏と鈍感の2極をとる。 最初は細長型と闘士型ともに分裂気質に対応していた。
肥満型	躁うつ病	循環気質 （躁うつ気質）	1. 社交的，善良，親切，温厚 2. 明朗，ユーモア，活発，熱烈 3. 冷静，安静，うつになりやすい，気が弱い	快活と悲哀の2種をとる。
闘士型	てんかん	粘着気質	執着する，変化・動揺が少ない，几帳面，秩序を好む，融通が利かない	後で追加された気質

　さて，統合失調症や躁うつ病には，病前性格と呼ばれるパーソナリティ特徴がみられると言われます。病前性格とは，その精神病理に至る前の正常な状態でもみられるパーソナリティとして記述されるものです。クレッチマーも，体格と精神病理との関連が見られたことから，それぞれの精神病理をもつ人々のパーソナリティ（性格，気質）を考えていきます。それが，表5-3に示された特徴です。なお，1921年の『体格と性格』の段階では，まだ分裂気質と循環気質（躁うつ気質）が示されただけであり，肥満型以外の体格が分裂気質に対応するとされていました。闘士型とてんかん（身体のけいれん発作や意識障害などを主症状とする病気），粘着気質が対応するのは，もう少し経って研究が進んで

からになります。

（4） 体格と印象

　クレッチマーは『体格と性格』の冒頭で，「市井の人々の考えでは，悪魔というものはたいていやせていて，狭いあごのところに，細く尖ったひげがあるものとされている。ところが，太った悪魔はというと，何となく気のいい馬鹿げたところがあるように思われている」（Kretschmer, 1921 斎藤訳，1944 p. 20 現代語訳は筆者による）と書いています。どうも私たちは，太った人・やせた人に対して特定のイメージをもっているようです。

　たとえば，テレビドラマで難しそうなことを話す研究者や大学教授は，やせていて背が高く，鼻も高くて眼鏡をかけていたりします。太ったドラマの登場人物はいつもにこやかで少しおっちょこちょい，トラブルを巻き起こすような存在かもしれません。そして熱血漢の主人公はたいてい闘士型の筋肉質の体格をしているのではないでしょうか。

　たしかに，人々のイメージではそのような体格と気質・パーソナリティとの結びつきがあります。しかし，少し冷静に周りを見回して考えてみれば，それほど明確な関連があるわけではないことに気付くのではないでしょうか。大学教員の私自身，細長型にはほど遠い体型ですし，私の周りにいる大学教員も，皆さんの周りにいる大学教員も，体型はさまざまではないでしょうか。たとえばダイエットをして肥満型から闘士型になったり，細長型になったりしたら，パーソナリティも変化していくのでしょうか。肥満型から細長型になり，循環気質から分裂気質になる，というのはちょっとイメージしづらいものがあります。

　じつは表5-2に示した精神病理と体型の関連の問題点の一つは，年齢にあります。第1に，統合失調症と躁うつ病では，前者のほうが後者よりも若い年代（青年期や早期成人期）で発症することが多く，後者は中年期に多く見られます。そして第2に，青年期よりも中年期の方が太っていることが多いのです（とくに欧米ではその傾向が強いかもしれません）。したがって，中年期に多く見られる

躁うつ病が肥満型に強く関連し，肥満型以外の体型はそれより若い年齢で診断される統合失調症に関連してくる，というデータが得られた可能性があります。

　それは，図5-2で示した絵を見て，細長型と肥満型の年齢を推測してみても分かるのではないでしょうか。

　たしかに，体型はその人物を印象づけます。また，クレッチマーが示した3つの気質類型の記述そのものは，人々のパーソナリティを類型化して捉える際に役立つ可能性のあるものです。しかし，体型だけを見て「この人はこんな気質・パーソナリティだ」と判断してしまうことは，ちょっと避けた方がよいのではないでしょうか。

4．その他の類型論

　他にも，いくつかの類型論があります。たとえば，スイスの精神科医ユング（Jung, C. G. 1875-1961）は，人間の精神の無意識的な部分を重視する精神力動的な観点から，心理学的なタイプを考えました（Jung, 1976/1921）。ユングによると，その人の関心や興味がその人自身よりも外部の世界に向けられている人は「外向型」，反対に関心や興味が自分の内面に向かっている人は「内向型」のタイプになります。なおこの「外向型」「内向型」という分類は，次章で説明するように，形を変えて現代の心理学にも受け継がれていっています。

　アメリカの心理学者シェルドン（Sheldon, W. H. 1898-1977）は，クレッチマーが示した体格とパーソナリティの関連を一般の人々にも当てはめることができるかどうかを検討しました（Sheldon & Stevens, 1942）。まず，4000人にものぼる男子学生の写真を撮り，その体格によって内胚葉型（丸みを帯びている），中胚葉型（筋肉質），外胚葉型（やせている）に分類しました。内胚葉型がクレッチマーの肥満型，中胚葉型が闘士型，外胚葉型が細長型に相当します。そして次に，体格と気質との関連を検討しました。その結果，内胚葉型は内臓緊張型と呼ばれる安らぎを求める気質に，中胚葉型は身体緊張型と呼ばれる騒がしく攻撃的な気質に，外胚葉型は大脳緊張型と呼ばれるためらいがちで孤立しが

ちな気質に関連していました。これらの結果は，クレッチマーによる気質の分類を支持するものでした。

　人々を少数のタイプに分類するという類型論は，非常に古くから人類が行ってきたことであり，数十年前までは主流の考え方でした。そこで行われた研究は興味深いものも多く，現代の観点から見ても意義のあるものもあります。しかし，現代の心理学の研究では，人々を直接少ないタイプに類型化して捉えるという方法そのものがほとんど行われていません。この点については，第6章と第7章であわせて説明していきたいと思います。

文献

Eysenck, H. J. (1967). *The Biological Basis of Personality*. Springfield. IL: Charles C. Thomas Publisher.（アイゼンク，H. J. 梅津耕作・祐宗省三他（訳）(1973). 人格の構造　岩崎学術出版社）

ガレノス　内山勝利・木原志乃（訳）(2005). ヒッポクラテスとプラトンの学説　1　京都大学学術出版会

Jung, C. G. (1976/1921). *Psychological Types*. Princeton, NJ: Princeton University Press.

Kant, I. (1798). *Anthropologie in Pragmaticsher Hinsicht*.（カント，I. 渋谷治美（訳）(2003). 実用的見地における人間学　カント全集15　岩波書店）

Kretschmer, E. (1921). *Körperbau und Charakter: Untersuchungen zum Konstitutionsproblem und zur Lehre von den Temperamenten*. Berlin: Springer.（クレッチマー，E. 斎藤良象（訳）(1944). 体格と性格　肇書房）

二宮陸雄 (1993). ガレノス：霊魂の解剖学　平河出版社

Shapiro, K. J. (2001). Tempreraments. In W. E. Craighead & C. B. Nemeroff (Eds.), *The Corsini Encyclopedia of Psychology and Behavioral Science*, 3rd ed. New York: John Wiley & Sons. Pp. 1678-1679.

Sheldon, W. H., & Stevens, S. S. (1942). *The Varieties of Temperament: A Psychology of Constitutional Difference*. New York: Harper & Brothers.

高良武久 (1931). 性格学　三省堂

テオプラストス　森　進一（訳）(2003). 人さまざま　岩波書店

第6章　どのような物差しを当てるか
――特性論の展開

　この章では，類型論と並んで人間のパーソナリティの個人差を記述する方法である「特性論」について説明しようと思います。第5章で見たように，人々をいくつかのグループに分けて把握しようとする類型論は，歴史の中で非常に古くから記述されてきた方法でした。それにくらべると，本書で説明する特性論という考え方の歴史は浅いのですが，現在，心理学の研究で個人差の把握を行う際には，特性論に沿って考えるのが一般的だと言えます。

1．特性論

（1）ゲームのキャラクター
　たくさんのキャラクターが登場するゲームでは，各キャラクターの特徴を決めるためにいくつかのパラメータが設定されています。たとえば，「攻撃力」「防御力」「敏捷性」「体力」といった項目それぞれについて，数値が割り振られます（そして，ゲームの中で経験を積むと値が増加していくのを楽しむわけです）。
　たとえば表6-1のような3つのキャラクターに，4つのパラメータが設定されているとします。キャラクターAは攻撃力が2，防御力が3，敏捷性が9，体力が6となっています。キャラクターBは攻撃力が8，防御力が3，敏捷性が3，体力が6です。キャラクターCは攻撃力が3，防御力が9，敏捷性が2，体力が6です。じつは，4つのパラメータに割り振られた数字の合計はいずれも20で同じなのですが，それぞれのパラメータへの割り振られ方が異なってい

表6-1 各キャラクターに設定されたパラメータ

	キャラクターA	キャラクターB	キャラクターC
攻撃力	2	8	3
防御力	3	3	9
敏捷性	9	3	2
体力	6	6	6

るのです。

　このようにパラメータを設定すると，それぞれのキャラクターの個性が決まってきます。たとえば，キャラクターAは攻撃力も防御力も少ないが敏捷性は抜群で，敵の攻撃をかわすのが得意です。キャラクターBは防御力や敏捷性は低いのですが攻撃力が高く，一撃必殺で敵を倒すのを得意とします。そしてキャラクターCは攻撃力や敏捷性は低いのですが防御力が高いので，敵の攻撃を防御しながらチャンスをうかがう戦い方を得意とします。さらに，いずれのキャラクターも体力は6で同じになっていますので，それぞれのキャラクターの特徴をうまくいかすことができるかどうかが，このゲーム（架空のゲームですが）をうまくクリアするためのカギになってくるというわけです。

（2）特性論とは

　人間とゲームを同じとみなすことがよいのかどうかは分かりませんが，とりあえず形の上だけということで，人間についても同じように考えてみましょう。ゲームのキャラクター設定におけるパラメータに相当するものを，人間では「パーソナリティ特性」と言います。ここでは，それぞれの人の「社交性」「神経質」「やさしさ」「まじめさ」という4つのパーソナリティ特性を測定したと

表6-2 3名のパーソナリティ特性

	Aさん	Bさん	Cさん
社交性	2	8	3
神経質	3	3	9
やさしさ	9	3	2
まじめさ	6	6	6

します。そして、それぞれのパーソナリティ特性について得点をつけたとしましょう。

Aさんは社交性が2点、神経質が3点、やさしさが9点、まじめさが6点でした。Bさんは社交性が8点、神経質が3点、やさしさが3点、まじめさは6点です。そしてCさんは社交性が3点で神経質が9点、やさしさが2点、まじめさが6点です（表6-2）。

このように、一つ一つのパーソナリティ特性に得点をつけると、それぞれの人物の特徴が浮かび上がってきます。図6-1は、3名のパーソナリティ特性の得点をグラフに描いたものです。このように、それぞれの得点をグラフに描くと、特徴が分かりやすくなります。なお、このようなグラフを、パーソナリティ特性プロフィールと呼ぶことがあります。これを見ると、Aさんはあまり社交的でもなく、神経質でもありませんが、たいへんやさしく思いやりのある人物です。Bさんはあまり神経質でもやさしくもないのですが、社交性は非常に高く、初対面の人とも気軽に会話を楽しむことができます。Cさんはあまり社交的でもやさしくもないのですが、神経質な面があり、ものごとを整理していくことが得意です。そして、3名ともまあまあまじめな人物で、仕事には一生懸命に取り組んでいます。

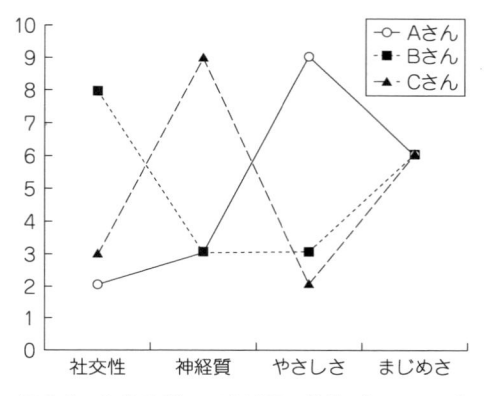

図6-1　3名のパーソナリティ特性プロフィール

　このように，パーソナリティを細かい単位に分け，それぞれの単位を「量」として数値で表していくパーソナリティ把握のしかたを，特性論と言います。そして，細かく分けられた一つ一つのパーソナリティの単位のことを，特性（パーソナリティ特性）と言うのです。第5章で説明した類型論によるパーソナリティの把握のしかたとの違いについて，ぜひ少し考えてみてください。

（3）パーソナリティ特性

　1920年代から1930年代にかけて，特性論はアメリカの心理学において議論され，徐々に世界中の研究者に受け入れられていくようになりました。そこで中心的な役割を果たしたのが，アメリカのパーソナリティ心理学者・社会心理学者のゴードン・オールポート（Allport, G. W. 1897-1967）です。[16]

　オールポートは，心理学における"character"と"personality"という2つの単語を区別し，倫理的な意味合いと強く結びついているcharacterではなく，より客観的で科学的な心理学における用語としてpersonalityを使用すべきだと主張しました（Allport, 1921）。この考え方は心理学者に広く受け入れられて

---

(16)　ゴードン・オールポートの兄であるフロイド・オールポート（Allport, F. 1890-1978）も，有名なアメリカの社会心理学者です。

いき，20世紀前半には心理学的な個人差を表す用語としての"personality"が定着していきました。

オールポートがパーソナリティ特性という考え方を重視するようになった背景には，知能および知能検査の研究の発展がありました（Allport & Allport, 1921）。知能については第8章で詳しく説明しますが，知能検査で測定される得点は，中央程度の人々が多く，極端に低い得点・高い得点をとる人は少ない，正規分布（ベル・カーブ）を描きます。また，因子分析と呼ばれる当時の最先端の統計技法も知能の研究で用いられていました。オールポートや当時の心理学者たちは，知能を測定するときの考え方や技法を，パーソナリティの測定に応用しようと試みたのです。

第5章で見たように，類型論では「体液とパーソナリティ」「体格とパーソナリティ」といったように，「見た目」や「身体的な特徴」がパーソナリティに直接結びつく傾向にあります。オールポートは，類型論が「観察者の眼」に依存しており，そのことがパーソナリティの理解を妨げていると主張しました。つまり，パーソナリティ特性は，直接目にすることができるわけではなく，人（だけとは限りませんが）の内部に仮定されるものであり，周囲の人がその人物を観察し，どのように見えたとしても，その観察されたものとパーソナリティ特性とは別のものだということなのです。

またオールポートは，パーソナリティ特性に関する博士論文を書いたあとドイツを訪れ，人間の全人格を解釈する心理学のアプローチに触れます。そして，科学的にパーソナリティを分析するアプローチだけではなく，語り手の物語性を重視した研究手法を重視していくようになりました。オールポートのこのような研究アプローチも，現代の心理学に大きく影響を及ぼしています。[17]

オールポートは，パーソナリティ特性は個人に固有のものであって，ある人が別の人とまったく同じパーソナリティ特性をもっているとは限らないと考えていました。しかし，それぞれの人がまったく異なったパーソナリティ特性を

---

(17) 現在では「ナラティヴ・アプローチ」と呼ばれる研究手法がこれに相当します。

もっているとすると，研究を行う際に人々を比較することができなくなってしまいます。そこで，それぞれの人が別個にもつ特性を「個別特性」，すべての人に共通する特性を「共通特性」と名づけました。現在では一般的に，パーソナリティ特性というときには共通特性のことを表しています。共通特性とは，すべての人に当てることができる物差しのようなものです。「明るさ」や「まじめさ」といった物差しを一人一人にあてることにより，それぞれの人をその物差し上の位置で表すことが可能となるのです。

2. パーソナリティ特性の探求

（1） 辞書から探す

　1930年代，オールポートは共同研究者のオドバート（Odbert, H. S.）とともに，パーソナリティ特性がいくつあるのかを探究する手がかりとなる研究を始めました。

　人間のパーソナリティ特性がいくつ存在するか，という可能性を考える際に，人間の特徴を表現する語彙を探す，というのは一つの有効なアプローチです。社会的に意味があり目にすることができるパーソナリティの特徴は，普段使用する言葉の中に含まれているはずだ，という考え方のことを語彙仮説（lexical hypothesis）と言います。この仮説にもとづき，オールポートらは『ウェブスター英語辞典第2版』（*Webster's New International Dictionary 2nd Edition*）から，人間の特徴を表現する言葉として約18,000語を選び出しました。なお当時すでに同じようなアプローチを，ドイツでクラーゲス（Klages, L., 1926 千谷・詫摩訳, 1957）やバウムガルテン（Baumgarten, F., 1933）が行っていました。オールポートらはこれらの研究をより発展させる形で研究を進めました。

　オールポートらは，辞書から選び出した言葉を，a．パーソナリティ特性を

（18）　オールポートは個別特性を重視していましたが，パーソナリティを測定するという観点からすると，共通特性を扱うことが中心になります。このようなことから，後のパーソナリティ研究者は共通特性に注目するようになっていきました。

表す言葉，ｂ．一時的な状態・気分・活動を表す言葉（例：恐れ，喜びなど），ｃ．道徳的なふるまいや世間での評判といった価値判断を表す言葉（例：優秀な，平均的など），ｄ．身体的な特徴・能力・その他，という４つのカテゴリに分類しました。そして，このうち「ａ．パーソナリティ特性を表す言葉」だけで，4,504語もあることを見出しました（Allport & Odbert, 1936）。オールポートらはこれらをすべて手作業で行っていたわけですから，その労力は想像を絶するものがあります。

（２） キャッテルの根源特性

　オールポートらの研究は，パーソナリティ特性がいくつあるのかを語彙から探っていくという，その後の研究スタイルを導いていきました。しかし，そこでの最大の問題は，言葉をどのように整理するか，という点にあります。いくら研究者が厳密に言葉を分類しようとしても，どうしてもそこには恣意的な判断や主観的な判断が入りこんでしまいます。

　そこで，イギリス生まれのアメリカのパーソナリティ心理学者で知能の研究や統計技法の開発でも有名なキャッテル（Cattell, R. B. 1905-1998）は，知能の研究で用いられていた因子分析と呼ばれる統計技法を，[19] この語彙の整理に応用しました。キャッテルが1940年代に行った一連の研究は，オールポートらが選び出した単語から意味があいまいなものやまれにしか使用されない単語を除き，オールポートがパーソナリティ特性に入れなかった単語を加えて整理するところからスタートしました（Cattel, 1946）。次に意味がよく似た単語，反対の単語をグループにまとめ，171の単語対（「明るい…暗い」といった反対の意味の単語）が作られました。この作業が完成するまでには，数カ月もかかったそうで

---

[19] 因子分析は多くの変数とデータを一度に分析する多変量解析と呼ばれる統計技法の一つで，複数の変数の背後に共通する因子を見出すために用いられます。現在でも心理学で頻繁に使用される分析手法の一つです。因子分析は心理学者・心理統計学者のスピアマン（Spearman, C. 1863-1945）が知能の分析に使用し，キャッテルが知能以外の分析に応用したことから広まりました。

第6章　どのような物差しを当てるか

表6-3　キャッテルの根源特性リスト

因子名	対になる概念		
A	回帰性傾向	対	分裂性気質
B	知能・一般的精神能力	対	精神欠陥
C	感情的に成熟・安定した性格	対	混乱した情緒不安定性
D	子どものようなたくましい情緒性	対	冷静なフラストレーション耐性
E	支配性・優越性	対	服従性
F	高潮性	対	退潮性
G	肯定的な性格統合	対	未熟な依存
H	寛大で大胆な躁うつ気質	対	閉塞的・退避的な分裂気質
I	敏感・不安な情動性	対	強い安定性
J	神経衰弱	対	活発で偏執狂的な性格
K	訓練・社会化された教養ある心	対	粗野
L	高潮的躁うつ気質	対	偏執症

　キャッテルはこれらの単語の対でアンケートを作成し、100名の成人に調査を行いました。得られたデータから相関係数を算出し[20]、関係の深い単語どうしをまとめていきました。このような手続きを経て、最終的に35個の単語対までまとめていったのです。さらに、16名1組の13グループ、208名の成人男子（平均年齢30.2歳）を対象に調査を行い、グループのメンバーを相互に評定させて得られたデータを因子分析にかけることにより、12個の根源特性と呼ばれるパーソナリティ特性を導き出しました（表6-3）。その後、キャッテルはさらに研究を進めて、16のパーソナリティ特性にもとづく、16PF（Sixteen Personality Factor Questionnaire）というパーソナリティ検査を開発しました。この検査は日本でも「16PF 人格検査」という名前で市販されています。

　多くのデータをまとめる作業も、現在ではコンピュータを使用すればそれほど労力をかけずにできるのですが、当時は計算を手作業で行っていましたので、

---

(20)　第3章でも説明したように、2つの変数の間にどの程度の関係があるかを表す指標で、−1から1までの間の値をとります。相関係数が0のとき、2つの変数は「無関連」であることを意味します。

大変な作業だったようです（間違いもあったことでしょう）。また，統計的な手法も時代とともに新たな手法が考えられていきます。このようなことから，昔に作られたパーソナリティ検査を再分析すると，どうしても結果にズレが生じてくることがあります。しかし，研究プロセスそのものが間違っているわけではありません。コンピュータもないような時代にこのような試みを行ったことには，大きな意味があると言えるでしょう。

（3） アイゼンクの基本次元

アイゼンク（Eysenck, H. J. 第5章参照）は，因子分析によって2つの基本的な因子を見出しました。それは「外向性」の因子と「神経症傾向」の因子です。

「外向性（……内向性）」は，個人の基本的な方向性が外の世界を向いているか自分自身を向いているかの程度を表します。アイゼンクによると，内向的な人は大脳皮質が興奮しやすく，過剰な興奮を避けるために刺激を避けようとするのだそうです。また外向的な人は大脳皮質の興奮がすぐに収まるので，つねに刺激を求めようとするということです。

「神経症傾向（情緒不安定性―安定性）」は，情動性を表す側面で，不安で神経質・不健康であるか，よく適応できているかの程度を表します。アイゼンクによるとこの特性は，内臓・自律神経系の覚醒状態に関係しており，神経症傾向が高い人はストレスにさらされると交感神経が興奮しやすいために，情緒不安定になるのだということです。

なお，後にアイゼンクは第3の次元として，「精神病傾向」を加えています。この次元は，衝動をコントロールできる程度や，敵対心などを表します。

アイゼンクは，まず1950年代に病院での調査から神経症傾向を見出し，その後に外向性を加えて1959年にモーズレイ性格検査（Maudsley Personality Inventory: MPI）[21]を作成しました。その後，因子分析を用いて項目を改訂し，虚偽尺度を加えて1964年にアイゼンクパーソナリティ目録（Eysenck Personality Inventory: EPI）[22]を，さらに精神病傾向を加えて1975年にアイゼンクパーソナリティ質問票（Eysenck Personality Questionnaire: EPQ）を開発しています。

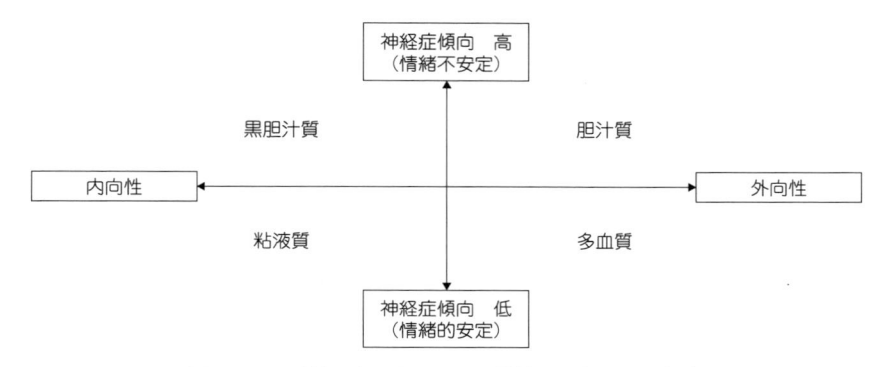

第6章 どのような物差しを当てるか

```
              神経症傾向 高
              （情緒不安定）
                  ↑
       黒胆汁質   │   胆汁質
  内向性 ←────────┼────────→ 外向性
       粘液質    │   多血質
                  ↓
              神経症傾向 低
              （情緒的安定）
```

図6-2　アイゼンクによる2つの特性と四気質説の対応

　アイゼンクが見出した2次元の面白いところは，第5章の図5-1（p.74）に対応すると考えられていたという点です。図6-2のように，外向的で神経症傾向が高い人は胆汁質（せっかち，短気），外向的で神経症傾向が低い人は多血質（快活，社交的），内向的で神経症傾向が高い人は黒胆汁質（用心深い，神経質），内向的で神経症傾向が低い人は粘液質（冷静，勤勉）であるとされています。たしかにこのように分類すると，つじつまが合いそうな気がしてきます。第12章で説明するように，この枠組みは現在の「気質」を重視する研究者たちにも大きな影響を与えています（国里・山口・鈴木，2007）。またこのように，パーソナリティ特性を組み合わせ，それぞれの得点の高低によって人々を分類することは，パーソナリティ特性から類型を導き出すための一つの有効な方法であり，これまでにも多くの研究で用いられてきました。

---

(21)　Maudsley Personality Inventory は日本で翻訳され，販売される際に「モーズレイ性格検査」とされていますので，ここではその商品名に従いました。おなじ "personality" でも，「人格」と訳されたり「性格」と訳されたりすることがあるという，一つの例だと言えます。
(22)　回答者が正直に答えているかどうかを判定するための尺度（質問項目群）のことです。社会的には望ましいものの現実に「そうだ」と回答する人がほとんどいない項目（たとえば「私はウソをついたことがない」）で構成されます。

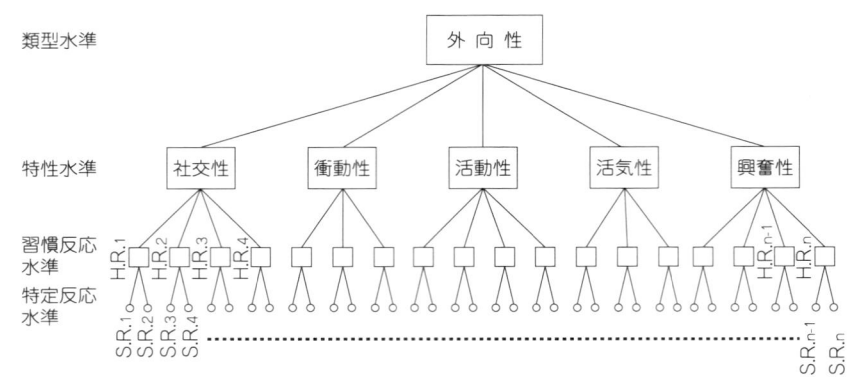

図 6-3　パーソナリティの階層モデル（Eysenck, 1967　梅津・祐宗他訳，1973）

　アイゼンクは，図 6-3 のようにパーソナリティを階層構造として捉えていました。一番下の水準は，ある刺激に対して特定の反応をするという水準です。このモデルが考え出されたのは1940年代ですので，20世紀初頭の行動主義心理学（刺激—反応プロセスにみられる行動を研究対象とすべきだと主張した心理学の一領域）の影響を強く受けています。次に来るのは，特定の反応が集まった習慣の水準です。朝食のあとにかならず歯を磨くことをしつけられるなど，日常生活の中で刺激に対する反応を繰り返していると，それが習慣となっていきます。そして習慣が集まって構成されるのが，パーソナリティ特性の水準です。

　なおアイゼンクはいちばん上のレベルを「類型」の水準だとしています。しかし，パーソナリティ特性の上位に類型の水準があるという考え方は，現在では受け入れられていないと言ってよいでしょう。ただし，統計処理技法の発展によって，アイゼンクの階層構造に似た構造を見出すことは可能になっています。このことについては，また後で触れていきたいと思います。

3.　5つのパーソナリティ特性

（1）ビッグファイブと5因子モデル

　多くの研究者が，人間のパーソナリティ特性がいくつあるかという研究を続

けてきました。そして1980年代から現在にかけて，もっとも多くの研究者に同意を得られていると言えるのが，5つの大きなパーソナリティ特性で人間を記述するという理論です。

これは，ビッグファイブ（Big Five）や5因子モデル（Five Factor Model: FFM）と呼ばれています。ただし，ビッグファイブと5因子モデルは，背景となる研究の流れも，提唱する研究者グループも若干異なっています。

ビッグファイブはアメリカの心理学者ゴールドバーグ（Goldberg, L.）を中心として提唱されたものであり，語彙仮説と統計処理を中心として導かれたモデルです。それに対して5因子モデルはアメリカの心理学者コスタ（Costa, Jr., P. T.）とマクレー（McCrae, R. R.）を中心に研究が行われ，理論的なアプローチとパーソナリティの階層構造を強調したモデルとなっています。しかしいずれの研究においても，人間を5つのパーソナリティ特性で記述するということに変わりはありませんので，ここでは両者に共通することについて包括的な説明をしたいと思います。

（2） 5つのパーソナリティ特性とは

ビッグファイブや5因子モデルで示される5つのパーソナリティ特性の内容を，表6-4に示します。

まず「神経症傾向」や「情緒不安定性」と呼ばれる特性です。英語名は"Neuroticism"で，大文字のNと略されることもあります。この特性は，先ほどアイゼンクの研究で取り上げたものと同じ名前です。この特性の高さは，感情・情緒面での不安定さやストレスの感じやすさを意味します。なお，得点を逆転させて「情緒安定性」と解釈する場合もあります。[23]

2つ目は，「外向性」です。英語名は"Extraversion"[24]で，大文字のEと略

---

(23) パーソナリティ特性は，ある特徴とそれとは反対の特徴を両極にもつ数直線で表現することができます。つまり，得点を逆方向に換算すれば，それまで低い得点が意味していたものが，高い得点が意味するものに変わるのです。

(24) "Extroversion"という綴りも同じ意味です。

表6-4 ビッグファイブ・5因子モデルの内容

英語名	日本語名	関連するキーワード	おもな意味内容
N Neuroticism	神経症傾向 情緒不安定性	不安・神経質 敵意・怒り 抑うつ・落ち込み 自意識過剰 衝動性 傷つきやすさ	・感情の不安定さや落ち着きのなさ ・非現実的な思考を行いがち ・自分の欲求や感情をコントロールできない ・ストレスへの対処が苦手
E Extraversion	外向性	暖かさ・他者との絆 つきあいを好む 自己主張性 活動性 刺激を求める 肯定的な感情経験	・積極的に外の世界へアプローチ ・人に興味があり、集まりが好き ・ポジティブな思考をする ・上昇志向が強い ・興奮することや刺激を求める
O Openness (Openness to Experience)	開放性 経験への開放性	空想・想像力 審美性・美を好む 豊かな感情経験 変化や新奇を好む 興味の幅の広さ 柔軟な価値観	・さまざまなことに好奇心を持つ ・新しい理論や社会・政治に好意的 ・既存の権威に疑問をもつ ・複雑であることを許容する
A Agreeableness	協調性 調和性	他者への信頼 実直さ 利他性 他者に従う 慎み深い やさしい	・社会や共同体への志向性を持つ ・他者への敵対心や競争心を持たない ・グループ活動を好む ・周囲の人からも好かれる傾向
C Conscientiousness	誠実性 勤勉性	有能感 秩序を好む 誠実さ 達成追求 自己鍛錬 慎重さ	・欲求や衝動をコントロールする ・目標や課題を達成する ・計画を立てて事に当たる ・行動する前に十分考える

(注) 以下の文献を参考に筆者が作成した：Costa & McCrae, 1992 下仲他訳, 1999；John, Naumann, & Soto, 2008

されることもあります。これも先ほどアイゼンクの研究で取り上げられていたものと同じ特性になります。この特性の高さは，積極的に外の世界に向けて行動していく志向性を意味します。「外向的」というと，対人関係上の社交性の高さを思い浮かべる人がいるかもしれませんが，社交性は外向性の一部分であり，同じものではありません。外向性は社交性よりも広い意味で，対人関係だ

けではなく冒険好きであったり上昇志向が強かったりと，エネルギッシュに活動するという意味も含むものです。

3つ目は，「開放性」です。英語名は"Openness"もしくは"Openness to Experience"で，大文字のOと略されることもあります。この特性は知的好奇心の高さ，美の理解・興味，難しい理論や研究への興味，新しい社会や政治のシステムへの親和性などに関係します。また，知能や創造性との関連も指摘されています。一般的には，このような側面がパーソナリティに含まれるということに，あまり馴染みがないかもしれません。しかし少し思い返してみると，「あの人は賢そう」といった表現を日常的にしていることに気づくのではないでしょうか。

4つ目は，「協調性」や「調和性」と呼ばれる特性です。英語名は"Agreeableness"で，大文字のAで略されることもあります。この特性は，普段使う言葉でいえば「やさしさ」に相当すると言えるでしょう。他者のことを考え，うそ偽りない態度をとり，控え目であるといった特徴などがこの特性に関係します。

最後の特性は「誠実性」や「勤勉性」と呼ばれる特性です。英語名は"Conscientiousness"で，大文字のCで略されることもあります。この特性は，衝動や欲求を上手くコントロールすることや，仕事や勉学に一生懸命に取り組むこと，計画を立てて遂行することなどに関係します。普段使う言葉でいえば，「まじめさ」に相当すると言えるでしょう。

以上の5つが，ビッグファイブや5因子モデルにおける5つのパーソナリティ特性です。神経症傾向は不安定さ，外向性はエネルギッシュさ，開放性は好奇心の強さ，協調性はやさしさ，誠実性はまじめさ，と対応づけておくと分かりやすいかもしれません。

なお，英語の5つの省略名を並び替えると，"OCEAN"（海）となります。ですので，これら5つは"パーソナリティのOCEAN（海）モデル"と呼ばれることもあります（もちろん英語では，ですけれども）。

日本においてもいくつかのビッグファイブ・5因子モデルの尺度・検査が開

発されています。たとえば辻平治郎らは，5因子性格検査（Five-Factor Personality Questionnaire: FFPQ）を作成しています（辻他，1997；辻，1998）。この検査は「Ⅰ．外向性―内向性」「Ⅱ．分離性―愛着性」「Ⅲ．自然性―統制性」「Ⅳ．非情動性―情動性」「Ⅴ．現実性―遊戯性」という5つの特性，その下位にそれぞれ5つずつの要素特性をもち，各6項目，計150項目で構成されています。これらのうち「Ⅰ．外向性―内向性」は「外向性」に，「Ⅳ．非情動性―情動性」は「神経症傾向」に相当しますが，それ以外は海外での研究とは少し解釈が異なっています。

また村上宣寛らは，主要5因子性格検査（Big Five）を作成しています（村上・村上，1997，1999）。この検査は，N（情緒安定性），E（外向性），O（知性），A（協調性），C（勤勉性）の5つの特性に関する尺度に妥当性尺度を加えた70項目で構成されています。[25]

ちなみに，2000年に発売されたコンピュータゲームの「シムピープル」（英語名は The Sims）では，登場キャラクターの性格を「きれい好き」（≒誠実性），「社交的」（≒外向性），「活動的」（≒開放性），「陽気」（≒内容は神経症傾向の逆），「やさしさ」（≒調和性）という5つの特性で表現していました。これらの名称を見ると，ビッグファイブの研究知見を参考にしたようです。これは，ゲームのクリエータも心理学の知見を参照しているという，一つの例だと言えるでしょう。

（3）階層構造

コスタとマクレーが開発した5因子モデルのパーソナリティ検査，NEO-PI-R（Revised NEO Personality Inventory）では，5つのパーソナリティ特性の下にそれぞれ6つの下位特性が設定されています。なお，この下位特性の大まかな内容は，表6-4の「関連するキーワード」の欄に書かれたものとほぼ同

---

[25] MPIの虚偽尺度のように，いいかげんな回答や必要以上に望ましく見せようとする回答をチェックするための尺度のことです。

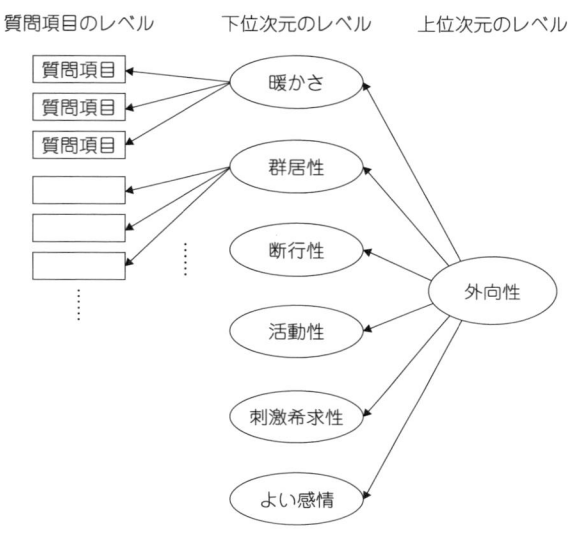

第 6 章　どのような物差しを当てるか

図 6-4　NEO-PI-R の構造

じです。

　この階層構造を図に表すと，図 6-4 のようになります。まず一番上位のレベルの「外向性」の特性を多くもつほど，その下位のレベルの特性が高くなります。そして下位レベルの特性が高いほど，質問項目にはその方向で回答する確率が増してくる，と考えます。

　図 6-4 は図 6-3 で示したアイゼンクのモデルと似ていますが，下位次元のレベルも上位次元のレベルも「特性」であるという点で異なります。また，図 6-4 は「パス図」と呼ばれるモデルとして，統計的に検討することも可能です。[26]

　近年では，ビッグファイブの上位に位置する因子の存在も示唆されています (Markon, Krueger, & Watson, 2005)。図 6-5 は，ビッグファイブのさらに上位にどのような因子が見られるかを，多くの質問紙を用いて検討した結果です。最上位には「α」と「β」という 2 つの因子があり，次のレベルでは α が「否

---

(26)　ただし実際の分析に際しては，いくつか簡略化してある部分を補う必要があります。

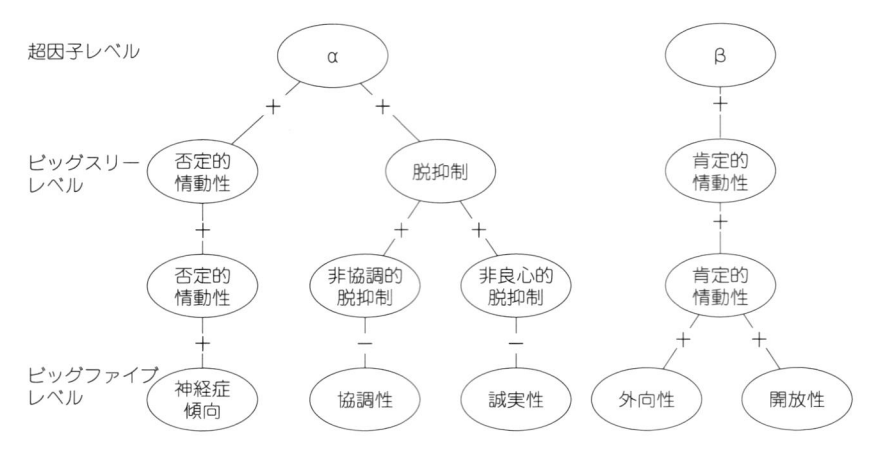

図6-5 ビッグファイブよりも上位のパーソナリティの階層構造（Markon, Krueger, & Watson, 2005より作成）

定的情動性」と「脱抑制」に，βは「肯定的情動性」となります。これは，アイゼンクのモデルやテレゲン（Tellegen, A., 1985）による3因子モデル（「肯定的情動性」「否定的情動性」「制約性」）に相当するものであり，「ビッグスリー（Big Three）」と呼ばれることもあります。そしてビッグファイブは，それよりも下のレベルに位置します。このように統計的にどのレベルまでがまとまったパーソナリティとして取り出すことができるかについて，研究が重ねられています。

（4） 誤解しやすいポイント

ビッグファイブ（5因子モデル）について，心理学の初学者が誤解しやすいポイントをいくつか挙げてみたいと思います。

まず第1に，これらの5つはパーソナリティ特性であって，「類型」ではありません。「私は5つの中で言えば『外向性』にあてはまります」という表現は成立しませんので，注意してください。これらは5つの中からどれかを選ぶというものではなく，先に説明したように5つそれぞれについて得点化されるものなのです。

第 2 に，このモデルは「人間のパーソナリティには 5 つの要素しかない」ということを意味しているのではありません。この 5 つの特性を，荷物を結ぶ「ひも」にたとえると，人間のパーソナリティ全体をバランスよく持ち上げるためには，最低限この 5 本があれば何とか持ち上がる，と考えるべきものです。持ち上げるための「ひも」は，もっとたくさんあっても何の問題もありません。実際に，5 つの特性以外のパーソナリティ特性も，数多く研究されています。[27]

第 3 に，5 つのパーソナリティ特性は研究者の理論や考えだけから導き出されたものではありません。オールポートからの研究の流れを見て分かるように，これら 5 つのパーソナリティ特性は数え切れないほど多くの単語を，統計的な手法を駆使しながら，思い切りよく集約したものだと言えます。したがって，それぞれの特性の背後には，さらに多くの言葉があり，5 つの特性はそれらの最大公約数として存在しているのだと考えておくのがよいでしょう。[28]

第 4 に，これら 5 つの特性は，最終的・決定的なものではありません。図 6-5 で示したように，どのレベルまでを人間のパーソナリティの安定した特徴としてとり出すことができるかについては問題も残されています。また，日本においても辞書から単語を選択して最終的に 5 つの特性を導いた研究があります。ただし，完全にすべての国・言語で 5 つの特性が見出されているわけではありません。さらに，このような研究で用いられている統計技法の使い方にも改良の余地が残されていますし，今後よりよい統計技法が開発されるかもしれません。あくまでも現在のところ，ある程度の範囲で研究者の同意が得られているものだと思っておくのがよいでしょう。

第 5 に，このことに関連して，5 つの特性は「言語」というものそのものがもつ特徴なのではないかという疑問をもつ人がいるかもしれません。また，パーソナリティをこのように言語によって記述すること自体に違和感を覚える人

---

[27] 「ビッグスリー」を提唱する研究者は，「ひもの数は 3 本で十分だ」と言うことでしょう。

[28] 約 4,500 の単語が 5 つにまとまっていると考えるのであれば，ビッグファイブのそれぞれの因子の背景には約 900 の単語が隠れていることになります。

もいるようです。たしかに，このような疑問をもつ人の気持ちは分かります。しかし，そもそも心理学に限らず研究をするという行為自体が，すでに存在している現象をある程度単純化して記号（言語も記号の一種です）で表現することだ，と言うこともできます。自分自身や周囲の人の性格を，「言語以外で」表現してみようとしてみれば，それがいかに困難であるかが分かると思います。本章で説明してきた語彙アプローチに対する批判もありますし，今後この分野の研究がどのように発展していくかは分からない部分があります。しかし，パーソナリティが構成概念であるということを前提とした場合には，現状においてこれは比較的「ましなやり方」であると言うことはできるでしょう。

　第6に，パーソナリティを5つの側面で表現することによるメリットは，たしかにあります。研究者にとっての大きなメリットは，海外の研究者との間に共通の認識を形成することができるという点にあります。たとえば，日本であるパーソナリティ特性の研究が始まったとします。そのパーソナリティ特性の特徴を海外の研究者に理解してもらうことは，なかなか難しい面もあるのですが，「ビッグファイブで言えばこういった特徴と関係する」と表現することで理解が進むこともあります。同じように，他のパーソナリティ特性を5つの特性で表現していくことも可能です。たとえば，アイゼンクの第3の次元である精神病傾向の高さは，「調和性と勤勉性がともに低いこと」として表現されます（John et al., 2008）。また，自己愛的なパーソナリティは「調和性が低く外向性が高いこと」とも表現されます（Paulhus & Willims, 2002）。このように，5つの因子は研究者間のいわば「共通言語」としても機能するのです。

　では，研究をしているわけではない読者のみなさんにとってのメリットとは何でしょうか。たとえば，ビッグファイブの5つの特性それぞれについて考えることは，少なくとも人間を多面的かつ全体的に見ようとする際のガイドラインになります。5つの特性は，人間を大まかに全体的に捉えるのに適しています。もしも誰かのパーソナリティを考える機会があるのならば，5つの特性を念頭に置くことで，大まかに相手の全体像を描くことができることでしょう。もしも自己紹介をする機会があるならば，これら5つの特性を念頭に置いて考

えていくことで，自分自身をより多面的かつ全体的に記述することができることでしょう。

「たった5つしかないの？」と思うかもしれませんが，それは少し違います。私たちはビッグファイブのようなガイドラインがない状態では，「類型」で把握しようとしてしまうものなのです。おそらくそこでは，5つもの指標を用意してそれぞれの程度を考えるような，多面的な把握をしようとはしていないことでしょう。したがって，最低限この5つの特性それぞれがどの程度あるか，という捉え方で自分や他者のパーソナリティを見てみるのがよいのではないかと思います。

文献

Allport, F. H., & Allport, G. W. (1921). Personality traits: Their classification and measurement. *Journal of Abnormal and Social Psychology,* **16**, 6-40.

Allport, G. W. (1921). Personality and character. *Psychological Bulletin,* **18**, 441-455.

Allport, G. W., & Odbert, H. S. (1936). Trait-names: A psycholexical study. *Psychological Monographs,* **47**, No. 211.

Baumgarten, F. (1933). *Die Charktereigenschaften.* Bern: A. Francke.

Cattel, R. B. (1946). *Description and Measurement of Personality.* Chicago: The University of Chicago Press.

Costa, Jr., P. T., & McCrae, R. R. (1992). *NEO-PI-R, NEO-FFI Manual.* Odessa, Florida: Psychological Assessment Resourses.（下仲順子・中里克治・権藤恭之・高山　緑（1999）．日本版 NEO-PI-R, NEO-FFI 使用マニュアル　東京心理）

Eysenck, H. J. (1967). *The Biological Basis of Personality.* Springfield, IL: Charles C. Thomas Publisher.（アイゼンク，H. J.　梅津耕作・祐宗省三他（訳）（1973）．人格の構造　岩崎学術出版社）

John, O. P., Naumann, L. P., & Soto, C. J. (2008). Paradigm shift to the integrative Big Five trait taxonomy: History, measurement, and conceptual issues. In O. P. John, R. W. Robins & L. A. Pervin (Eds.), *Handbook of Personality: Theory and Research.* New York: The Guilford Press.

Pp. 114-158.

Klages, L. (1926). *Die Grundlagen der Charakterkunde*. Bonn: Bouvier.（クラーゲス，L. 千谷七郎・詫摩武元（訳）(1957)．性格学の基礎　岩波書店）

国里愛彦・山口陽弘・鈴木伸一（2007）．パーソナリティ研究と神経科学をつなぐ気質研究について　群馬大学教育学部紀要　人文・社会科学編, **56**, 359-377.

Markon, K. E., Krueger, R. F., & Watson, D. (2005). Delineating the structure of normal and abnormall personality: An integrative hierarchical approach. *Journal of Personality and Social Psychology,* **88**, 139-157.

McCrae, R. R., & Costa, Jr., P. T. (2008). The five-factor theory of personality. In O. P. John, R. W. Robins, & L. A. Pervin (Eds.), *Handbook of Personality: Theory and Research.* New York: The Guilford Press. Pp. 159-181.

村上宣寛・村上千恵子（1997）．主要5因子性格検査の尺度構成　性格心理学研究, **6**, 29-39.

村上宣寛・村上千恵子（1999）．性格は五次元だった：性格心理学入門　培風館

Paulhus, D. L., & Willims, K. M. (2002). The dark triad of personality: Narcissism, Machivellianism, and psychopathy. *Journal of Research in Peronality,* **36**, 556-563.

Tellegen, A. (1985). Structures of mood and personality and their relevance to assessing anxiety, with and emphasis on self-report. In A. H. Tuma & J. D. Master (Eds.), *Anxiety and the Anxiety Disorders.* Hillsdale, NJ: Erlbaum. Pp. 681-706.

辻平治郎（編）(1998)．5因子性格検査の理論と実際：こころをはかる5つのものさし　北大路書房

辻平治郎・藤島　寛・辻　斉・夏野良司・向山泰代・山田尚子・森田義宏・秦一士（1997）．パーソナリティの特性論と5因子モデル：特性の概念，構造，および測定　心理学評論, **40**, 239-259.

第7章　分けることと測ることは違うのか
——類型と特性を理解する

　この章では，第5章と第6章で説明した類型論と特性論の考え方について，より深く理解することを目的とします。ここまでに説明してきたように，類型論では人々を分類することを基本とし，特性論では人々に共通する物差しを用意してそれぞれの人に当てはめていきます。ここまでの内容から，多くの心理学の領域と同様にパーソナリティ心理学も，統計学と密接にかかわっていることが分かるのではないでしょうか。この章でも，統計学の話から始めてみたいと思います。統計学の話は少し取っ付きにくいと思うかもしれませんが，ここでの話は，類型論・特性論に密接に関係してくるのです。

1．尺度水準

（1）　数字の背後にある意味

　ここまで，複数の質問項目と回答の選択肢のセットのことを質問紙尺度や尺度と呼んできましたが，本来「尺度」とは，数値とその数値が表す意味との対応関係のことを表します。どういうことかというと，たとえば「1」「2」という数字（数字とは，たんなる文字のことです）があるとします。ここで，1を「男性」，2を「女性」に対応づけることを行うと，数字に意味が出てきます。すると，たんなる数字が，意味をもつ「数値」となるのです。このような対応関係を尺度と言うのです。

　ここで，「尺度水準」（level of measurement）という言葉があることを覚えておきましょう。同じ「1」という数値であっても，「背番号」の場合と「順位」

の場合と「個数」の場合とでは，意味が異なります。このように，数値と意味との対応関係に見られるいくつかの種類・レベルを尺度水準と言います。尺度水準という考え方は，1946年に *Science* という研究雑誌に掲載された，アメリカの基礎心理学者スティーブンス（Stevens, S. S. 1906-1973）が書いた論文で提案されました。では次に，この尺度水準について説明したいと思います。

（２）　４つの尺度水準

　尺度水準には４種類のものがあります。[29]

　まず第１に，比率尺度（ratio）です。おそらく，みなさんが「数値」と聞いたときには，この比率尺度が思い浮かぶのではないかと思います。長さや重さを表す数値は比率尺度になります。比率尺度では，ゼロ（０）が決まっていてそれが「無」を意味し，数字と数字の間の幅が等しくなります。たとえば，重さや長さの場合では，０kgや０mmが決まっていて，１cmと２cmの間の幅は，101cmと102cmの間の幅と等しくなります。

　第２に，間隔尺度（interval）です。間隔尺度ではゼロが決まっておらず，数字と数字の間の幅が等しくなります。たとえば，数学の得点は０点が「数学の能力ゼロ」を意味するわけではありません。しかし，10点と20点の間の幅は80点と90点との間の幅に等しくなります。また摂氏の温度（℃）は，０度が「無」を意味するわけではありませんが，温度の幅は等しいので間隔尺度です。その一方で，絶対温度（Kelvin: K）という温度の指標もあります。こちらの場合は，０度（０K；絶対零度）がそれ以上温度が下がらない「無」を意味しますので比率尺度になります。パーソナリティの得点や学業成績，知能指数など，[30] 心理学で測定される多くのデータは，間隔尺度とみなされることが多いと言えます。

　第３に順序尺度（ordinal）です。順序尺度は数字と数字の間の幅が等しいと

（29）　ここでは分かりやすいように，スティーブンスの論文とは逆の順番で説明します。
（30）　０K（絶対零度）は，−273.15℃になります。

いう仮定がなく，大小関係のみで表現される数値です。たとえばオリンピックの競技で1位と2位の差が10秒，2位と3位の差が1秒であったとしても，1位，2位，3位という順序には，そうしたちがいは反映されません。同じように，売り上げランキングが1位のCDと2位のCDの枚数の差が何枚であったとしても，そのこととは関係なく「1位と2位」という大小関係だけが表現されます。

第4に名義尺度（nominal）です。名義尺度は大小関係の情報もなく，たんにカテゴリを分けるだけの意味をもつ数値です。北海道を「1」，愛知県を「2」，東京都を「3」としても，この「1」「2」「3」という数値に大小関係はなく，1＋2＝3という計算にも意味はありません。他にも，たとえば誕生日や電話番号，背番号などは，データが数字で表現されていたとしても，それはたんにカテゴリとしての情報をもつだけなのです。

(3) 別の尺度水準への変換

これらの尺度水準には，水準の「高低」があります。図7-1に示すように，名義尺度がもっとも低い尺度水準，比率尺度がもっとも高い尺度水準です。

さらに，何かデータがあるとき，より高い尺度水準から低い尺度水準へ変換することはできます。しかし，逆により低い尺度水準から高い尺度水準へと変換することはできません。

たとえば，あるクラスに所属している生徒の身長を測定したとしましょう。身長は「長さ」ですので，比率尺度の水準です。この身長を使って，身長の低い者から順に「1，2，3，……」と番号を割り振るとします。すると，これは，比率尺度から順序尺度へ変換したことになるのです。さらに，身長の平均

名称	内容	例
比率尺度 (ratio)	0に意味があり，数値の幅が等しい	長さ，重さ
間隔尺度 (interval)	数値の幅が等しい	パーソナリティ，知能
順序尺度 (ordinal)	数値の大小関係のみ	順位，ランキング
名義尺度 (nominal)	カテゴリの違いを表すのみ	性別，出身地

図7-1　尺度水準と変換

値を用いて，各生徒に「身長が高い＝１」「身長が低い＝０」という数値を割り振るとします。すると，この数値は名義尺度の水準(31)になるのです。

しかし，逆のことはできません。たとえば，「あなたの身長は平均値以上ですか？平均値以下ですか？」と尋ねてデータを得た場合には，この得られたデータから「この人がクラスの中で何番目の身長か」という情報や，「身長が何cmか」という情報を求めることはできません。つまり，名義尺度の水準で得たデータを，より水準の高い順序尺度や間隔尺度，比率尺度に変換することはできないのです。

2．尺度水準と類型・特性

（１）　類型は名義尺度

第5章で見たように，類型論ではそれぞれの人を「この人はA」「この人はB」「この人はC」といったように，カテゴリに分類します。これは，名義尺度の水準を用いることに相当します。

低い尺度水準を用いることの最大のメリットは，「理解しやすいこと」です。たとえば，ある食品の県別の売上高を金額で表示してもあまりピンと来ませんが，それを「順位」で表示すれば「この県の売り上げが大きくてこの県は小さいのか」と理解しやすくなります。これは，金額という比率尺度の水準を，順序尺度の水準へと尺度水準を低くしたことに相当します。またたとえば，身長・体重・胴囲から体型を「肥満型」「普通」「やせ型」に分類すると，「自分はこの体型なのだな」と理解しやすくなります。この場合も，3つの比率尺度の水準の指標から，「体型」という名義尺度の水準の指標へと尺度水準を低くしたことに相当します。

その一方で，低い尺度水準の分かりやすさは，「情報を切り捨てること」によって生じています。県別ランキングは順位で表示されますが，1位と2位の

---

(31)　「高さ」を問題にする場合，この数値を順序尺度として扱うこともできます。

差，2位と3位の差がどれくらいあるのか，という情報は切り捨てられているのです。「肥満型」「普通」「やせ型」という体型の分類も分かりやすいのですが，それはその人の身長や体重，胴囲が何cmであるかという情報を切り捨てているために分かりやすくなっているのです。

情報を切り捨てて低い尺度水準を使って整理することも，ときには必要になります。しかしそこでは，「情報を切り捨てているのだ」という自覚が必要です。そうしないと，判断を誤ることがあります。たとえば，「1位はA県，2位がB県，3位がC県だから，私が住んでいるB県もなかなかなものだな」と思っていたら，じつは2位以下の売り上げはほとんど横並びで変わらず，A県だけがダントツで1位なのかもしれないのです。また，「Aさんは肥満型」「Bさんは普通」と思っていたら，じつは2人は胴囲で2cmの違いしかなかった，ということだってあり得るのです。

(2) 特性は間隔尺度

第6章で説明したように，パーソナリティを特性で把握するときには，複数のパラメータそれぞれについて数値を当てはめます。これは，間隔尺度の水準で見ていることになります。

パーソナリティ特性を測定するときには，1点と2点の差が2点と3点の差に等しくなるように設定されます。[32]少なくとも，そのように測定しようと努力や工夫が行われます。

一方，得点の幅を何点から何点までに設定するかは研究者の自由です。「明るさ」の得点を0点から100点までで測ろうと，−10点から＋10点までで測ろうと，それは研究者の設定次第です。また，パーソナリティ特性には「ない」という概念がありません。たとえあるパーソナリティの得点が「0点」だったと

---

(32) 「順位尺度の水準で測定している」と考える研究者もいます。しかしおそらく，間隔尺度と順序尺度の中間くらいで測定していると考えておくのがよいでしょう。そういう意味で尺度水準も，高い尺度水準から低い尺度水準までの連続的な水準を「類型化している」と言うことができるかもしれません。

しても，そこからその特性を「まったくもっていない」とは言えないのです（「低い」とは言えます）。したがって，比率尺度には当てはまらないのです。

　このことは，「何点なら高い・低い」ということを絶対的に定義づけることができないことを意味しています。たとえば，日本で使われている摂氏の気温を考えてみてください。先ほど説明したように，「0度」は，「それ以上気温が下がらない」ことを意味するわけではありません。また，「0度」であったとしても，それを「寒い」と評価するか「暖かい」と評価するかは状況によって異なります。普段暖かいところにすんでいる人なら0度を「寒い」と評価するでしょうし，普段寒さの厳しい雪深いところに住んでいる人なら「今日は暖かい方だ」と表現することでしょう。

　同じようにパーソナリティ特性も，相対的に評価されます。明るさの得点が10点満点中7点の人も，周囲にいる人々がみな8点であればそれらとくらべて相対的に「明るくない」と判断されるのです。それは，昼間に屋外で懐中電灯を照らしても，明るいとは言えないのと同じことです。

　以前，中国人留学生が次のようなことを言っていました。彼女は日本に来て5年間，一度も故郷に帰ったことがなかったのだそうです。故郷では，いつも「あなたは言いたいことをあまり言わない内気な人ね」と言われていました。しかし日本の友人からは，「あなたは何でも言いたいことを言う」と言われていたそうです。彼女は「もしかしたら日本に来て自分の性格が変わったのかもしれない」と思ったそうです。しかし，5年ぶりに故郷に帰ってみたところ，「あなたは相変わらず言いたいことを言わない内気な人ね」と言われてしまいました。彼女の自己主張性（考えていることを主張する傾向）は，日本人の平均値とくらべると高いのですが，中国人の平均値よりは低いのでしょう。だから，日本だと「言いたいことを言う」人だと評価され，中国だと「言いたいことを言わない」人だと評価されてしまうのです。パーソナリティが相対評価だというのは，こういうことなのです。

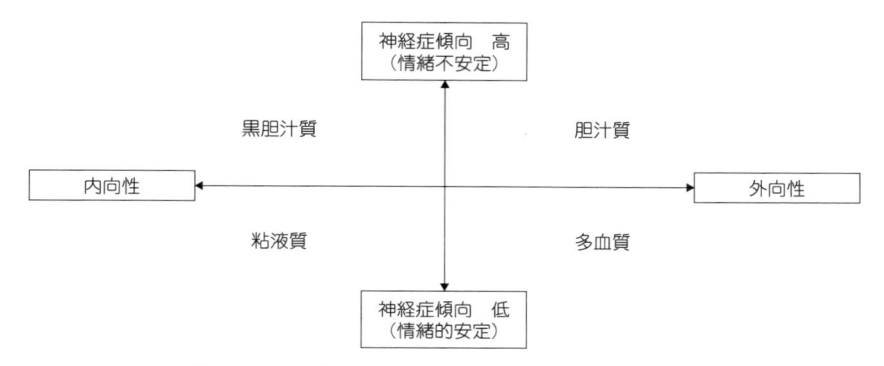

第7章　分けることと測ることは違うのか

```
              神経症傾向　高
             （情緒不安定）
                  ↑
    黒胆汁質    │    胆汁質
  ┌─────┐     │     ┌─────┐
  │内向性│←────┼────→│外向性│
  └─────┘     │     └─────┘
    粘液質    │    多血質
                  ↓
              神経症傾向　低
             （情緒的安定）
```

図 7-2　アイゼンクによる 2 つの特性と四気質説の対応

（3）　変換は一方向

　ここまでの話をふまえると，パーソナリティは「特性から類型へ」という変換は可能ですが，「類型から特性へ」という変換はできないことが分かります。

　たとえば，第 6 章で紹介したアイゼンクによる 2 つの特性と四気質説の対応関係（図 6-2 p.91）を，図 7-2 にもう一度示します。このモデルは，神経症傾向と外向性という 2 つの「特性」を組み合わせることによって，4 つの「類型」を導くというモデルです。ここでも，「特性から類型を導く」という変換が行われていることが分かります。では，逆のことはできないのでしょうか。図 7-2 を見るとできるように思うかもしれません。しかし，たとえば胆汁質の人は，「神経症傾向と外向性がともに高いこと」は分かりますが，胆汁質であることが分かっただけでは，「神経症傾向と外向性の得点がそれぞれ『何点』であるか」を求めることはできません。たんに「ともに高い」という情報しかなくなってしまっているからです。

　このことを，実際のデータで見てみましょう。

　神経症傾向と外向性の質問項目を用意し，多くの人々に回答してもらいます。そして，神経症傾向の平均値と外向性の平均値によって，図 7-2 のような組み合わせを作り，人々を分類します。

　図 7-2 のような上手い説明をされると，人々は 4 つの類型にきれいに分かれるのではないかと思うのではないでしょうか。たとえば図 7-3 のように，です。

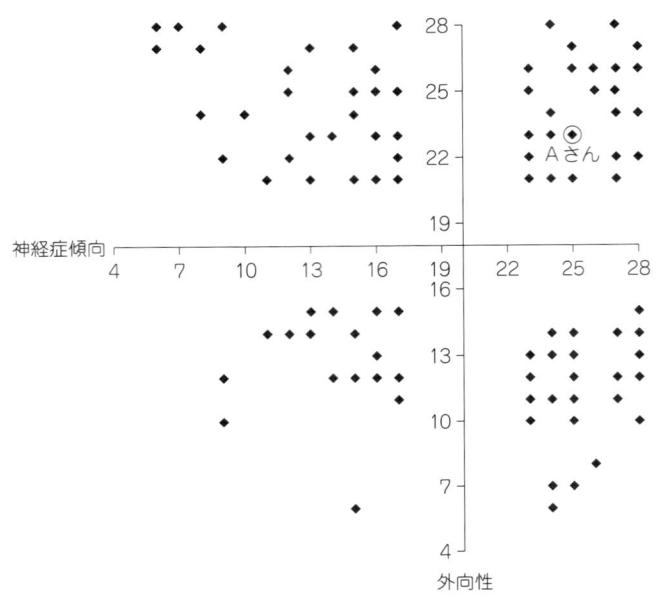

図7-3　神経症傾向と外向性の得点分布

　この図は、一人の回答者を一つの点で表現しています。神経症傾向が25点で外向性が23点のAさんは、その組み合わせのところに点として表現されるのです。このような図を散布図と言います。

　もしも実際にこのように人々がきれいに4つのグループに分かれるようであれば、それぞれのグループに実質的な意味がでてきそうです。あるグループの人と別のグループの人との間には境界線があり、簡単に移動することはできなさそうです。

　しかし、実際のデータは図7-3のようにはなりません。じつは次に示す図7-4が実際のデータから描いたものであり、図7-3は図7-4を加工したものです。

　図7-4に示すように、神経症傾向も外向性も平均値あたりの得点を取る人が非常に多く、極端な値をとる人は少なくなります。したがって、神経症傾向と外向性を組み合わせたときにも、中央あたりに位置する人々が多く、図の周辺部分にいくほどまばらになっていきます。

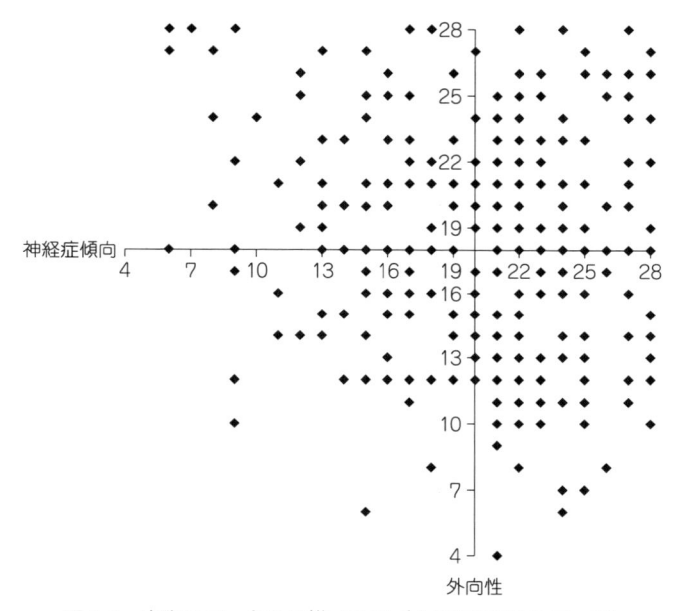

第7章　分けることと測ることは違うのか

図7-4　実際のデータから描いた図（大学生352名のデータ）

　たとえ2つの特性を組み合わせて4つの群を作ったとしても，現実には「微妙な位置の人々」が一番多いのです。これを無理やり類型化するということは，たとえば身長が169 cmの人を「低い群」，171 cmの人を「高い群」に分類するようなものです。高い尺度水準で見たときにはほとんど同じ身長の高さであるにもかかわらず，ある基準で「低い」「高い」と分類することで，「この人は身長が低い人」「この人は身長が高い人」と理解されてしまう危険性が生じてくるのです。

（4）　パーソナリティを考えるときには
　第1章から説明してきたように，パーソナリティのような個人差を考えるときに，「こういう人たちとこういう人たち」と捉えるのではなく，「多くの人々が少しずつ異なっている」と捉えることは重要なことです。それは，より高い尺度水準でものごとを捉えようと試みることにもつながります。

低い尺度水準とは逆に，高い尺度水準は情報量が多く，細かい情報を示すことができますが，情報量の多さは「分かりにくさ」につながることもあります。同じように，特性論は情報量が多く，細かい判断をすることができますが，使い方によっては理解しにくさにつながることもあります。それに対して，類型論は分かりやすいというメリットがありますが，情報量が少ないためにときに誤った判断を導くことがあります。

　なお，ビッグファイブの5つの得点を用いて統計的な処理を行うことで，類型を見出す研究はすでに行われています。Q因子分析(33)やクラスタ分析(34)といった統計手法を用いて人間をごく大まかに分類すると，3種類に分かれるということです（Asendorpf et al., 2001; Robins et al., 1996）。その3種類とは，resilient（精神的に健康で問題が少ない人々），overcontrolled（統制過剰型；過度に自分自身を統制する，内面に問題を抱えがちな人々），undercontrolled（統制不全型；自分自身への統制の少ない，行動上の問題を抱えがちな人々）というものです。この3種類の類型は，「パーソナリティの3つのプロトタイプ」と呼ばれています。このような研究は，人間を大まかにどのように類型化することが可能かを検討するという点で意味をもちます。

　おそらく私たちは普段，人のパーソナリティを類型論で捉えていると考えられます。そしてそれは，少ない情報で自分や他人のパーソナリティを判断しているということを表します。これは，動物行動学者のドーキンス（Dawkins, C. R. 1941- ）が「不連続精神」と呼ぶような，人間の基本的に備わった物事の捉え方でもあります（Dawkins, 2003 垂水訳, 2004）。類型的な捉え方が「間違っている」とは言えません。しかし，もう少し情報を多く用いた方法でパーソナリティを見ることができるということを知っていれば，そしてそれを使いこなすことができれば，また少し違った判断ができるのではないでしょうか。

（33）　人を分類することを目的として行われる因子分析であり，データの行列を入れ替えて因子分析を行う手法です。
（34）　連続的な複数の変数を類似度によって分類する，また連続的な複数の得点の類似度によって人を分類するために用いられる分析手法です。

文献

Asendorpf, J. B., Borkenau, P., Ostendorf, F., & van Aken, M. A. G. (2001). Carving personality description at its joints: Confirmation of three replicable personality prototypes for both children and adults. *European Journal of Personality,* **15**, 169-198.

Dawkins, R. (2003). *A Devil's Chaplain.* Boston: Houghton Mifflin. (ドーキンス, R. 垂水雄二（訳）(2004). 悪魔に仕える牧師：なぜ科学は「神」を必要としないのか 早川書房)

Robins, R. W., John, O. P., Caspi, A., & Moffitt, T. E., & Stouthamer-Loeber, M. (1996). Resilient, overcontrolled, and undercontrolled boys: Three replicable personality types. *Journal of Personality and Social Psychology,* **70**, 157-171.

Stevens, S. S. (1946). On the theory of scales of measurement. *Science,* **103**, 677-680.

第8章　知性を測ることはできるのか
——知能検査の歴史

　人々は昔から，賢さ・知性・頭のよさといった特性について議論し，測定を試みてきました。現在では，知能指数（IQ）という言葉は非常に一般的になっていますので，読者のみなさんも馴染みがあるのではないでしょうか。ただし，IQという数値が表す意味については，漠然と「頭のよさを表す」という理解をしている程度かもしれません。また，知能がパーソナリティに関係するというイメージも一般的には薄いかもしれません。実際には，知能の研究とパーソナリティの研究は密接なかかわりをもっています。また，パーソナリティを心理学的な個人差として捉えるならば，知能は「知的な心的機能の個人差」にあたりますので，まさにパーソナリティ心理学の一領域であると考えることもできるのです。本章では，このような知能や知能検査について学んでいきたいと思います。

1. 知能検査の歴史

（1）　知能検査が作られた頃の状況

　18世紀から19世紀にかけて，イギリスが世界中に植民地を有していた頃の話です。欧米の白人たちは自分たちの民族が有色人種よりも優れているという，さまざまな証拠を探していました。現在とは異なり，当時の社会的指導者や知識人たちは，人種に優劣が存在していることを当然だと思っていたことは，認識しておいた方がよいでしょう（Gould, 1996　鈴木・森脇訳, 2008）。
　1959年にダーウィン（Darwin, C. R. 1809-1882）による『種の起源』が出版さ

れるなど，当時は生物学，自然選択，遺伝への関心が集まっていました。そしてそれが，人種の優劣の問題へと結びついていきます。ダーウィンのいとこでイギリスの人類学者・遺伝学者・統計学者でもあったゴールトン（Galton, F. 1822-1911）は，1869年に『天才と遺伝』という著書を出版しました。ゴールトンはケンブリッジ大学の学生だった頃，優等生であった人物の子どもがまた同じように優等生になるという実例を見て，明らかに親から子へ知的能力が遺伝するという実感を抱きました（岡本，1987）。そしてその後，多彩な研究を行い，心理学をはじめとして多くの学問に影響を与えていきました。ゴールトンの関心の中心は「遺伝」と「人種改良」であり，知的に優秀な人間を作りだすために社会が介入することを提唱する学問である「優生学（eugenics）」の創始者でもあります。

　知能検査が作られる前には，身体を測ったり作業量を測ったりするなど，人間のさまざまな「能力」を測定することが試みられていました。しかし，人間の「知的能力」を適切に測定すると考えられるうまい方法は，なかなか見つかっていませんでした。そのような状況の中で，「これなら知的能力をうまく測定できるだろう」と多くの研究者が納得できる検査が「知能検査」だったのです。

（2）ビネ・シモン検査

　最初の知能検査は，フランスの心理学者ビネ（Binet, A. 1857-1911）とシモン（Simon, T. 1873-1961）によって作られました。

　フランスでは1881年に初等教育が無償になり，翌1882年に6歳から13歳までの初等教育が義務化されました。全国の子どもたちが小学校に通うようになると，どうしても発達に遅れのある子どもの存在が問題になってきます。1891年にはパリで調査が行われ，83人の発達に遅れのある子どもたちと249人の「手に負えない子ども」がいることが明らかにされました。

　1904年，フランスの教育省は普通教育についていくことができない子どもたちのために特別な制度をつくることを決め，委員会を発足させました。この背

表8-1　ビネ・シモン検査1905年版30項目の質問内容（Binet & Simon, 1954　大井・山本・津田訳，1977より筆者作成）

内容	内容
1　火のついたマッチを目で追う	17　13枚の絵を見せ，記憶をたよりに質問に答える
2　手の届くところに置かれているものをつかむ	18　2つの図形を見せた後，記憶をたよりに描く
3　手の届かないところにあるものに手を伸ばす	19　数字の復唱で誤りがないこと
4　食物とそうでないものを区別する	20　2つのものの類似性を答える
5　紙に包んだチョコレートを渡し，動作を観察する	21　ほぼ同じ長さの直線の長い方を答える
6　命令に従った動作ができる	22　5個のおもりを重い順に並べる
7　身体の部分や身近なものを指差す	23　5個のおもりからどのおもりを取り去ったかを答える
8　絵の中にあるものを指差す	24　ある単語と同じ韻の単語を多く答える
9　絵の中にあるものの名称を答える	25　文章の終わりの欠けている単語を埋める
10　長い方の直線がどちらかを答える	26　3つの単語で1文を作成する
11　3つの数字の復唱	27　抽象的な質問に答える
12　2個のおもりの重い方を選ぶ	28　時計を見ないで長針と短針を逆にした時間を答える
13　簡単な間違った質問を正しく判断する	29　折った紙を切り抜いて広げたときの形を答える
14　もの（家，フォークなど）の意味を尋ねる	30　2つの抽象語（尊敬と友情など）の違いを答える
15　15語の文章の復唱	
16　2つのもの（蝶とハエなど）の違いを答える	

景には，ビネが心理学を教育に応用しようと現場の教師とともに行っていた活動がありました。ビネもこの委員会に加わり，翌1905年にシモンとともに最初の知能検査が作られたのです。その後，1907年にはパリで最初の特殊学級がつくられ，1909年には特殊学級の設置にかかわる法律が制定されました。

ビネとシモンは，知能を判断する方法が3種類あると述べています（Binet & Simon, 1954　大井・山本・津田訳，1977）。第1に医学的方法であり，これは解剖学的，生理学的，病理的徴候を正しく評価することです。第2に教育学的方法であり，これは学んだ知識に基づいて知能を判断することです。そして第3に心理学的方法であり，これは知能の観察と測定を行うことです。知能検査は，これらのうちの第3の方法に相当し，もっとも知能を直接的に測定するものとして開発されました。

最初の知能検査は，30の質問からなる簡単なものでした。表8-1が，その内

第8章 知性を測ることはできるのか

表8-2 ビネ・シモン検査1908年版のおもな検査内容 (Binet & Simon, 1954 大井・山本・津田訳, 1977より筆者作成)

年齢	内容	年齢	内容
3歳	鼻, 目, 口を示す。 6音節の文章の復唱。 2数字の復唱。 絵の中の物の名前を挙げる。 姓名を言う。	8歳	文章を記憶する。 2種類の貨幣数枚の合計を計算する。 4つの色の名称を答える。 20から0まで逆唱する。 書き取りをする。 記憶した2つの物を比較する。
4歳	自分の性別を答える。 身近な物の名称を答える。 3数字の復唱。 2本の線の比較。	9歳	現在の年月日を答える。 1週間の曜日を答える。 貨幣で買い物をしたときのおつりを答える。 物の用途以外の定義を答える。 文章の記憶をする(6つ以上)。 5個のおもりを順に並べる。
5歳	2つのおもりの比較。 正方形の模写。 10音節の文章の復唱。 三角形を組み合わせて長方形を作る。 貨幣4枚を数える。	10歳	1年間の月の名前を答える。 9種類の貨幣の名称を答える。 3単語で一つの文を作る。 理解力の問題に答える。
6歳	右手と左の耳を指し示す。 16音節の文章の復唱。 美的見地からの絵の比較。 同時に出された3つの命令を実行。 自分の年齢を答える。 午前と午後の区別。	11歳	不合理な文章を指摘する。 3分間に60語以上を言う。 抽象語の定義を答える。 単語を並べ替えて新しい文章を作る。
7歳	絵の中の欠けている部分を答える。 指の数を答える。 書いてある文章を模写する。 菱形の図形を模写する。 5数字の復唱。 絵に描かれてある物を答える。 貨幣13枚を答える。 4種類の貨幣の名称を答える。	12歳	7数字の復唱。 同じ韻の単語を答える。 26音節の文章の復唱。 絵の解釈を答える。 事実についての問題に答える。
		13歳	折った紙を切り抜いたときの形を答える。 三角形を逆転させた様子を想像して描く。 抽象語の違いを答える。

容です。1番から30番にかけて,簡単な問題から難しい問題へとおおよそ順番に並んでいます。1番目の問題が,観察できる最低の知的水準の問題であり,30番目の問題は正常な知能の水準であると想定されています。ビネとシモンはそもそも,知的側面に問題のある児童を見つけるために知能検査を開発しています。ですので,正常な知能「以下」であると想定される問題を集めたのです。

ビネとシモンは,1908年に知能検査の改訂版を発表します。この改訂版は,

知的能力に問題のある子どもを診断するためだけでなく，子どもの一般的な知能を測定するために開発されました。彼らは子どもの知的発達の法則を明らかにしたいと考えており，また子どもの知的能力の多様性を研究したいと考えていました。このような研究の測定用具として，知能検査は改訂されたのです。

そのために彼らは，年齢ごとに問題を作成し，知能を「年齢」を使って表現することができるようにしました。表8-2が，1908年版のテストの内容です。それぞれの年齢段階に応じて，徐々に難しい問題が用意されていくことが分かります。

さらにビネとシモンは，1911年にいくつかの問題点を考慮に入れた改訂版を発表します。そこでは，各年齢の問題の入れ替えや改良，データに基づく検討が行われました。しかし基本的な知能検査の枠組は，1908年版と大きく変わるものではありません。なお，ビネは1911年の改訂版がでて数カ月後に，脳溢血でこの世を去りました。その後は，共同研究者のシモンが中心となり，ビネの研究を引きついでいきました。

(3) アメリカへ渡った知能検査

ビネとシモンが知能検査を開発してからすぐに，世界中の研究者が知能検査を取り入れるようになっていきました。それはビネとシモンの検査が，それまでの試みとは違って，人間の知的な側面を直接測定しているように感じられたからです。

アメリカの異常心理学・臨床心理学者のゴダード（Goddard, H. 1866-1957）は，1910年代にビネの論文と知能検査を英語に翻訳し，それをきっかけにして知能検査がアメリカに広まっていきました。しかしそこでは，ビネが理想としたような教育上の施策よりも，「知能（知的能力，賢さ）の遺伝」が強調されていました。[35] そして当時多くの国でそうであったように，「遺伝の側面が強調された知能」は，「自国民族の質を高めるため」という目的のもと，さまざまな理論や社会政策に反映されていったのです。

心理学者ターマン（Terman, L. 1877-1956）は，1916年にビネ・シモン検査

をアメリカで改良し，その後もっとも知能検査として有名となるスタンフォード・ビネー知能検査を作成しました。この検査で知能指数（IQ）が取り入れられたことが，知能指数という指標の普及に大きな影響を与えました（知能指数については後ほど説明します）。なお，この知能検査が日本でも翻訳され，1930年に鈴木治太郎（1875-1966）による鈴木・ビネー知能検査が，1947年には田中寛一（1882-1962）による田中・ビネー知能検査が発表されています。

（4） アメリカ陸軍と知能検査

　ビネ・シモン検査の導入とは別に，当時のアメリカでは新たな知能検査を開発する機会がありました。1917年，アメリカはドイツに宣戦布告し第一次世界大戦に参戦しました。それに際し，大量の陸軍兵士を徴兵したのですが，部隊を指揮する士官の数が不足する事態に陥ってしまいます。そこでアメリカ陸軍は，当時話題となっていた知能検査を利用して士官候補を選び，特別な教育を施すことで士官の数を確保しようと考えたのでした。

　また，ヨーロッパでの戦争が激しくなるにつれて移民も増加し，また移民してきた人々も徴兵するという事態になっていきます。しかし，英語を十分に理解できない人々に言語に基づく検査を実施しても，その結果は妥当なものではありません。したがって，言語に依存しない知能検査も開発する必要がでてきました。

　さらに，ビネ・シモン検査やスタンフォード・ビネー知能検査は，知能検査の検査者と検査を受ける人が向かい合って1対1で検査を行います。しかし，

（35）　ゴダードは，人間の精神的特徴がほとんど遺伝するものであり，したがって知的能力が低いと見なされた人々も含めて社会的に不適格な人々の生殖を制限すべきだと主張していました。

（36）　当時ターマンがスタンフォード大学に所属していたことから，このような名前が付けられています。なお，日本語の検査名では「ビネー」と伸ばすのが一般的ですので，ここでは慣例に従いました。

（37）　鈴木・ビネー知能検査は2007年に改訂版が発表されており，田中・ビネー知能検査は2005年に第5版となる田中ビネー知能検査Ⅴが発表されています。

多くの人々が徴兵され、一斉に検査を行うことを考えると、集団でできる知能検査が必要になってきます。

当時アメリカ心理学会会長であった心理学者・動物行動学者のヤーキーズ（Yerkes, R. 1876-1956）は、学会に委員会を設置し、このような当時のアメリカ陸軍の情勢に合った知能検査を開発しようと試みます。委員会のメンバーは委員長のヤーキーズを筆頭として、ゴダードやターマンも含まれていました（Yoakum & Yerkes, 1920）。そして1917年、αテスト（Army alpha；陸軍A式検査）とβテスト（Army beta；陸軍B式検査）が完成します。αテストは言語を用いた8つの設問で構成されており、βテストは言語によらない図形やパズルによる8つの問題グループで構成されています。

図8-1は、αテストのテスト1の設問の解答用紙です。たとえば4番と6番の設問は、次のように教示がなされます（以下の教示はGould, 1996 鈴木・森脇訳, 2008による）。

◆　◆　◆

「注目！　4番を見よ。私が"始め"と言ったら、三角形や四角形ではなく、円の中に数字1を記入しなさい。次に四角形の中にではなく、三角形と円の中に数字2を記入しなさい。始め。」

「注目！　6番を見よ。私が"始め"と言ったら、2番目の円の中に、問題"1年は何ヵ月か"の答えを書きなさい。3番目の円には何も書かないように。4番目の円には、あなたがたった今正しく答えた問題の正解とは異なる違う数字を記入しなさい。始め。」

◆　◆　◆

この他、αテストは以下のような内容で構成されていました。テスト2は計算の文章問題、テスト3は一般常識の文章問題、テスト4は同意語と反意語の判断、テスト5は文章の正誤判断、テスト6は数列の続きを答える問題、テ

---

(38) 霊長類の研究や、覚醒レベルと学習のパフォーマンスとの間には逆U字型の関係がある（適度なストレスの下でもっともよい成果を挙げることができる）というヤーキーズ・ドットソンの法則を見出した研究者としても有名です。

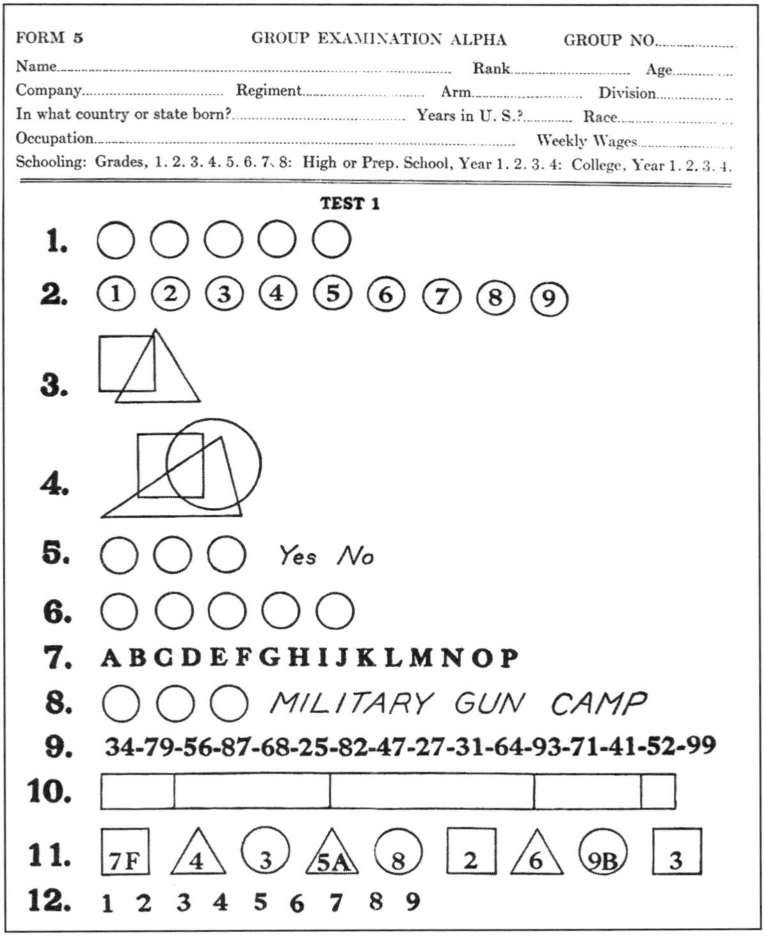

第 8 章　知性を測ることはできるのか

図 8-1　αテストの解答用紙例（Yoakum & Yerkes, 1920 より）

スト 7 は単語の意味を問う問題，テスト 8 は知識を問う問題です。

　また図 8-2 は，βテストの実施時に，黒板に掲示された問題の例です。これを見ると，βテストが迷路や図形など，言語をあまり使わないテスト内容で構成されていることが分かると思います。

　ヤーキーズたちが開発した知能検査は，先ほど述べたように集団で一斉に実

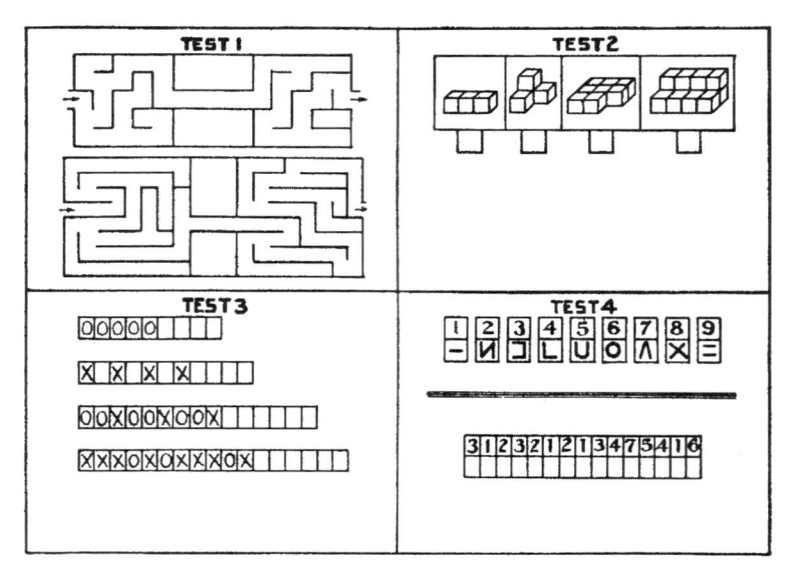

図 8-2　βテスト実施時に黒板に掲示された問題（Yoakum & Yerkes, 1920より）

施できるように構成されていました。この検査の手軽さは，多くの研究者や教育者に広く受け入れられていき，同じように手軽に実施できる知能検査が数多く作られていくことになりました。1919年に α テストは一般に公開され，軍隊以外でも使用されるようになっていきました。そして，数多くの改訂版が作成されて市販されていきます。さらに，知能検査の実施の手軽さは，数多くの研究に結びついていくことになりました。日本においても1920年代には，アメリカでの検査を参考にして集団式の知能検査が作成されています。

また，多肢選択方式（回答を複数の選択肢から選ぶ形式）を大々的に採用した検査も，α テストが最初でした。この点で，このテストは現在行われている学力試験の回答形式の先駆けと言えるのかもしれません。

（5） アメリカ発のもう一つの知能検査

ニューヨークにあるベルビュー病院の精神科医であったウェクスラー（Wechsler, D. 1896-1981）は，新しい知能検査を開発します。当時，病院での臨床・治療活動を行う上で，成人用の知能検査が必要とされていました。しかし，ビネ・シモン式の知能検査は成人の知能の測定には対応していません。また陸軍式の知能検査のように集団ではなく，臨床場面で個別に実施する知能検査が必要とされていました。

そこで1939年に彼は，ウェクスラー・ベルビュー知能検査を開発しました。その後，この検査に基づいて1955年にウェクスラー式成人用知能検査（WAIS; Wechsler Adult Intelligence Scale）が発表されます。また，1949年には児童向けのウェクスラー式児童用知能検査（WISC; Wechsler Intelligence Scale for Children），1966年には幼児向けのウェクスラー式幼児用知能検査（WPPSI; Wechsler Preschool and Primary Scale of Intelligence）も発表されます。

後ほど説明するようにこれらの知能検査は，それまでとは少し違う知能の数値化の方法を採用したことに特徴があります。また，言語性知能と動作性知能，それらを合わせた全体の知能も測定できるようになっています。この言語性知能と動作性知能は，ヤーキーズらの α テストと β テストに対応しています。

この検査は開発された経緯から，病院・臨床現場で幅広く用いられています。日本語にも翻訳されており，現在までにいくつかの改訂版も発表されています。

なお，知能検査およびそれに類する検査は，個別式のものも集団式のものも世界中で数多く開発されています。しかし，基本的にはここで紹介してきた検査内容と非常に似た問題で構成されています。

2. 知能の数値化と知能の構造

（1）精神年齢

みなさんがよく耳にする「知能指数」という言葉は，世界最初の知能検査から使われていたわけではありません。ビネとシモンが開発した知能検査では，表8-2で示したように，年齢ごとに問題が設定されていました。ビネ・シモン式の検査では，この年齢ごとの問題を，何歳の問題まで正答できるかによって知能を表現していたのです。これを「精神年齢（Mental Age : MA）」と呼びます。

「精神年齢」という言葉は，もしかするとみなさんも日常用語として使っているかもしれません。しかし，日常場面では「何歳の問題が解けるか」という意味でこの言葉を使ってはいないと思います。

知能という目に見えない構成概念を，何らかの数字や段階で表現したことが，初期の知能検査の普及をもたらしたと言えます。統計学が一般的ではない時代では，知能を単位のない数字[39]で表現し，「平均値がいくつ」ということを示しても，人々には理解しにくいことでしょう。しかし，子どもが年々賢くなっていく様子は誰でも目にしています。その点で，年齢を知能の指標とするというやり方は，誰にでも受け入れられやすかったのだと考えられます（東，1981）。

しかし，「9歳の子には解けなくて10歳の子には解ける問題」を設定するこ

（39）知能にはcmやkgといった明確な単位が存在するわけではありません。知能は間隔尺度（p.104参照）であり，"ゼロ"があるわけではありませんので理解しにくい場合もあるでしょう。

とはできるかもしれませんが,「19歳の人には解けなくて20歳の人には解ける問題」を設定することはちょっと無理です。精神年齢という指標を使用するかぎり,せいぜい10代半ばくらいまでしか対応できないでしょう。

(2) 知能指数

知能を年齢で表現する例を考えてみましょう。5歳の子が6歳の問題を解く場合（精神年齢＝6歳）と,10歳の子が11歳の問題を解く場合（精神年齢＝11歳）では,どちらも「暦年齢と精神年齢の差は1歳」です。しかし,10歳の子が11歳の問題を解くことよりも,5歳の子が6歳の問題を解くことのほうが,難易度が高いような気がします。

ドイツの心理学者シュテルン（Stern, W. 1871-1938）は,精神年齢を暦年齢（Calender Age：CA）で割り,両者の「商」を計算することを提案しました。しかし,精神年齢を暦年齢で割った値は,0.95や1.15といった,小数点がついた数値になるため,少しわかりづらいと言えます。

そこでターマンは,次の数式のように,精神年齢を暦年齢で割った値に100をかけることを提案します。そしてこの値が,「知能指数（Intelligence Quotient: IQ）」と呼ばれるようになりました。

$$\text{知能指数（IQ）} = \frac{\text{精神年齢（MA）}}{\text{暦年齢（CA）}} \times 100$$

ターマンがアメリカで作成したスタンフォード・ビネー知能検査では,この知能指数（IQ）が使用されています。そして,この検査が世界中に普及していくにつれて,知能指数という数値も一般に広まっていったのです。

しかし,この知能指数も「精神年齢」を使用しているという点では,同じ問題が生じてきます。たとえば,20歳の人が知能指数120を得るためには,「24歳の問題」に正答する必要があるのですが,「23歳では解けなくて24歳だと解ける問題」を設定するのはちょっと無理です。

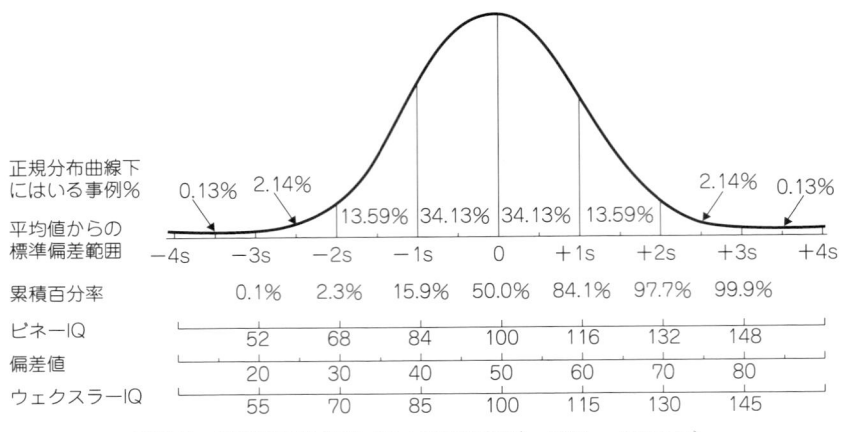

図 8-3 知能指数の分布（田中教育研究所，1987 p.377 より）
（注） s は標準偏差を意味する。

正規分布曲線下にはいる事例%	0.13%	2.14%	13.59%	34.13%	34.13%	13.59%	2.14%	0.13%
平均値からの標準偏差範囲	−4s　−3s	−2s	−1s	0	+1s	+2s	+3s　+4s
累積百分率	0.1%	2.3%	15.9%	50.0%	84.1%	97.7%	99.9%
ビネーIQ		52	68	84	100	116	132	148
偏差値		20	30	40	50	60	70	80
ウェクスラーIQ		55	70	85	100	115	130	145

（3） 偏差知能指数

　知能指数が考案されてから，数多くの知能に関する研究が行われるようになっていきました。そしてその中で，次に示すようないくつかのことが明らかにされました（田中，1985）。

　第 1 に，横軸に知能指数，縦軸に同一年齢の集団内の人数比率をとると，正規分布（第 1 章 p.20 参照）に近い形になるということです。身長の分布と同じように，知能指数についても，正規分布のような中央付近に人が集まる左右対称の形の分布となります。第 2 に，知能指数の平均値は100になるということです。これは知能検査自体が，その年齢において平均的に解くことができる問題で構成されていますので，当然のことだと言えます。そして第 3 に，データの平均的なばらつきを意味する標準偏差が，およそ16になるということです。

　これらのことを示したものが，図 8-3 と表 8-3 です。得点の分布が正規分布を示し，平均値と標準偏差が分かると，知能指数がいくつの人が，同一年齢の集団の中でおおよそどの程度の位置にいるのかを推定することができるようになります。表 8-3 に示すように，知能指数が140の人は同じ年齢の集団の中で上から0.6%に位置しており，知能指数が80の人は同じ年齢の集団の中で上か

表8-3 知能指数と集団内の位置（田中，1985より）

知能指数（IQ）	標準偏差（s）	パーセンテージ
140	+2.5s	0.6%
130	+1.875s	4.0%
120	+1.25s	10.6%
110	+0.625s	26.6%
100	±0	50.0%
90	−0.625s	73.4%
80	−1.25s	89.4%
70	−1.875s	96.0%
60	−2.5s	99.4%

ら89.4%（下から10.6%）に位置しています。

　精神年齢と暦年齢から算出する知能指数にこのような特徴があることが分かると，逆にこの特徴を利用して知能指数を定義づけることもできるようになります。具体的には，ある年齢集団に知能検査を実施したときの集団内の位置によって，知能指数を表現するということです。このように表現された知能指数を，偏差知能指数（D・IQ）と言います。ウェクスラーによる知能検査WAISは，成人を対象としています。しかし，知能指数の算出に「精神年齢」を用いるかぎり，先ほど述べたような問題が生じてしまいます。そこでウェクスラー式の知能検査では，偏差知能指数を使用してきました。

$$偏差知能指数（D・IQ）=\frac{（個人の得点－その年齢集団の平均）\times 15}{その年齢集団の標準偏差}+100$$

　この数式を使用すると，偏差知能指数は平均が100，標準偏差が15となります。そして現在，一般に「知能指数」と言うときには，この偏差知能指数のことを指します。[40]

　集団における個人を位置で表す数値で，日本で大学受験を経験したみなさんになじみがあるのは，「偏差値」ではないでしょうか。第3章でも説明しまし

---

(40) ビネー式の知能検査では，標準偏差は16に設定されています。図8-3に示しているように，ビネー式の知能検査におけるIQ116は，ウェクスラー式の知能検査におけるIQ115と「平均＋1標準偏差」という意味で同じことになります。

たが偏差値は平均が50，標準偏差が10となる数値で，先ほどの数式の15を「10」，100を「50」に変えることで計算することができます。ちなみに，偏差値と同じように算出された知能の指標もあり，それは「知能偏差値」と呼ばれています（図8-3参照）。

　表8-3に示したように，偏差知能指数が140以上の人も60以下の人も，集団の中の0.6％ですので，それぞれ1,000人中6人しか存在しません。実際に知能検査を実施・採点する際には，知能検査の得点を算出した後で換算表に基づいて知能指数を算出します。そして，そこで換算される知能指数は，せいぜい40から160くらいまでの範囲です。

　このように知能指数の意味を見てくると，ヒーローもののドラマやアニメに登場する「知能指数600」といった数値は，現実的にあり得ないことが分かると思います。また，知能指数は知能検査によってしか測定できませんので，そもそも知能検査が存在していない時代に生きていた人々の「知能指数」を論じることには意味がありません。なおときどき，「この人物は知能指数が200」といった実在の人物が紹介されることがあります。一つの可能性としては，暦年齢と精神年齢でIQを算出する知能検査を幼い頃に受け，精神年齢が高く算出されるケースが考えられます。たとえば，8歳のときに精神年齢が16歳という結果を出せばIQは200になります。しかし，そこで算出された数値の意味を，成長したあともそのまま当てはめることはできませんので注意が必要です。[41]

（4）「一つの知能」があるのか

　知能の構造がどのようなものであるかについて，多くの研究者が研究を重ねてきました。知能検査はいくつかの下位検査で構成されています。これらの下位検査どうしが高い関連をもっている（ある検査で高い結果を残す人は他の検査でも高い結果を，ある検査で低い結果を残す人は他の検査でも低い結果を残す）の

（41）　20歳になったときにIQ200を出すには精神年齢が何歳である必要があるかを考えてみれば，わかるのではないでしょうか。

であれば，それらの検査に共通する背景要因，つまり総合的な知能を想定することが可能となります。それに対して，検査どうしがほとんど関連しないようであれば，共通する背景要因を想定することができないことになります。

イギリスの心理学者スピアマン（Spearman, C. 1863-1945）は，複数の知的能力を測定する検査の間に共通する要素を"ｇ"（一般知能）と，それぞれの検査に固有の要素を"ｓ"（特殊知能）と名づけました（Spearman, 1904）。その後，本当に「一般知能」と呼べるようなものが仮定することができるのかどうかについて，多くの議論が行われてきています。

スピアマンは因子分析（第6章 p.88参照）を用いて"ｇ"を見出しましたが，同じように因子分析を用いて「複数の知能の因子が見出される」と主張したのが，アメリカの心理学者サーストン（Thurstone, L. L. 1887-1955）です。彼は因子軸を回転させるというテクニックを用いて(42)，56の検査から7つの基本的な知能因子を見出しました（Thurstone, 1938）。そして，この7つの因子を純粋に測定するという知能検査（Primary Mental Abilities Test : PMA テスト）を作成しました。その7つの因子とは，言語（語彙や理解度に関連），数（計算），空間関係（視覚的な形状の処理），記憶（語・数字・デザインの記憶），推理（ルールを見出す），語の流暢さ（単語・暗号に関連），知覚速度（すばやい知覚や理解）というものでした。

キャッテル（Cattell, R. B.）は，一般知能"ｇ"をさらに2つの要素に分けることができると考えました。一つは「流動性知能」と呼ばれるもので，関係を推理したり問題を解決したりするなど，新たな場面に適応するときに用いられる知能です。もう一つは「結晶性知能」と呼ばれるもので，言語や知識・経験を反映した知能です。アメリカの心理学者シャイエ（Schaie, K. W. 1928- ）は，シアトルで30年以上にわたり5,000人以上にものぼる縦断的な調査（同じ人々を追跡して調査する）を行い，知能の加齢に伴う変化を検討しています（た

---

(42) 現在では「斜交回転」と呼ばれる因子分析を行う際のテクニックです。このような統計的な手法が用いられているということを覚えておいてもらえばよいと思います。

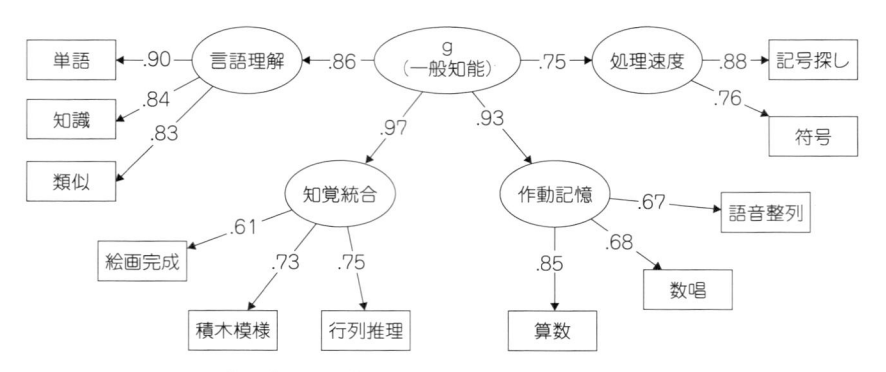

図中のパス係数(要素間の矢印上の数値):
- 言語理解 → 単語 .90
- 言語理解 → 知識 .84
- 言語理解 → 類似 .83
- g(一般知能) → 言語理解 .86
- g(一般知能) → 処理速度 .75
- g(一般知能) → 知覚統合 .97
- g(一般知能) → 作動記憶 .93
- 処理速度 → 記号探し .88
- 処理速度 → 符号 .76
- 知覚統合 → 絵画完成 .61
- 知覚統合 → 積木模様 .73
- 知覚統合 → 行列推理 .75
- 作動記憶 → 語音整列 .67
- 作動記憶 → 数唱 .68
- 作動記憶 → 算数 .85

図 8-4　WAIS-Ⅲ の階層的な確認的因子分析の結果（Taub, McGrew, & Witta, 2004の結果より筆者作成）

とえばSchaie, 1994)。その研究によると，結晶性知能に相当する知能検査の得点は加齢に伴ってあまり低下しないのに対し，流動性知能に相当する知能検査の得点は低下していました。この結果は，これらの知能の意味からして妥当なものだと言えそうです。

　また，アメリカの心理学者ギルフォード（Guilford, J. P. 1897-1987）は，さまざまに見られる知能の因子を整理し，知能の構造をモデル化しようと試みました。そして，「知的操作」（どのような知的なプロセスが行われるか），「内容」（知的操作の対象がどのような素材・内容であるか），「所産」（知的活動の結果得られるもの）という3つの次元を組み合わせて120から180の知能の因子が考えられると主張しました（Guilford, 1959）。

　なお近年では，統計処理技法の発展に伴って，スピアマンやサーストンとは異なる統計処理手法を用いて"g"を表現することも可能になってきています。たとえば図8-4は，ウェクスラー式成人用知能検査第3版（WAIS-Ⅲ）を，13歳から89歳までの2,450名に実施したデータを用いて確認的因子分析を行った結果です（Taub, McGrew, & Witta, 2004）。この図では，一番上位に一般知能"g"があり，それが下位の知能要素に影響を与え，さらに下位の知能要素が知能検査の得点に影響を与える様子が描かれています。図の中の数値はパス係数と呼ばれるものであり，－1から＋1までの値をとります。この結果ではいずれの

数値も比較的高い値を示しています。これは，サーストンが見出したような複数の因子の上位に，スピアマンが見出した"ｇ"が位置するというモデルです。

知能検査にはいくつかの知的作業の側面を測定する検査があるのですが，それらはある程度のまとまりをもっていることを示唆しています[43]。少なくとも，知能検査によって測定された得点からは，そのような傾向を見出すことが可能だと言えます。

（5） 知能は上昇する

さまざまなデータから，知能指数に及ぼす遺伝の影響力は約50％，共有環境（家庭などで双子が共有する環境）の影響力が約30％，非共有環境（双子それぞれがもつ環境）の影響力が約10％，測定誤差が約10％と推定されています（プロミン，1994）。どのような研究によってそのように推定されているのか，また知能に及ぼす遺伝と環境の影響をどのように考えるのかについては，第11章で説明します。ここでは，ニュージーランドの心理学者フリン（Flynn, J. R. 1934 - ）が見出した興味深い現象について考えてみたいと思います。

フリンは多くの資料を調べる中で，世界中の多くの国で，時代を経るに従って知能指数の平均値が上昇することを見出しました（Flynn, 1987）。たとえばアメリカのウェクスラー式児童用知能検査（WISC）を用いたデータでは，1947年から2002年にかけて，知能指数全体で約18ポイントも上昇していました。ただし，知能検査の下位側面によって上昇する率が異なっており，「類似」の検査（2つの物事の似た点を回答する）では，1947年から2002年にかけて24ポイントも上昇している一方で，知識・算数・単語の検査では約3ポイントしか上昇が見られていませんでした（Flynn, 2007）。

（43） ただし，他の統計的なモデルが知能検査に当てはまると主張している研究者もいます。たとえばジニャック（Gignac, G. E., 2006）は，一般知能"ｇ"が下位の因子（言語理解など）を介さずに，直接知能検査の得点に影響を及ぼすモデルの方がデータの当てはまりがよいと主張しています。しかしいずれにしても，"ｇ"が仮定されていることは確かです。

この現象についていくつかの理由が考えられています。第1に，知能の上昇は見かけ上の問題であり，誤差に過ぎないというものです。しかし，多くの国で同じように知能指数の上昇が見られるという点から言うと，たんに誤差として片づけることはできなさそうです。第2に，近年になるほど多くの人がテストに慣れてきたから，という説です。しかし，この説明だけでは，知能検査の内容によって上昇するものとしないものがあるという点が説明できなさそうです。第3に，世代が進むにつれて社会経済的に向上し裕福になり，より知的作業が求められる環境が増えてきたことが知能指数に影響したという説です。しかし，この10年あまりだけを取りあげても，知能指数の上昇は見られるのです（Flynn, 2007）。この10年間に，大幅に知能指数を向上させるような大規模な社会の変化が起きているとは，少し考えにくいと言えます。

　さらに言うと，知識や単語など，比較的文化の影響を受けそうな知能検査の内容ではあまり上昇が見られず，抽象的な問題を解決するような内容で大きく知能指数が上昇しています。フリンは，このような大幅な上昇が見られる検査は知能そのものではなく，知能に関連する「何か」を測定しているに過ぎず，世代間の差は環境の変化によって生じていると考えています。またこのような側面を測定する知能検査は異なる世代間，異なる文化間の比較には使えないと主張しています。しかし，ある世代内に限って言えば，知能検査は信頼性・妥当性ともに比較的検討されているほうの検査であり，有用であると言えるでしょう（Deary, 2001）。

3. 知能指数と社会

（1）　知能指数と社会政策

　ビネとシモンは，発達に遅れがある子どもたちを支援するために知能検査を開発しました。客観的な指標が何もない状況で「この子は通常の教育についていけない」と主観的に判断してしまうことは，かえって危険です。また彼らは，知的に遅れのある子たちを排除しようとしていたのではありません。通常の授

業についていけない子たちに特別な教育を施し、社会で暮らしていけるようにすることが、その子たちにとっても、そして教師にとっても周囲の子どもたちにとっても幸せだと考えていたのです。

　しかし、ビネとシモンが開発した世界最初の知能検査は、研究者が長く求めていた「人間の知的能力を測定する検査」として妥当なものだと受けとめられました。研究者たちは何のために人間の知的能力を測りたいと考えていたのでしょうか。純粋に知的能力の構造やその発達のプロセスを知りたいと考えた研究者もいたことでしょう。しかし、すでに説明したように、研究者の中には「人種の優劣を明らかにするため」や「人種の改良の指針とするため」に知能検査に注目した者も数多くいたのです。たとえば知能指数の結果は、有色人種への不当な差別の根拠として用いられてきました。白人に比べ、黒人の知能指数の平均値が低く、それが「人種の差」として論じられてきたのです。

　世界に広まっていった知能検査は、優生学と結びついていきました。そして、「知能が親から子へそのまま遺伝する」という誤った遺伝観と、「知能が優れた人種の子孫を残す（劣った人種の子孫を残さない）」という思想のもとで、いくつかの政策が実行されていきます。

　たとえば、「はじめに」でも述べたように、1907年にアメリカのインディアナ州で優生断種法という法律が議会を通過し、その後アメリカの30以上の州が同じような法律を成立させていきました（Eysenck versus Kamin, 1981 齊藤訳, 1985）。優生断種法は、犯罪者や知的能力が劣るといった社会的不適格者のさまざまな欠陥が遺伝によるものだと認め、合法的に不妊手術（優生手術）をすることができるという法律です。幸いなことに、この法律は頻繁に実行されるわけではありませんでしたが、この法律の犠牲になった人もいました。また、1970年代までこの法律が残っていた州もあったようです。[44][45]

　またアメリカでは1924年に、移民制限法が成立しました。当時は民族間の知能の差を論じる研究者も多く、「知的能力が劣る民族」に対する移民を制限すべきだと主張する意見があったのです。1930年代、ヨーロッパはナチスの勢力が拡大し、多くの西ヨーロッパのユダヤ人が国外へ脱出しようと試みていまし

た。しかし，多くのユダヤ人がアメリカに移住しようとしても，移民制限法と優生学的な考え方から認められなかった人々が数多くいました（Gould, 1996 鈴木・森脇訳，2008）。私たちはすでに，海外へ逃れることができなかったユダヤ人たちに何が起きたのかを知っています。これも知能検査の弊害と言えるでしょう。

イギリスでは1944年から1976年まで，10～11歳の子どもたちを対象とした大規模な試験が行われていました。このイレヴン・プラス試験（中等学校進学適性検査）は，子どもが生まれながらにもつ一般知能"g"を測定するとされていた試験です。そして，この検査の結果で上位20パーセントの子どもは，大学入試準備をするグラマースクールへ進学することができました。そして，残りの80パーセントは高等教育には不適格とされ，技能学校や新中等学校（secondary modern school）へ進学するという教育政策が行われていました（Gould, 1996 鈴木・森脇訳，2008）。[46]

知的能力に遺伝的な要素が影響を及ぼすことは確かです。しかし遺伝のみで決定されるわけではありません。たとえば，移民としてアメリカに入国した第

（44） このような政策について，現在の私たちの立場から批判するのは簡単ですが，現在の立場にたって過去の人々を批判するのはあまり公平ではありません。いくら現在の私たちから見て奇妙なことであっても，当時はそれが「当然」だと考えていたからです。同じように，私たちの子孫が，現在の私たちの学問や思想をどのように判断するのかは，誰にもわかりません。

（45） ちなみに，日本でも「優生保護法」という類似の内容をもつ法律がありました。この法律が強制的な優生手術の条文が削除された母体保護法という法律に変わったのは，1996年のことです。

（46） イレヴン・プラス試験に関しては，国が公教育をどのように考えるべきかという問題にかかわります。11歳で進路が確定してしまい，高等教育を受けることができないというのも考えものです。しかし，この試験に関してアイゼンクのように，家柄や社会階層にかかわりなく，どの子どもも能力だけで高等教育の機会が与えられるのだから平等だ，と考える研究者もいました。それに対して現在の日本では，明らかに家庭に金銭的な余裕がないと高等教育を受けることが難しくなってきています。適切な答えはどこにあるのでしょうか。この問題についてぜひ考えてみてほしいと思います。

1～第2世代後の世代では、もともと住んでいた人々との間に知能指数の差が見られなくなると言われています（Clark & Grunstein, 2000 鈴木訳, 2003）。また、たった1世代で大幅に知能指数が向上してしまうというフリン効果は、遺伝のみで知能が決定されるわけではないことを示唆しています。重要な点は「親から子にそのまま知的能力が伝わるわけではない」「環境の影響力も十分に認められる」ということを認識しておくことです。

（2） 知能と望ましさ

みなさんは、「知能指数が高いほうがよい」と考えているでしょうか？　このような質問をすると、「当たり前じゃないか」と思う人もいるかもしれません。一般的に、知能指数が高い人は「優れている」、知能指数が低い人は「劣っている」と評価される傾向にあります。そこを疑う人というのは、少数派でしょう。

また中には、「知能検査なんて自分の生活に関係がない」と思っている人もいるのではないでしょうか。しかし、就職試験や公務員試験の試験内容は知能検査の問題に非常によく似ていると言えます。入試にも知能検査と似たような問題が出題されることがあります。私たちはすでに、知的能力で選別される社会で暮らしているのです。(47)

「知能指数を向上させる」という塾や教材、ゲームは世の中にあふれています。知能は「一般的なよさ」に強く結びついています。もしもあなたが知能検査でよい結果を得れば、「嬉しい」と感じ、悪い結果を得れば「イヤだ」と感じることでしょう。しかし、その「イヤだ」という感覚を、知能検査でよくない結果をとった人々に向けたとき、何が起きるのかを自覚したほうがよいかもしれません。

これは知能だけの話ではありません。1990年代後半、"EQ（情動知能）"とい

---

(47) 能力や業績によって社会的地位が決定することや、そのようなシステムを採用している社会のことを「メリトクラシー」（meritocracy）と言います（竹内, 1995）。

う言葉が流行しました。ゴールマン（Goleman, D. 1946- ）の著書『EQ：こころの知能指数』がベストセラーになったことが原因です。[48] 情動知能とは，自分の情動を正確に知覚し，思考を促進するために情動を利用し，情動の意味を理解し，管理する能力として定義されます（Ciarrochi, Forgas, & Mayer, 2001 中里他訳, 2005）。情動知能については，海外でもさかんに研究が行われています。

　ところが，ここでも一般社会に普及すると知能指数と同じような問題が生じてきます。たとえば，「EQ を高めるのが望ましい」となると，EQ のテストでよい結果を得ようと対人関係のトレーニングを受け，検査の対策を練る人も出てくるのです。それが入社試験のような選別に利用されるのであれば，なおさらです。

　知能検査はあくまでも道具です。たとえば包丁という道具は料理に使うこともできますが，人を殺めることもできます。知能検査も同じように，目的が適切であれば問題はありません。知的に遅れのある児童の問題を把握するため，病院で患者の知能の低下を把握するため，教育の方策を探る研究や人間の知的能力を探る研究に利用するためなどであれば，大きな問題は生じないかもしれません。[49] 主観で判断するよりも，検査を利用して判断したほうがよい場面というのは多々ありますし，研究で知的能力を測定するときにはやはり知能検査を用いるのが最適です。しかし，知能検査の利用法を誤れば，差別的な選別につながる可能性もあるのです。

　1921年にシモンは，「われわれは，人間の価値についての知識と，さらにそれによってその価値を利用することとは，全く相いれないものなのに，それぞれのテストに，求めることができるものだけを求めようとしないで，何もかも求めようとする，きわめて重大な動きに直面している」と述べています

---

(48)　日本では IQ になぞらえて "EQ（Emotional Quotient）" と表記されることが多いのですが，"EI（Emotional Intelligence; 情動知能）" が正式名称です。学術用語としては，EQ（Emotional Intelligence Quotient）は EI を測定するときに使用されます。
(49)　ただし，どれだけ注意しても，研究者が予想もしない二次的な問題が生じる可能性はあります。

(Binet & Simon, 1954 大井・山本・津田訳, 1977)。ビネやシモンは, 知能検査によって測定される知能が知能そのものだとは考えていませんでした。知能検査は, 知能をある程度反映した部分を測定することができます。しかし, その測定されたものにどのような価値を置き, それをどのように利用するかは, また別の問題なのです。もしビネが現在も生きていたら, 自分が作成した知能検査の使われ方を見て, 憤りを覚えるかもしれません。

(3) 知能と頭のよさ

一般に言われる「頭のよさ」と知能検査が測定する内容とは, かならずしも一致するわけではありません。たとえば, 石田・小笠原・藤永 (1991) は, 「頭のよい人」が複数の国で人々にどのように捉えられているかを検討しています。それによると, 「頭のよい人」のイメージには「共感性・社会性能力」(人の立場になって考える, 誤りを素直に認める等),「対人関係能力」(ユーモアがある, 話題が豊富等),「知識の把握・処理能力」(よく本を読む, 知識が豊富等),「判断力・決断力」(頭の回転が速い, 判断が早い等),「表現力・センス」(字がきれい, おしゃれ等) といった内容が含まれていました。これらの内容は, IQだけではなく先に説明した EQ も含むようなものになっています。

心理学の辞典には, 次のように書いてあります。「知能は適用範囲の広い学術用語で, 個人の複雑な精神能力に関連している。素人には, 頭の回転の速さ, 学業成績, 職業上の地位, 特定分野での傑出など, を意味する。知能を測定する心理学者には, 利用できる知識の量, 新しい知識を獲得する速度, 新しい状況に適応する能力, 概念, 抽象的な記号を操作する能力, さらに端的には, 知能テストが測定する現象, を意味する」(Matarazzo & Devner, 2001 訳は村上, 2007による)。そもそも知能の定義は, かならずしも研究者間で一致しているわけではありません。そしてさらに, 一般の人々が考える「頭のよさ」と研究者が考える「知能」も, 重なる部分はあるでしょうが完全に一致するわけではないのです。

では, 知能検査に意味がないかと言うと, それもそう言い切れるわけではあ

りません。少なくとも知能検査は，何らかの知的な特性を反映しているとは言えるでしょう。そして先にも述べたように，知能検査で何らかの能力を測定した方がよい場面というのはあるのです。

ところで，1979年当時，アメリカの教育テスト研究所の所長だったターンブル（Turnbull, W. W. 1919-1987）は，「これから20年ぐらいたった時点では……テストはいろいろな能力について別々の得点を出すようになっているだろう。その得点は標準得点であろう。IQ を定義する（知能年齢と暦年齢の）比率はどこでもかえりみられなくなり，IQ という用語は心理学や教育の歴史の中に埋もれてしまっているかもしれない」と述べています（Turnbull, 1979；東，1981）。ターンブルの発言から30年を経た現代，いまだに"IQ""知能指数"という言葉は市民権を得たままであり，とても歴史の中に埋もれてしまっているなどとは言えません。

このように考えてみてはどうでしょうか。知能検査で測定された能力が高い人は，それはそれでその能力を認めるのです。しかし，同じようにほかの部分で優れている人がいれば，知能検査で高い結果が出たのと同じように評価するのです。それが，スポーツがうまいことでも，勉強ができることでも，周りを笑わせて盛り上げることでも同じように，です。ある側面で優れていることと，それが社会的に評価されることとは別の問題です。シモンが述べるように，問題が生じるのは，限られた一部の側面「だけ」ですべての人を評価しようとするときなのです。

文献

東　洋（1981）．知能テスト論　伊藤隆二他（著）　知能と創造性　講座　現代の心理学 4　小学館　Pp. 135-212.

Binet, A. & Simon, T.（1954）. *La Mesure du Development de L'intelligence Chez les Jeunes Enfants*. Paris: Armand Colin.（ビネ，A.・シモン，T.　大井清吉・山本良典・津田敬子（訳）（1977）．ビネ知能検査法の原典　日本文化科学社）

Cattell, R. B.（1971）. *Abilities: Their Structure, Growth, and Action*. New

York: Houghton Mifflin.

Ciarrochi, J. C., Forgas, J. P., & Mayer, J. D. (2001). *Emotional Intelligence in Everyday Life: A Scientific Inquiry.* London: Taylor & Francis.（チャロキー，J. C.・フォーガス，J. P.・メイヤー，J. D.　中里浩明・島井哲志・大竹恵子・池見　陽（訳）（2005）．エモーショナル・インテリジェンス：日常生活における情動知能の科学的研究　ナカニシヤ出版）

Clark, W. R., & Grunstein, M. (2000). *Are We Hardwired?: The Role of Genes in Human Behavior.* New York: Oxford University Press.（クラーク，W. R.・グルンスタイン，M.　鈴木光太郎（訳）（2003）．遺伝子は私たちをどこまで支配しているか：DNAから心の謎を解く　新曜社）

Deary, I. J. (2001). *Intelligence: A Very Short Introduction.* Oxford: Oxford University Press.（ディアリ，I. J.　繁桝算男（訳）（2004）．知能　岩波書店）

Eysenck, H. J. versus Kamin, L. (1981). *Intelligence: The Battle for the Mind.* London: Pan Mcmillan.（アイゼンク，H. J.・ケイミン，L.　齊藤和明（訳）（1985）．知能は測れるのか：IQ討論　筑摩書房）

Flynn, J. R. (1987). Massive IQ gains in 14 nations: What IQ tests really measure. *Psychological Bulletin,* **101**, 171-191.

Flynn, J. R. (2007). *What is Intelligence?: Beyond the Flynn Effect.* New York: Cambridge University Press.

Galton, F. (1869). *Hereditary Genius.* London: Macmillan & Co.（ゴールトン，F.　甘粕石介（訳）（1935）．天才と遺伝　岩波書店）

Gignac, G. E. (2006). The WAIS-III as a nested factors model: A useful alternative to the more conventional oblique and higher-order models. *Journal of Individual Differences,* **27**, 73-86.

Goleman, D. (1995). *Emotional Intelligence.* New York: Bantan Books.（ゴールマン，D.　土屋京子（訳）（1996）．EQ：こころの知能指数　講談社）

Gould, S. J. (1996). *The Mismeasure of Man.* New York: W. W. Norton & Co.（グールド，S. J.　鈴木善次・森脇靖子（訳）（2008）．人間の測りまちがい：差別の科学史　上・下　河出書房新社）

Guilford, J. P. (1959). Three faces of intellect. *American Psychologist,* **14**, 469-479.

石田英子・小笠原春彦・藤永　保（1991）．「頭の良い人」の属性に関する比較文

化的研究：6か国の「頭の良さ」の因子構造比較　教育心理学研究, **39**, 270-278.

Matarazzo, J. D., & Denver, D. R. (2001). Intelligence measures. In W. E. Craighead & C. B. Nemeroff (Eds.) *The Corsini Encyclopedia of Psychology and Behavioral Science,* 3rd ed. New York: John Wiley & Sons.

村上宣寛（2007）．IQってホントは何なんだ？：知能をめぐる神話と真実　日経BP社

岡本春一（1987）．フランシス・ゴールトンの研究　ナカニシヤ出版

プロミン，R.　安藤寿康・大木秀一（訳）（1994）．遺伝と環境：人間行動遺伝学入門　培風館

Schaie, K. W. (1994). The course of adult intellectual development. *American Psychologist,* **49**, 304-313.

Spearman, C. (1904). "General intelligence" objectively determined and measured. *American Journal of Psychology,* **15**, 201-293.

竹内洋（1995）．日本のメリトクラシー：構造と心性　東京大学出版会

田中教育研究所（1987）．田中ビネー知能検査法（1987年全訂版）田研出版

田中正吾（1985）．知能と創造性　日本放送出版協会

Taub, G. E., McGrew, K. S., & Witta, E. L. (2004). A confirmatory analysis of the factor structure and cross-age invariance of the Wechsler Adult Intelligence Scale—Third Edition. *Psychological Assessment,* **16**, 85-89.

Thurstone, L. L. (1938). Primary mental abilities. *Psychometric Monograph,* No. 1.

Turnbull, W. W. (1979). Educational testing in the year 2000. In R. J. Sternberg & D. K. Detterman (Eds.), *Human Intelligence*. Norwood, NJ: Abex Publishing.

Yoakum, C. S., & Yerkes, R. M. (1920). *Mental Tests in the American Army.* London: Sidgwick and Jackson.

第9章　あなたは人を分類しているか(1)
——血液型性格判断の歴史

　この章と次の章では，おそらく現在日本でもっとも流行しているパーソナリティ類型論と言ってもよい，血液型性格判断について考えていきたいと思います。血液型とパーソナリティ（性格・気質）との関連は，パーソナリティ心理学の歴史の中に位置づけられる出来事です。この章では，まずその歴史からたどってみたいと思います。

1. 昭和初期の血液型研究

（1）ABO式血液型と四気質説

　1901年，オーストリアの生物学者・医学者ラントシュタイナー（Landsteiner, K. 1868-1943）は，ABO式血液型の発見を発表しました。[50] 当初ラントシュタイナーは3つの血液型を報告しましたが，翌年別の研究グループが第4の血液型を発見し，A，B，O，ABという4つの型が知られることになりました。この発見が発表されたときにはあまり注目されませんでしたが，その後この血液型が輸血に利用できることが発見され，注目を集めることになります。後にラントシュタイナーは，この発見によってノーベル賞を受賞しています。

　すでに説明したように，当時はまだ心理学においても四気質説が大きな影響力をもっていました。はるか昔から，「4つの体液と気質が関連する」と言わ

---

[50] 以降，本書においてとくに断りのない場合には，血液型は「ABO式の血液型」を指します。

れてきたことは事実です。もしかすると，古来から言われる4つの体液は，新たに見つかった「4種類の血液型」に相当するのかもしれません。そしてもしそうならば，何らかの形で「気質と関連する」のかもしれません。

科学的に正しいかどうかは別として，このように連想していくことは，自然な流れであるように思えます。実際に関連があるかどうかは，検討してみないと分からないのですから。

（2）　論文：「血液型による気質の研究」

日本には，ABO式血液型と気質との関連を精力的に研究した研究者がいました。それは，東京女子高等師範学校（現在のお茶の水女子大学）の教育学者，古川竹二（1891-1940）です。

彼は1927年に，「血液型による気質の研究」という論文（図9-1）を発表しました。[51]この論文では，最初にヒポクラテスやガレノスの四気質説について触れられています。そして，「医学上最近の問題である血液型の研究に暗示を得て」血液型と気質の研究をはじめたと書かれています。やはり，四気質説と4種類の血液型とを対応づけることから研究の発想を得ているようです。

古川はまず，自分の血縁者11名を観察してみました。すると，どうも同じ血液型の人物が同じような気質をもっているのではないか，と感じられたそうです。そこで，次のような大まかな仮説を立てました。

　　Ⅰ型（O型）：積極的，進取的
　　Ⅱ型（A型）：消極的，保守的
　　Ⅲ型（B型）：積極的，進取的
　　Ⅳ型（AB型）：不明

古川の親族には残念ながらAB型の者がおらず，AB型については仮説を立

---

[51]　なお古川竹二の研究以前にも，血液型と気質の関連を論じた文献は存在します（大村, 1998）。「この人種は×型が多いから優れて（劣って）いる」といった主張は，古川の研究以前から行われていました。なお知能の章（第8章）で説明したように，人種や民族の優劣を論じること自体，当時は当たり前でした。

第9章　あなたは人を分類しているか(1)

心理學研究

血液型による氣質の研究

古川竹二

この研究につきては同じ教官室に於て朝夕常に吾人を激勵し刺戟せられたる同僚先輩に厚く謝しなければならないと同時に、この稿につきては松本先生、増田助教授の有益なる御忠言によつて得る處の甚だ多かつたことを深く感謝する次第である。最初の試みである爲めに不備の點が多いのであるがそれ等は今後の研究に於て補ふこととし杜撰ながら一先づこゝに發表することとした。

　　　　目　次

一、緒　言
二、血液研究の概觀
三、血液の型に因る研究の發展
四、吾人の問題
五、血液實驗の方法
六、吾人の研究の過程
七、吾人の行へる氣質研究の方法
八、氣質の分類
九、檢査の結果
一〇、結　論
一一、余　論

図9-1　論文「血液型による気質の研究」の最初のページ（古川，1927より）

A組
一、物事ヲ苦ニシナイ方
一、事ヲ決スル時躊躇シナイ方
一、恥カシガリヤデナイ方
一、人ノ前ニ出ルノヲ苦ニシナイ方
一、引込思案デナイ方
一、進ンデ人ト交ル方
一、自動的ノ方
一、他人ノ意見ニ動カサレナイ方
一、自分ノ主張ヲ枉ゲナイ方

P組
一、心配性ノ方
一、事ヲ決スル時迷フ方
一、恥カシガリヤノ方
一、人ノ前ニ出ルノヲ苦ニスル方
一、引込思案ノ方
一、進ンデ人ト交ラナイ方
一、他動的ノ方
一、他人ノ意見ニ動カサル、方
一、自分ノ主張ヲ枉ゲル方

図 9-2　古川論文で用いられた積極性（上）と消極性（下）の文章（古川, 1927より）

てることができませんでした。現在もAB型は「よく分からない」と言われることがありますが，研究のスタート時点からそのように言われていました。なお，日本人の血液型比率はA：O：B：AB＝4：3：2：1ですので，AB型は10人に1名となります。古川の血縁者11名の中にAB型がいなくても，不思議ではありません。

　古川が行った気質の分類は，積極的（進取的；active）であるか消極的（保守的；passive）であるかというシンプルなものでした。しかし，A型が消極的でO型とB型が積極的という大まかな図式は，現在多くの日本人が信じている血液型性格のイメージと同じではないでしょうか。現在通用している各血液型性格の大まかな特徴は，古川竹二が行った親族の観察結果からスタートしているのです。

　次に古川は，東京女子高等師範学校の職員，卒業生，友人など50名に対して調査を行いました。調査に用いたのは，積極的な文章と消極的な文章を読んで，どちらの文章に自分が当てはまるかを回答する質問紙でした（図9-2）。

　この調査によってますます血液型と気質の関連について確信を深めた古川は，さらに学生296名に調査を実施し，結果を分析していきました。表9-1は，この論文に掲載されている表をまとめ直したものです。A型は消極的でおとなしく心配性，O型は積極的で気が強く我が強い，B型は積極的で陽気で黙っていられない，AB型はA型とB型の両面を併せ持つ，とされています。明らかにこれらの特徴は，現在の日本人が信じる血液型性格判断に共通する部分がある

表 9-1 古川による各血液型の特徴のまとめ

血液型	気質の特徴	精神的特徴	通俗的な人物像	四気質説
I型 (O型)	積極的 進取的 (内面・外面ともに)	自動的 執着力が強い 主我的 理性的 注意集中的 陽性 刺激に動かされない方 勢力的	きかん気の人 (勝ち気な人) 冷静な人 精力的な人 強い人	主：粘液質 副：多血質
II型 (A型)	消極的 保守的 (内面・外面ともに)	他動的 犠牲的 感情的 注意集中的 陰性 刺激に動かされる方	おとなしい人 心配性の人 不平家 引っ込み思案の人	主：神経質 　（憂うつ質） 副：胆汁質
III型 (B型)	積極的 進取的 (主として外面)	自動的 執着力少ない 少々主我的 注意分配的 陽性著しい 刺激にやや動かされる方 精力的な方	よく気がつく人 世話好きな人 陽気な人 黙っていられない人	大体において 多血質
IV型 (AB型)	II型的にして III型的分子を ふくむ	気質としては II型的でIII型的 分子を併有する。	II型的で III型的分子を 有する人。	主：神経質 　（憂うつ質） 副：胆汁質

と言えるのではないでしょうか。

　古川竹二の論文で興味深い点の一つは，一貫しない結果の原因を，遺伝型に求めているという点です。よく知られているように，同じA型であっても，遺伝型にはAAとAO，同じB型であっても遺伝型にはBBとBOという2種類があります。同じA型であっても，一貫した結果が出ない部分については，当時まだ新しい研究成果であった遺伝型を考慮に入れ，遺伝型が影響することが一貫性に欠ける原因ではないかという考察を行っているのです。現在でも，遺伝型（AA, AO, BB, BO, OO, AB）による血液型性格判断が行われることがあります。ときに，それがあたかも新しいアイデアであるかのように喧伝され

ることがあるのですが，古川竹二はじつに1920年代において，すでにその元となる考え方を示していたのです。

（3） 書籍：『血液型と気質』

　古川竹二は「血液型による気質の研究」以降も国内外に論文を発表し，1930年代に入ると研究雑誌だけでなく一般雑誌にも文章を書いていくようになります。そして1932年，代表的な書籍である『血液型と気質』が刊行されます。ちなみに，血液型を発見したラントシュタイナーが血液型の発見の業績でノーベル賞をもらったのが1930年ですので，世の中も血液型に注目していたのではないかと想像できます。

　では，『血液型と気質』の内容を見ていきましょう。

　冒頭部分では，気質・性格類型論の歴史が紹介されています。そこでは，ヴントの四気質説（第5章 p.73）も紹介されており，「この簡単にして巧妙なる分類法は，わが国の教育学や心理学の学者等の歓迎を受け，今日においても一般の教育書が採用している所である」と書かれています。当時どれくらい四気質説が受け入れられていたかがよく分かるのではないかと思います。

　その後，医学・生理学的な血液型研究の歴史と測定方法が詳しく解説されていきます。そこでは，血液型の遺伝のしかたや民族別の血液型比率にも触れられています。当時，「生物化学的人種指数」という指標がありました。それは，民族ごとに（A型％＋AB型％）／（B型％＋AB型％[52]）という数式で数値を算出し，民族間の数値を比較する（そして優劣を論じる）というものです。知能指数と同じように民族内の血液型の比率も，当時は民族の優劣を論じるために用いられていたのです。

　ちなみに『血液型と気質』でも紹介されているのですが，当時は指紋の形状で「犯罪者の気質の分類」を行う研究があったそうです。それによると，渦状

（52）　AB型にはA型とB型両方の要素が入っているという考えから，分子と分母両方に足されています。

紋（指紋が渦状）の人は陽性で、蹄状紋（指紋が馬のひづめ状）の人は陰性で静かなのだそうです。さらに、血液型によって指紋の形状が違うという研究もあったそうです（古川, 1929）。[53]

先行研究をまとめた後で、古川自身の研究も紹介されます。「血液型による気質の研究」の研究内容をはじめ、より大規模な調査結果も報告されています。そしてやはり、O型とB型は積極型、A型は消極型、AB型はA型とB型の両面を合わせ持つという結論が述べられます。そして、この研究結果とユングやヴント、クレッチマーといった先行研究の気質・性格類型論との対応が論じられていきます。

また古川は、血液型と気質研究の応用として、生物化学的人種指数とよく似た指標である、「団体指数（活動性指数）」という数値を考案しました。これは、（O型％＋B型％）／（A型％＋AB型％）という式で計算され、数値が1より大きいほど活動的（Active）、1より小さいほど消極的（Passive）になるというものです。[54] そしてこの指標を用いて、高等学校の学科間の比較や、入学試験の結果との関連の調査、実業家・教育者・自殺者・海軍志願兵・精神病者といった人々の比較検討をしていきました。さらにこの話は、人種や民族の説明へとつながっていきます。各民族の団体（活動性）指数を算出し、どの民族が活動的でどの民族が消極的かを論じていきます。なお日本国内では、東京人は活動的、京都人と熊本人は消極的なのだそうです。

このように古川竹二の『血液型と気質』は占いのたぐいとはほど遠い、当時の最先端の心理学・生理学・医学における情報が詰まった「学術書」といえる書籍です。

（4） 古川学説のその後

古川竹二の研究以降、多くの研究者が血液型と気質・性格との関連を検討し

---

(53) もちろん現在では、いずれの関連も認められていません。
(54) これは、O型とB型が「積極的」でA型とAB型が「消極的」という前提がないと成り立たない指標です。

ていきます。またこの研究は心理学の分野だけでなく，教育学，医学，さらに一般の人々の間にも知られていくことになります。

　しかし，多くの調査結果が集まるにつれて，古川竹二が唱える説には多くの例外が存在し，一貫した結果が得られないことが明らかになっていきます。このため，血液型と気質・性格の関連に疑いをもつ研究者が多くなり，学会でも否定的な意見が出されるようになっていきました。たとえば小野島左右雄は1937年の著書において，「……血液型について見ても確かに生理学的には意味をもっているかもしれないが，性格が血液の要素にのみ依存すると考えてくるところに誤謬が横たわっている」（小野島，1937 p.126：現代語訳は筆者）と批判しています。

　なお，当時の研究者たちが一斉に古川説に反対の立場をとったということもありませんし，心理学の学会で反対の決議がとられたということもありません。心理学者の中にも医学者の中にも，古川説を支持するためにデータを集め，学会発表を行っていた研究者がいたようです。しかし，結果がうまく再現されず，一貫した結果が得られなかったことから次第に古川説は注目を集めなくなっていたのです。

　ある説を唱えて研究を行い，その研究が他の研究者にとっても魅力的な場合には，複数の研究者が次々とそのテーマの研究を行うようになっていきます。しかし，一時的な流行であるかのように，次第に研究者たちがそのテーマを追うことを止めていき，そのうち誰にも顧みられなくなっていく……。これは，現在の研究活動の中でもよく見られることです。その説を主張した研究者にとっては残念なことですが，それはしかたがありません。

　心理学という学問分野の中だけでも，毎年多くの仮説・理論・実証研究が世界中で報告されます。しかし，その多く（ほとんどと言ってもよいでしょう）は，そのうち否定されたり，よりよい説明に置き換わっていったりして，忘れられていくのです。研究者たちはもちろんそのことをよく知っており，より長く生き残ることができる研究をしようと，懸命に研究活動を行っていきます。研究者は，自説が否定されたらその否定をくつがえそうと，より多くの研究者が納

得できる証拠を探し，提出するのも自由です。もしその証拠に説得力があり，その証拠に納得する研究者が増えれば，それが定説になっていきます。もちろん，研究成果に対する評価は完全に公正になされるわけではなく，さまざまなバイアスがかかることはあります。しかしおそらく，研究にたずさわっていない人々が想像するよりは，ずっと自由で実力主義な世界だと言えるのではないでしょうか。科学の世界では，主張している人が誰であるかに関係なく，他のどんな理論よりもデータをうまく説明できるというアイデアが評価されます。このように考えることは幻想にすぎないかもしれませんが，とても大切な幻想です（スロウィッキー，2006）。

　古川竹二たちが取り組んだ血液型と気質の研究も，数多くの忘れられていく研究の一部にすぎないものであるはずでした。しかし，彼の研究は現代の日本に大きな影響を及ぼしています。本人の意図や歴史的変遷，その評価がどのようなものであったとしても，現在これだけ多くの日本人が血液型と性格に関連があるとみなしているという事実は，影響力の大きさを物語っています。

　心理学者たちは，血液型とパーソナリティの関連について否定的です。もちろん，世間で言われているような関連について，疑いようもない実証的かつ明確な証拠が提出されれば，私を含め多くの心理学者は関連を認めるようになることでしょう。しかし，血液型性格判断を取り巻く状況を見わたしてみると，残念ながらその見込みは非常に薄そうです。

2. 血液型性格判断の復活

（1）『血液型でわかる相性』から現在まで

　古川竹二の学説は，実際に関連があまり見られないことや，彼が1940年に亡くなったことなどから，しだいに下火になっていきました。ただし，細々と研究を続ける人や，興味をもちつづける人はいたようです。

　その後30年ほど経って，このような状況が一変します。放送作家や出版社勤務を経て独立した能見正比古（1925-1981）が，1971年に『血液型でわかる相

性』を，その2年後の1973年に『血液型人間学』という書籍を出版しました。そしてマスメディアがこの説を取りあげ，関連書籍が次々と出版され，ベストセラーになっていきます[55]。

　古川竹二の著書と同じく，能見正比古による『血液型でわかる相性』も『血液型人間学』も，非常に情報量が多い本だと言えます。血液型の遺伝のしかたや遺伝型と表現型の区別（第11章 p.194参照），血液型の遺伝型と性格との関連，性格と気質の違いの説明，多くの芸能人やスポーツ選手，政治家を例に挙げた説明，アンケートの分析結果，相性についての説明，血液型の教育・企業経営への応用などが書かれています。これらの本には，現在出版されている血液型性格関連本で扱われている情報のほとんどが含まれてしまっていると言っても過言ではありません。

　表9-2は，『血液型人間学』（能見，1973）に掲載されている血液型別の気質特徴です。おそらくここで書かれている特徴は，日本人が一般にもっている血液型のイメージと一致するのではないでしょうか。

　能見正比古はどこから血液型性格判断の着想を得たのでしょうか。そのヒントは『血液型でわかる相性』の中に書かれています。最初に能見が血液型に関心をもったのは，彼の姉がきっかけだということです。戦前，まだ彼が高校生だった頃，姉が血液型と男女の相性についての話をしたそうです。このことがきっかけとなり，能見は血液型に関心をいだき，機会があるごとに自分の知り合いに血液型を尋ね，性格や気質を考え，その相性を考えた，と本の中に書かれています。

　『血液型でわかる相性』には，「彼女こそ血液型と相性の原発見者だったのである」と，あたかも能見の姉が血液型と相性の関連を発見したかのように書か

---

[55] ちなみに，筆者所有の『血液型でわかる相性』は1971年10月1日発行の初版第34刷ですが，第1刷は同年9月15日に出版されたと書かれていますので，出版後わずか半月で34刷になっています。また，『血液型人間学』は1973年8月17日に初版1刷が発行されていますが，私が所有する1975年4月18日発行のものはすでに第59刷となっています。これらを見ると，いずれの書籍もよく売れていたことが分かります。

表9-2　能見正比古による各血液型の気質の記述（能見，1973 Pp. 223-226より作成）

A型	O型	B型	AB型
周囲に気を配る	目的志向の強さ	束縛されるのを嫌いマイペース	批判的な思考傾向
相手の反応を気にする	欲求がストレート	表現が型にはまらない	批判に富む表現
人間関係の平隠を望む	力関係を意識する	思考が型にはまらない	社会に参加望むA面
行動が型にはまる	勝負意識が強い	周囲や相手の反応を気にしない	人間関係の調整が巧み
考え方が型にはまる	ロマンチシズム	照れ症である	感情の動揺小のA面
白黒善悪のけじめをつける	現実性に富む	秩序を気にしない	人に頼まれてイヤと言えない
継続的な負担に耐久性がある	直線的な思考	行動に移るのが早い	社会や人への距離感
行動に移るとき熟慮	仲間意識の強さとスキンシップ	感情の振幅が烈しい	偽善，裏表を嫌う
不足を気にかける	外部への強い警戒心	表現が大きい	計画やデザイン好き
心を開くのが遅い	個性的なものを好む	興味が執着する	集中性の体質
人間関係の安定を望む	行動に自分の原則	興味関心が多方面	メルヘンチック
社会秩序を重んじる	自己顕示が強い	関心は具体性が強い	感情の動揺大のB面
感情面の回復が遅い	教えるのが好き	原則にとらわれない	生活が合理的
社会の中の役割重視	巧みな言葉の使い方	脱家庭性	生活を守る心高い
	感情があとに残らない	未来に楽観的	右の心で人に対す
	社会を強く意識する		力関係を避ける

れています。しかしこの本には，彼の姉が東京女子高等師範学校の理科・数学専科の学生であったということも書かれているのです。もちろん東京女子高等師範学校は，戦前に古川竹二が勤めていた学校です。さらにこの本の本文中には古川竹二の名前がまったく登場してこないのですが，あとがきには「三十年前，血液型と気質への関心を喚起してくれた故古川竹二教授への感謝はつきない」と，古川竹二に対する謝辞が書いてあります。彼が本文中に古川竹二の名前を出さなかった理由は分かりませんが，『血液型でわかる相性』のもとになったアイデアが古川竹二にあるのは間違いないと言えるでしょう。

　その後，ブーム期と沈滞期が交互にやってくるものの，数十年を経て日本国中に血液型性格判断は浸透していくことになりました。能見正比古は1981年に亡くなりますが，息子の能見俊賢（1948-2006）が一連の著作を引きついで活動していくことになります。2004年9月には，NPO法人血液型人間科学研究センターが設立されています。能見俊賢が亡くなった現在では，この法人名でも書籍が出版されるようになっています。海外への書籍の翻訳もさかんに行われ

ているようです。

（2） 実際にデータをとると

1970年代に再び血液型性格判断が世の中に広まったことから，心理学者たちも，実際にデータをとって関連が本当に存在するかどうかを検討するようになりました。科学的な態度というものがどういうものであるべきかについては，すでに述べたとおりです。多くの研究者が納得できる方法で，たしかな関連がくり返し一貫して観察されるようであれば，その関連を多くの研究者が認めるようになります。しかし，血液型とパーソナリティ（性格・気質）との関連については，それがうまくいきませんでしたし，現在でもうまくいっているとは言えない状況にあります。

社会心理学者の松井豊（1954- ）は，1980年，1982年，1986年，1988年の4回にわたって行われた意識調査のデータを用い，血液型と性格に関する質問への回答との関連を検討しました（松井，1991）。この調査は全国の都市部に住む13歳から59歳までの男女を対象に行われたものです。それぞれの年の調査対象者は3,000名以上，4回の調査で12,000名にものぼる大規模なものでした。そして，このデータを分析したところ，次のことが明らかにされました。第1に，調査のたびに血液型と関連が見られる項目と見られない項目が入れ替わり，一貫した関連が観察されなかったという点です。つまり，血液型に関連する質問項目があったとしてもそれは偶然の域を出ることがなく，血液型がパーソナリティに与える直接的な影響は見られませんでした。第2に，唯一4回の調査ともに統計的に意味のある差が見られたのは，「物事にこだわらない」という項目でした。しかしこの項目に「はい」と回答した割合を検討すると，年によってもっとも「はい」と回答する割合が高い血液型は入れ替わっていました。やはり，特定の血液型をもつ人々が特定の項目に一貫して反応する証拠は得られていないのです。

近年では，血液型性格判断が韓国や台湾に輸出されていったことから，海外で血液型とパーソナリティの関連を検討した研究がいくつか発表されています。

たとえば，2002年に発表されたクレーマーとイマイケ（Cramer, K. M., & Imaike, E., 2002）の論文では，400名以上のカナダの大学生にビッグファイブを測定するパーソナリティ検査を実施し，血液型との関連を検討しています。しかしそこでは，血液型による有意な得点差は見られませんでした。ロジャーズ（Rogers, M.）らも血液型とパーソナリティとの間に関連が見られるのかを男女360名に対して検討していますが，過去の研究で言われるような関連を見出すことはできませんでした（Rogers & Glendon, 2003）。

　また，2005年に発表されたウー（Wu, K.）らの論文（Wu, Lindsted, & Lee, 2005）では，台湾の高校生を対象にパーソナリティ検査と血液型との関連を検討しています。結果から，AB型がパーソナリティ検査のうち誠実性得点が低い傾向が見られましたが，これは統計的に意味のある関連だとは言えないものであったことが報告されています。

　このように，これまで心理学者は血液型とパーソナリティ（気質・性格）との関連を検討してきたのですが，両者に明確かつ一貫した関連は見出されていないのが現状です。[56] このような状況では，とても「明確に関連がある」とは言えません。

3.「関連があってほしい」と思う気持ち

（1） 微妙な関連？

　「血液型とパーソナリティの関連は，パーソナリティ検査では測定できないほど微妙なものなのだ」と主張する人がいそうです。しかし，もしもパーソナリティ検査ですら把握できないような微妙な関連なのであれば，かえって「日常生活で血液型を知ることに意味はない」と考えるのが適切です。

　日常生活で血液型とパーソナリティとの関連を「実感できる」から信じる，

（56）筆者が授業中にとる質問紙でも，明確な関連は認められません。おそらく，日本中で多くの心理学者が授業の中で関連がないことをデモンストレーションしていることでしょう。

という人が多いのではないでしょうか。日常生活で人と接したときに、「あ、この人は×型だな」と思えるような明らかなパーソナリティの個人差なのであれば、たいていの場合はパーソナリティ検査の結果にも現れるはずです。しかしこれまで説明してきたように、現実には明確な関連はないのです。

（２）「ないこと」は証明できない

　「関連がないのなら、ないことを証明してはどうか」という意見をもつ人もいそうです。しかしそもそも、「関連がない」とか「存在しない」といった「ないこと」を証明することはできないのです。このような、「ないこと」を証明しようとすることを「悪魔の証明」と言います。

　たとえば、「雪男がいる」ことを証明するためには、実際にヒマラヤの山中で雪男を発見すればよいのです（捕まえることができればなおよいでしょう）。では逆に、「雪男がいない」ことを証明するにはどうしたらよいのでしょうか。ヒマラヤの山中をくまなく探して、雪男がいないことを確かめるのでしょうか。現実に広い山中をくまなく探すことはほぼ不可能でしょうし、やっとの思いでヒマラヤをくまなく探し終えて「いませんでした」と発表した直後に、どこかから雪男がひょっこりと現れるかもしれません。そこで、雪男が見つかるまでは「現在のところいるという証拠はない」と判断しておくのです。

　「現在のところ雪男は見つかっていないが、いるはずだ」と思うのは自由ですが、それはあまりよい考え方ではありません。なぜなら、それだと「何でもあり」になってしまうからです。「隣の人が宇宙人であることは確認できていないが宇宙人のはずだ」とも、「うちの子が妖精であることは確認できていないが妖精のはずだ」とも、「うちで飼っているネコがイヌであることは確認できていないがイヌのはずだ」とも言えてしまいます。

　研究の場合には、関連が確認されてから次の研究が進められていきます。雪男の存在が確認されれば、次は雪男の食べ物の研究や住居の研究、子育ての研究が始まるかもしれません。しかし、「現在のところ見つかっていないけれども、いるはずだ」という段階でこれらの研究を進めてしまい、もしも「じつは

いませんでした」ということになれば，積み重なった研究は意味がなくなってしまいます。そこで，「ある（いる）」ことを確かめてから（少なくとも「ある」ことが確からしいことを示してから），次の研究を進めていくようにするのです。

（3） 関連は見つかっていない

　血液型とパーソナリティの関連を検討した研究はあるのですが，現在のところ明確な関連は見つかっていません。したがって現状では，これ以上研究を進めることができない状況にあります。

　これは研究活動としては正常な状態です。関連があると主張したいのであれば，その根拠を示す必要があります。ただし，心理学者が納得できる方法で，という条件がつきます。

　このように書くと，「難くせをつけているだけではないか」という感想をもつ人がいるようです。しかし，研究というものはそもそもそういった活動で，他の研究者がつけてくる「難くせ」（「問題点の指摘」とも言います）を克服し，「この点をクリアしても関連がある」という証拠を見つけ，公表する努力をするものなのです。研究者は，日々そのような難くせ（問題点の指摘）と戦いながら論文を書いています。

　さて，関連が見つかっていない状況では，それ以上の理論は成り立ちません。「血液型→このような違いもある→パーソナリティ（性格・気質）に影響」という説は数多くありますが，これは本来であれば血液型とパーソナリティとの関連が確認された後に出されるべき説です[57]。これらの説は，血液型とパーソナリティの関連の間のつながりをよりうまく説明しようと試みるものだからです。たとえば，「×型は病気になりやすいから神経質になる」という話もそうです。そもそも「×型」と「神経質」との間に関連が認められないのですから，間に何を挟んで説明しようとも，説明をしたことにはなりません。そもそも，「病

（57）「雪男の子育て」「雪男の食物」「雪男の住居」の研究と同じで，関連や存在が確認された後で検討すべき研究課題です。

気になりやすい」ことと「神経質」との間の関係も明らかにされていないのですから，関連はますます曖昧なものになるばかりです。「A型は○○民族，O型は××民族，B型は△△民族の血を受けついているので，それぞれ特徴的なパーソナリティになる」という説も同様です。関連がない状態で間に何を挟んでも説明力は増しませんし，○○民族が神経質だということも実証されていません。たんなるイメージで言っているだけではないでしょうか。

（4）体の問題なのだから

「血液は体中をめぐっているのだし，パーソナリティも人間の体から出る特徴なのだから，血液型はパーソナリティに何らかの影響を与えているはずだ」と考える人もいるようです。

しかし，次の話を考えてみましょう。一つの家の中で3種類の血液型の人が一緒に暮らしている家庭というのはとくに珍しいわけではありません。では，パーソナリティの形成にはその家庭環境よりも血液型の影響力のほうが大きいと言うのでしょうか。おそらく，「いや別にそういうことを言いたいわけではない」という声が聞こえてきそうです。「血液型も家庭環境も，両方ともパーソナリティの形成に影響するのだ」と主張する人がいそうです。

たしかに，人間の体の中にある何らかの物質が，パーソナリティに影響している可能性はあります。しかし，これも程度の問題なのです。血液型がパーソナリティに対して何パーセントの影響力をもち，家庭環境が何パーセントの影響力をもつかを考えることが重要です。

現在のところ，血液型とパーソナリティにはほぼ関連が見出されていない状況ですので，影響力はほとんどないと考えるのが適切でしょう。このことは，次のように言い換えることができます。おそらく，血液型は小学生時代に親にたびたび怒られた経験があるかどうかよりも，パーソナリティへの影響力は小さいでしょう。同じように，中学時代に読んだ本よりも，兄や姉がいるかどうかよりも，ペットを飼っていた経験よりも，習い事をしていた経験よりも，きっと影響力は小さいでしょう。血液型よりは，まだ実際の経験のほうがパーソ

ナリティへの影響力はありそうです。なぜなら血液型のパーソナリティへの影響力はほぼゼロだと推定されるからです。

そもそも、パーソナリティに影響を及ぼす個別の要因をすべて取りあげるのは、現実的にはきわめて困難です（不可能と言ってもいいでしょう）。実際の研究では、パーソナリティに影響を与えている数多くの原因の中から、影響力の大きそうなものに注目して検討を行っていきます。血液型を取りあげるよりも、パーソナリティの形成に実際的な影響力をもつ要因を取りあげたほうが、研究の価値があると考えるのは何も不思議なことではありません。

（5） 間接的な影響？

「日本人は幼い頃から血液型とパーソナリティ（性格・気質）についてあれこれと言われているので、関連が生じるのだ」と主張する人もいるようです。言い換えると、「直接的な関連はなくても二次的・間接的に関連が生じる」という考え方です。

たしかに、中にはそういった人がいるかもしれません。「あなたは×型だから……」と言われつづけてそれが身についてしまった人や、自分でそう思い込んでしまっている人などがいないとは限りません。幼い頃から「あなたは×型だからこうしなさい」と育てられた人もいるかもしれません。もっとも、そのように育てられることが幸せなことかどうかは考えた方がよいと思いますけれども。しかし、もしこのような二次的・間接的な影響が大多数の日本人において成り立つのであれば、「実際に何らかの関連が見出される」はずなのです。しかし、実際の調査においては明確な関連が見られません。ということはおそらく、個別の事例としてはそのように育てられる人が存在していたとしても、多くの日本人にはそのような影響は存在していない、ということなのでしょう。

もっとも、この説を主張する人は、「ABO式血液型がパーソナリティに直接影響するわけではない」と認めてしまっていることになります。「もともと関連がなくても、周囲から言われるので関連が出てくる」と言っているのですから。しかし、ちょっと待ってください。「関連がある」と主張していた人々

は,「血液型とパーソナリティは生理学的・遺伝学的に関連があるのだ」と主張していたのではなかったのでしょうか。

さて,このように,いくつかの観点から血液型とパーソナリティとの間に関連が認められないという主張をしてきました。このような話を聞いても,人は「やはり関連はある」と信じてしまうものです。あるいは,「すべてがあたっているわけではないけれども,半分くらいはあたっている」と考える人もいることでしょう。次の章では,このあたりの問題を扱ってみたいと思います。とくに「半分くらいはあたっているのではないか」とか「自分にはあてはまっているから信じる」と考える人に,次の章を読んでもらいたいと思います。

文献

Cramer, K. M., & Imaike, E.(2002). Personality, blood type, and the five-factor model. *Personality and Individual Differences,* **32**, 621-626.

古川竹二(1927).血液型による気質の研究　心理学研究, **2**, 22-44.

古川竹二(1929).血液型の話　幼兒の教育, **29**, 16-24.

古川竹二(1932).血液型と気質　三省堂

松井豊(1991).血液型による性格の相違に関する統計的検討　東京都立立川短期大学紀要, **24**, 51-54.

能見正比古(1971).血液型でわかる相性　青春出版社

能見正比古(1973).血液型人間学　あなたを幸せにする性格分析　サンケイ新聞出版局

大村正雄(1998).新訂　血液型と性格　福村出版

小野島左右雄(1937).現代性格心理学　中文館書店

Rogers, M., & Glendon, A. I.(2003). Blood type and personality. *Personality and Individual Differences,* **34**, 1099-1112.

スロウィッキー,J.　小高尚子(訳)(2006).「みんなの意見」は案外正しい　角川書店

Wu, K., Lindsted, K. D., & Lee, J. W.(2005). Blood type and the five factors of personality in Asia. *Personality and Individual Differences,* **38**, 797-808.

第10章　あなたは人を分類しているか(2)
——血液型性格判断の是非

　この章では，「血液型性格判断を信じる」というときの考え方と，そもそもこの関連を信じる方がよいのかについて考えていきたいと思います。この章の内容は，血液型に限った話ではありません。血液型性格判断の説明を通じて，自分や他者のパーソナリティを考える際の人間の特徴や，パーソナリティを考えていく上での注意点について学んでいってもらえればと思います。

1.「当てはまる」と思える理由

（1）　自分に当てはまるか？
　第9章でもそれぞれの血液型の特徴を説明したのですが，もう一度見てみましょう。次の表は，それぞれの血液型の「長所」をまとめたものです。自分の血液型の部分を読んで，自分の特徴に当てはまるところがあるかどうかを回答してみてください。

○あなたの血液型は？　→　（　　　）型
○あなたは，次の血液型の特徴に当てはまるところがあると思いますか？

A型	O型	B型	AB型
要領をつかむ	理解力がある	面倒見がいい	聞き上手
骨身を惜しまない	涙もろい	実行力がある	人にだまされない
かわいげがある	高ぶらない	競争心が強い	プライドが高い
ビジネスで有能	飾り気がない	夢や理想がある	注意深い
しっかりしている	アイデアに富む	人との交際を大切にする	筋が通っている
野心がない	ユーモアに富む	油断しない	折り目正しい
曲がったことが嫌い	判断に幅がある	信念が強い	思いやりがある
夢がある	庶民的	教育熱心	常識がある
落ちついている	エネルギッシュ	愛情深い	自分に厳しい
計画性が高い	前向き	説得力がある	完全をめざす
合理性に富む	事実や正確さを重視	個性を生かし大切にする	チームワークがいい
世話好きでやさしい	開放的で正直	表現力が豊か	落ちついている
自分を大切にする	仕事熱心	人がいい	負けず嫌い
さっぱりしている	仕事や社会に生きる	負けず嫌い	道徳的
正義感・潔癖	自主性がある	生活力がある	使命感をもつ

当てはまるところがある／まったく当てはまるところがない

　いかがでしょうか。多くの人は，自分の血液型に書かれた特徴がどこかで当てはまると感じるのではないでしょうか。

　じつは，この特徴のリストは正しいものではありません。たしかに，記述そのものは能見正比古による『血液型人間学』（能見，1973）に書かれていた，各血液型の人物の長所の記述から抜き出したものです。しかしじつは，A型の欄に書かれているのはAB型の特徴，O型の欄に書かれているのはB型の特徴，B型の欄に書かれているのはO型の特徴，AB型の欄に書かれているのはA型の特徴なのです。ですので，もしあなたが「当てはまるところがある」と感じたとしても，じつは異なる血液型の特徴に「当てはまる」と感じていることになるのです。なぜこのようなことが起こるのでしょうか。

---

(58) 意味を変えない程度に書き換えたものもいくつかあります。また，項目はランダムに並べ替えてあります。第9章の表9-2（p. 151）は，長所だけの記述ではありませんので，このページの表とは内容が異なります。

（2） 誰にでも当てはまる文章だから

　誰にでも当てはまるような一般的なパーソナリティ記述を，自分自身だけに当てはまると解釈してしまう現象のことを，バーナム効果（フォアー効果）と言います。「バーナム」という言葉は，アメリカで数々のホラ話の逸話を残し，サーカス団を設立したことでも有名な興行師 P. T. バーナム（Barnum, P. T. 1810-1891）に由来します。[59]

　たとえば次に挙げる文章は，アメリカの心理学者フォアー（Forer, B. R. 1914-2000）が，1949年の論文でバーナム効果を示すために用いた文章のうちいくつかのものです。では，それぞれの文章が自分に当てはまるかどうかを考えながら読んでみてください。

- あなたは他の人々から好かれたい，褒められたいと思っている。
- あなたは自分に批判的な傾向がある。
- あなたはまだ活かし切れていない，未使用の能力をかなりもっている。
- あなたは性的な面で悩みをもっている。
- 外面は規律正しく自制的だが，内面では心配性で臆病な面をもっている。
- 自分が正しい判断や正しい行動をしたのか，ときどき本当に不安になる。
- あなたはある程度の変化や多様性を好み，限界に直面すると不満を感じる。
- あなたは自分が独自の考えをもつことを誇りに思い，十分な証拠もない他人の発言を受け入れることはしない。
- あなたは外向的で優しく社交的なときもあれば，内向的で用心深く控えめなときもある。
- あなたの願いにはかなり非現実的なところもある。

　多くの人は，これらの文章のどこかに「当てはまる」と感じてしまいます。

---

(59) バーナムのサーカスにいた象の名前が「ジャンボ」で，そこから大きいものを指すときに「ジャンボ」という言葉が使われるようになったそうです。

そしてこれと同じような現象が，血液型性格判断の記述の中にも見られます。このため，記述を入れ替えて自分とは異なる血液型の特徴を読んだとしても，「当てはまるところがある」と感じてしまうのです。

(3) 後から理由をつける

　何か失敗したとき，「あのときこうしておけばよかった」と思うことはないでしょうか。テストの後には「もっと勉強しておけばよかった」，交通事故を起こした後には「もっと慎重に運転すればよかった」，株価が下がった後には「もっと早く売っておけばよかった」など，人は何かが起きる前にはあまり考えず，結果が生じてしまった後であれこれと考えるものです。

　何か結果が生じた後で，その結果が予測できると考えてしまうことを「後知恵バイアス」と言います。このバイアスは，日常生活の中で血液型の話題を出すときに頻繁に登場します。

　友人が何か失敗したとき，「やっぱりあの子は×型だから」と理由づけを行うのが典型的な例です。何か結果が生じた後で，「×型だから」という理由づけを行うと，あたかもそれが事前に予測されたとおりであったかのように思えるのです。しかし，事前に「こうなるはずだ」と予想を立て，本当にそうなるかを確かめることはほとんどありません。

　似たような例は，血液型とパーソナリティを扱うテレビ番組でも見られます。そういった番組では，まず「実験」と称して血液型別に人間の行動を観察し，差が見られた部分を「後づけ」で解釈していきます。[60]

　上村とサトウは，60本以上にのぼる血液型性格関連説を扱ったテレビ番組の内容を分析しています（上村・サトウ，2006）。この研究によると，あるテレビ番組では「AB型は協調性がない」とされていた一方で，別の番組では「協調性がある」とされていたり，ある番組では「まとめ上手なO型」となっていて

---

[60] こういった番組で行われる「実験」の多くは，「血液型別に観察すること」を指しています。事前に仮説を立て，その仮説を検証するために実験が用いられることはほとんどありません。

も別の番組では「A型」になっていたりしたそうです。また，同じような行動が観察されたとしても，それがAB型だと「わけがわからない」と解釈され，B型だと「わがままな証拠」，O型だと「おおざっぱな証拠」と解釈されたりもしていたそうです。

　そもそも先ほど述べたように，血液型に対応づけられた特徴は多くの人に当てはまるものです。したがって，結果が分かった後から解釈してもたいていは解釈できてしまいます。それがこのバイアスの影響力を増していると言えます。

（4）「行動＝パーソナリティ」？

　血液型性格判断は，パーソナリティを問題にしているようにみえながら，じつは行動や行動の結果そのものを，パーソナリティと混同もしくは同一視してしまっています。筆者自身の経験から，理系の研究者の中にも血液型性格判断を信じてしまう人々がいます。その大きな原因の一つは，本来は行動の背後にあるはずのパーソナリティを，行動そのものと同一視してしまうことにあると考えることができます。

　たとえば……

　「それぞれの血液型の人におつりを渡しました。A型の人は金額を確かめて財布に入れますが，B型の人はまったく見ずに財布に入れ，O型の人はレジの横の募金箱に入れ，AB型の人はいろいろな行動をとりました。A型の人は神経質なので金額を確かめ，B型の人はいいかげんなので金額を見ず，O型の人は気前がいいので募金をし，AB型の人はよく分からないのでいろいろな行動をとると考えられます。」

　……といった具合です。ここでは，「金額を確かめる＝神経質」「確かめない＝いいかげん」「募金する＝気前がいい」「いろいろな行動＝よく分からない」という，行動とパーソナリティの一対一の対応づけが行われています。

　これは，日常場面でも同じです。

　「あの子は家に上がるときにぜんぜん靴を揃えない。やっぱり，B型でいいかげんな性格だからにちがいない。」

また，「△型の政治家が多い」「×型のホームランバッターが多い」といった話にも，同じような問題が関係しています。

　これらの例では，あるひとつの行動（行動の結果）だけを観察し，後づけでパーソナリティ（そしてそれに付随する血液型）の説明を加えています。そこでは，行動が生じる文脈を無視し，行動とパーソナリティを同じものだとみなしてしまっています。

　これまでに説明してきたように，ある行動（および行動の結果）は，パーソナリティ要因とその他の状況要因の双方から影響を受けて表にあらわれるものです（第3章参照）。行動はパーソナリティそのものではないのです。

　「×型に政治家が多いのは，この血液型が〜な性格だからです」といった表現は，「血液型→性格→職業カテゴリ（行動の結果）」という図式を反映しています。ところが，あるパーソナリティの持ち主が特定の職業に就くかどうかについてすら，明確なことは言えません（その職業に就いたからこういうパーソナリティに変化した，という話もありそうです）。本当にこの行動が「パーソナリティだけ」の影響を受ける，少なくとも「状況よりもパーソナリティの影響が大きい」と言うためには，どうしたらよいのかをよく考えておく必要があるでしょう。

2.「私はA型で神経質なのですが，なぜですか？」という反論

（1）「半分くらい正しい」

　血液型とパーソナリティとの関連を完全に信じている人というのは，どちらかというと少数派かもしれません。多くの人々は，「完全ではないけれど，半分くらいはあたっているのではないか」と考えているのではないでしょうか。ここでは，そのような考え方に焦点を当ててみたいと思います。

　「半分くらいあたっているのでは」という考え方は，おそらく次の2つのうちどちらかに相当する考え方をしているのではないでしょうか。

第10章　あなたは人を分類しているか(2)

a．A型の人の中には，50%くらい神経質な性格がある。
b．A型100人のうち，50人くらいは神経質な人々である。

　まずa．について考えてみましょう。これは，A型の人物がさまざまな状況で行動するときに，そのうち半分くらいは神経質な特徴が見られ，残りの半分は神経質な特徴を示さない，という考え方です。しかし，「パーソナリティ（性格・気質）」と言うからには，完全ではないにせよある程度は状況を超えて一貫した特徴が見られる必要があります。多くの状況の半分（だけ）で神経質な人というのは，そもそも「神経質な性格の人」だと言えなくなってしまうかもしれません。

　次にb．について考えてみましょう。おそらく多くの人が想定する考え方は，こちらではないでしょうか。なお，「A型の神経質の得点が真ん中あたり（平均付近）だから半分あたっている」という意見をもつ場合も，b．と同じことになります。なぜなら，A型100人の神経質得点の真ん中で分割すれば，高得点者と低得点者はほぼ半数の50名ずつになると期待できるからです。

　b．の意見を表にすると，表10-1のようになります。A型100名のうち50名は神経質で，50名は神経質ではありません。ではこのとき，A型以外の100名を，神経質な人と神経質ではない人に分類すると，何名ずつになるでしょうか。また，もし日本人全体が200名だったならば（A型とA型以外を合わせた数です），何人が神経質で何人が神経質ではないということになるでしょうか。

　表10-1で，「日本人全体では神経質な人のほうが多い」と考えて，c＝130，d＝70という数字を入れたとしましょう。すると，必然的にaには80，bには20という数字が入ることになります。なぜなら日本人全体は，A型の人とA型

表10-1　空欄に入る数字は何？

	神経質	神経質でない	合計
A型	50	50	100
A型以外	a	b	100
日本人全体	c	d	200

以外の人の合計だからです。その結果何が起きるでしょうか。Ａ型は日本人全体よりも，Ａ型以外の人々よりも「神経質ではない」ことになってしまいます。

もしも「Ａ型以外の人は神経質な割合が少ない」と考えて，a＝20，b＝80という数字を入れたとしましょう。すると必然的に，cには70，dには130という数字が入ることになります。これでは「Ａ型が神経質」ではなく「Ａ型以外の人々は神経質ではない」という説になってしまいますし，「日本人全体が神経質ではない」ということにもなってしまいます。

「Ａ型の半分の人々が神経質だから半分くらいあたっている」という考え方は，どこか「変」なのです。しかし，多くの人はそれを「変」だとは感じません。「自分の周りを見渡せば，Ａ型の友人の半分は神経質だから，半分はあたっている」と考えてしまいます。この考え方のどこに問題があるのでしょうか。

（２） 無関連とは

「血液型とパーソナリティには関連がない」という発言をすると，次のような言い方で反論してくる人がいます。

　「でも，私はＡ型で神経質なのですが，なぜですか」
　「でも，私の友人がＢ型でいいかげんなのはどうしてですか」

皆さんの中にも，このような台詞で反論しようと思う人がいるかもしれません。しかし，このような反論を思い浮かべた人は，「関連がない」ということそのものを誤解している可能性が高いのです。

これらの台詞に対する正しい回答は，「そういう人がいても構わない」というものです。あなたがＡ型で神経質であっても，あなたの友人がＢ型でいいかげんでも，問題はありません。そもそもこの発言は，反論になっていないのです。

なぜ問題がないのかについて，説明したいと思います。本書でも，「血液型とパーソナリティに関連はない」と主張しているのであって，「Ａ型の中に神経質な人が一人もいない」とは主張していません。この２つは主張の内容が異

第10章　あなたは人を分類しているか(2)

表 10-2　無関連の状態

	神経質	神経質でない	合計
A型	50	50	100
A型以外	50	50	100

なっているのですが，その違いがわからないことで，誤解が生じているのです。そしてこの違いを理解するためには，「無関連」がどういう状態を指すのかについて理解する必要があります。

　無関連な状態とは，表 10-2 のような状態であることを指します。A型の半数が神経質であり，半数が神経質ではない，さらにA型以外でも半数が神経質で半数が神経質ではないという状態です。このようなとき，A型（A型以外）であることと，神経質である（神経質でない）こととの間には，比率の偏りが見られず，「両者は無関連」だと表現するのです。このとき，「私はA型で神経質です」と言うのであれば，たまたまこの人がA型で神経質なだけであり，不思議なことは何もありません。

　表 10-2 の状態は，次のように考えることもできます。100円玉と10円玉を用意してください。100円玉の表面に「A型」，裏面に「A型以外」と書き，10円玉の表に「神経質」，裏に「神経質でない」と書きます。そして，この100円玉と10円玉を同時に200回投げるのです。すると，その組み合わせは表 10-2 の数字に近くなるはずです。コインの裏が出るか表が出るかは，1／2の確率でランダムに決まります。つまり，表 10-2 は「偶然だけで作られる状態」なのです。

（3）　一部に注目してしまう

　問題は，多くの人がこのように考えていないことにあります。なぜ，無関連だという話を聞いたときに，別のことを思い浮かべてしまうのでしょうか。このことに関連する一つの例を考えてみたいと思います。

　「よく当たる」と言われる宝くじ売り場があることを知っていますか。たとえば名古屋駅には，10年間で100人以上が1億円を手にしたという宝くじ売り場があります。毎回宝くじが発売されると日本全国から購入者が集まって長蛇

の列ができます。しかし，少し脚を伸ばせば並ばずに宝くじを買うことができる売り場もあるのです。

　さて，表10-3のように2つの宝くじ売り場があります。皆さんなら，どちらの店で購入しようと考えるでしょうか。やはり「売り場A」でしょうか。

表10-3　2つの売り場の当たり本数

	当たり
売り場A	10
売り場B	1

　宝くじはあくまでも「くじ」です。もしも購入した店によって当たる確率が異なるようであれば，それは「公平なくじ」ではありません。じつは，表10-3には情報の一部しか表示されていないのです。「外れた本数」「売った合計の本数」という隠された情報を表示すると，表10-4のようになります。このように，売り場Aは売り場Bよりも10倍の宝くじを売っているだけなのです。当たる確率は，AとBで変わりません。しかし，広告では当たった本数だけが表示されます。すると，当たった本数が10倍違うように思う，というわけです。

表10-4　隠された情報を表示すると

	当たり	外れ	合計
売り場A	10	9990	10000
売り場B	1	999	1000

　さて，血液型の話にもどりましょう。表10-5は，「私はA型で神経質なのはなぜですか」と反論してくる人が，おそらく考えているであろうことを表したものです。

　人々は，多くの情報ではなく，情報の一部にだけ注目してしまう傾向があります。そのために「関連がない」という現象を間違って捉えてしまいます。すなわち，表10-5のように，「関連がある」というときに「A型で神経質＝100」（「ある」）と捉えており，それが否定されたら「A型で神経質＝0」（「ない」）と考えてしまうのです。

　言い換えると，「関連がない」と聞いたときに，「関連がないのか，だったら，

表 10-5　少ない情報で考えてしまう

関連ありのイメージ

	神経質
A型	100
A型以外	0

←どちらか→
で考えて
しまう

関連なしのイメージ

	神経質
A型	0
A型以外	100

A型で神経質な人は『いない』ということだな」と勝手に解釈してしまうのです。ですから，「でも私はA型で神経質です。なぜですか？」と尋ね，それが反論になっていると思い込んでしまうのです。先にも述べたように，これは反論になっていません。くり返しますが，「関連がない」と言っているのであって，「そういう人がいない」と言っているのではないからです（「関連がない」という状態は表10-2のような状態です）。

3．確証バイアスとステレオタイプ

（1）欲しい情報だけを手にいれる

　多くの情報の中の一部分だけに注目することは，自分が欲しい情報だけを手にいれる行為にもつながります。たとえば，ある商品がダイエットに効果があると思いこんでいる人にとっては，「その商品を使ってやせた」という情報だけに注目することで安心できます。本当であれば表10-6にあるように，「その商品を使ってやせなかったケース」とか「その商品以外でやせたケース」とか「その商品以外を使ってやせなかったケース」に注目して，その商品をつかってやせたケースがどれくらいあるのかを判断するべきなのでしょうが，なかなかそこまで考えることは難しいのです。

　このように，自分が信じることに合致する情報には簡単にアクセスできるの

表 10-6　一部の情報に注目

	やせた	やせなかった	合計
商品A		?	?
商品A以外	?	?	?

に，自分の信じることに反する情報にはなかなかアクセスできないことを，確証バイアスと言います。

　確証バイアスを確かめる実験として，ウェイソン（Wason, P. C. 1924-2003）による3つ組数字課題（2-4-6課題）が知られています（Wason, 1960）。実験に参加したつもりになって読んでみてください。

◆　◆　◆

　今，出題者はあるルールに従って「2-4-6」という数字を例に出しています。ゲームの参加者であるあなたは，出題者が考えているルールを当てるために，「3つ組の数字」を言い，それがルールに合っているかどうかを出題者に確かめていきます。そして，出題者が考えているルールを当てていく，というゲームです。

- まずあなたは「偶数の増える数」ではないかと思い，「6-8-10」を挙げました。すると，出題者は「『6-8-10』という数列は私のルールに当てはまっています」と答えました。次にあなたは，偶数の増える数という自分のルールに従って「12-14-16」を挙げました。するとそれも「当てはまっている」と言われました。さらに「102-104-106」という数列も当てはまっているということです。そこであなたは自信をもって，「ルールは『偶数の増える数』です」と答えました。ところが出題者は，「私のルールは『偶数の増える数』ではない」と言ったのです。
- 次にあなたは，ルールが「2ずつ足していく数列」ではないかと思い，「22-24-26」を挙げました。すると出題者は，「その数列はルールに合っている」と言いました。次にあなたは2ずつ足す数として「23-25-27」を挙げてみました。するとその数列も「ルールに合っている」と言われたのです。そこであなたは自分の考えが正しいと思い，「ルールは『2ずつ足していく数列』です」と言いました。ところが出題者は，「私のルールは『2ずつ足していく数列』ではない」と言ったのです。
- あなたはこれ以上何も考えられず，途方に暮れてしまいました……。

◆　◆　◆

第10章　あなたは人を分類しているか(2)

さて，出題者が想定しているルールはごく単純なものです。それは「増加する数」というものです。もしあなたが増加していく3つの数を例として挙げるならば（「1-2-3」でも「10-100-1000」でも），出題者はすべて「それは私のルールに合っている」と答えることになります。

ここでの問題は，「偶数の増える数ではないか」と思ったときに「『6-8-10』を挙げてしまう」という点にあります。なぜこれがいけないかというと，偶数の増える数を例として挙げ続けているかぎり，延々と「その数列はルールに合っている」と言われ続け，正解（「増加する数」）にたどり着かないからです。もし，「偶数の増える数ではないか」と思ったならば，偶数の増える数以外の数列を反証の例として挙げて（「1-3-5」など），「それはルールに合っていない」という回答を導きだす必要があります。そうすれば，「偶数の増える数」という仮説が正解に近づいていくのです。

「2ずつ足していく数ではないか」と思った場合も同様です。2ずつ足していくどんな数を挙げても，「それは私のルールに合っている」と言われてしまい，本当にそのルールが正しいのかどうかが不明なままになってしまいます。もし2ずつ足していく数ではないかと思ったならば，1ずつ足す数（「1-2-3」）や3ずつ足す数（「1-4-7」）を例として挙げて，それらを否定してもらわなければいけません。そうしてはじめて，「2ずつ足していく数」という仮説が正解に近づいていくのです。

しかし，通常このような考え方をするのはなかなか大変なことです。「こうではないか」と思うと，その内容に合致する例ばかりが思い浮かび，合致しない情報には思いも及ばない傾向があります。「この食品が万病に効く」と思い込めば，その食品で病気が治った人の情報ばかりに目がいってしまい，治らなかった人の例にはなかなか目が向かないという状況におちいってしまいます。

同じように，血液型性格判断を信じ込んでいれば，当てはまった例ばかりに目が向き，当てはまらない例にはなかなか目が向かない状態になります。血液型性格判断を信じることは，特別なことではないのです。普段の人間の思考プロセスがそこに現れているだけなのです。

（2） 規制しますか？

あなたは、"DHMO"という物質を知っているでしょうか。DHMOは、次のような特徴をもつ実在の物質です。[61]

- DHMOは水酸の一種であり、酸性雨の主成分である。
- DHMOは温室効果を引き起こし、地球温暖化の一因になると言われる。
- 高温時には重篤なやけどの原因となりうる。
- 多くの物質の腐食を進行させ、とくに鉄の腐食には大きな影響を与える。
- DHMOは電気事故の原因となり、また自動車のブレーキにも悪影響を与える。
- DHMOは末期がん患者の悪性腫瘍からも検出される。
- DHMOは工業用の溶媒や冷却剤、原子力発電所、防虫剤などにも用いられている。
- 各種のジャンクフードにもDHMOが添加されており、犯罪者の血中や尿からも多量のDHMOが検出されることが知られている。

あなたはこのDHMOを法律で規制すべきだと思いますか？
　　　　……　はい　／　いいえ

すでに知っている人も、文章を読んで分かった人もいると思いますが、このDHMOは、「水（H_2O）」のことです。それぞれの文章のDHMOの部分を「水」に置き換えてもう一度読んでみてください。

「水は酸性雨の主成分である」「鉄の腐食には大きな影響を与える（さびを生じさせるということ）」「水は末期がん患者の悪性腫瘍からも検出される」「犯罪者の血中や尿からも多量の水が検出される」……当たり前のことばかりだと思えるのではないでしょうか。

人はつい、仮説をもったり先入観をもったりすると、その仮説や先入観に合

---

(61) WikipediaのDHMO［http：//ja.wikipedia.org/wiki/DHMO］を改変。

致する情報を受け入れやすくなってしまいます。「DHMOが危険だ」といったん思うと，目に入ってくる情報が自分の「危険だ」という先入観を確証し，「たしかにそうだ」「そうにちがいない」と思えてしまうのです。

　もう一つ別の例を挙げてみましょう。たとえばあなたが「隣の家に住んでいる人は宇宙人ではないだろうか」と思ったとします。ある夜，隣の家の庭をのぞいてみると，彼はしばらくの間，一生懸命に夜空を眺めていました。またある日の朝，彼にあいさつをすると，彼は何か意味のわからない言葉をぶつぶつとつぶやいていました。別の日，隣に黒いスーツを着てサングラスをかけた人物が尋ねてきました。こういった姿を目にすればするほど，あなたは「隣に住んでいる人は宇宙人にちがいない」という確信をもつようになっていってしまいます。たんにその人は星を眺めるのが好きで，仕事で海外に行くことになり日本ではあまりなじみのない現地の言葉を練習しており，少し変わった服装の友人が遊びに来ただけなのかもしれないのに，です。

　血液型性格判断を信じて自分や人の行動を見る場合にも，同じようなことが起こっていると考えられます。自分が信じていれば，確証バイアスによって，現実からでもインターネットからでも本からでも，数多くある情報の中から自分が信じる事実や記述や出来事を選びとってしまいます。そしてこのような思考のプロセスが，血液型のイメージを固定的なものにしていくのです。

（3）　血液型ステレオタイプ

　ステレオタイプとは，ある社会集団やメンバーに対してもつ一般化されたイメージのことです。「日本人とはこういうものだ」「中国人とはこういうものだ」「男性（女性）とは……」「東大生とは……」「大阪人とは……」「A型の人は……」といったイメージが，ステレオタイプの例です。

　ステレオタイプにはよいイメージも悪いイメージも含まれます。それに対し，特定の集団に対してとくに悪いイメージや感情をもつことを偏見と言い，さらにそれが態度や行動として現れることを差別と言います。

　ステレオタイプはかならずしも悪いものではありません。熱が出てのどが痛

く，鼻水が出て体がだるければ，「風邪の症状の持ち主だ」とステレオタイプ的な判断を行い，たいていの場合はそれで合っています。問題は，第1にステレオタイプを過信してしまってもっと重大な病気を見逃してしまうこと，そして第2にそもそもステレオタイプが間違っているような場合です。

血液型別の集団に対する特定のイメージを，血液型ステレオタイプと言います。しかしそもそも，第9章で説明したように，「ある血液型の人がこういうパーソナリティ上の特徴をもつ」という関連は検証されたものではありません。したがって，血液型ステレオタイプは正しい判断とは言えないものなのです。

ステレオタイプ的な判断を行うのは，一種の「節約」です。おそらく皆さんが本当に尋ねたい・知りたいのは，「その人がどんな人物か？」ということです。しかし，人に向かって「あなたはどんな人ですか？」と尋ねることには抵抗もありますし，尋ねられたほうも困ってしまいます。ですので，代わりに「あなたの血液型は何ですか？」と尋ねるのです。

（4） ステレオタイプは変化しにくい

ステレオタイプは，いったん作られるとなかなか変化しません。その大きな理由は，先ほど説明した確証バイアスがはたらくことによります。

そもそも，人は自分やほかの人の行動をすべて記憶しているわけではありません。多くの行動の中から，注意が向けられたものだけを選んで記憶していきます。自分が信じている情報にはアクセスしやすく，結果的に自分の信念が強固なものになっていくのです。

たとえば「私はA型の人物とは相性が悪い」と思っている女性が，A型の男性とつきあったとします。つきあう中ではいろいろなことが起こり，意見が合わないこともあれば合うこともあります。楽しいこともあればつまらないこともあります。本来であれば，意見が合わなければ話し合えばよいですし，楽しくないのであれば楽しむ方法を考えればよいはずです。ところが，「A型とは相性が悪い」と思っていると，何かネガティブな出来事が起きたときに「やっぱりA型と相性が悪いからだ」と考えてそこで努力を止めてしまいます。そし

て結果的に別れてしまい，「やっぱり相性が悪いんだ」と，自分の信念がますます強まっていってしまうのです。

　このような確信は，よい方向に働くこともあります。イギリスの心理学者ワイズマン（Wiseman, R. 1966- ）の研究によると，「自分は運がいい」という確信をもっている人は，たとえ交通事故に遭ったとしても「まだ生きているなんて運がいい」といったように考える傾向にあるということです。逆に「自分は運が悪い」と確信している人は，足をぶつけただけで「なんて運が悪いんだ」と考えてしまいます。また，運がいいと確信している人は，多くの人に声をかけて人的ネットワークを築きやすく，その結果思わぬところから仕事の話が来たりするなど，実際に利益を得ることもあるそうです（ワイズマン，2004）。

　また，ステレオタイプが変化しにくいもう一つの理由は，自分のステレオタイプに合わない例を「例外」として処理してしまうことにあります。

　授業で，「自分はじゃんけんが強い」と思っている学生と，「自分はじゃんけんが弱い」と思っている学生とで，実際にじゃんけんをしてもらったことがあります。50回じゃんけんをした結果は，25対25で引き分けでした。しかしおそらく，「じゃんけんが強い」と思っている人は勝った場面をよく覚えており，負けた場面はあまり覚えていないのでしょう。逆に「じゃんけんが弱い」と思っている人は負けた場面をよく覚え，勝った場面をあまり覚えていないと考えられます。自分の信念に合った情報にアクセスしやすく，自分の信念に合わない情報は切り捨てられやすいのです。

　もしかすると，「自分は他者の血液型を当てることができる」と信じている人も同じかもしれません。当たった例だけを記憶していき，外れた場面は「たまたまだな」と記憶から消していきます。結果的に，「自分は血液型を当てられる」という確信が強まっていくというわけです。

（5）事例を一般化することの困難さ

　本書のような説明を聞いても，やはり「自分に実感できるから当たっているはずだ」と思う人はいるはずです。しかし，個人の経験だけから一般的な法則

を導き出すことは，非常に難しい場合があるのです。

たとえば，生後1カ月の赤ちゃんに湿疹ができたとしましょう。夫婦は娘の湿疹を何とかしようと思って，次の3つを試してみました。

　a．石けんを変えた
　b．泡立ての方法を変えた
　c．ローションの種類を変えた

その結果，見事に湿疹は治りました。しかし，ここで問題です。いったい，何が原因で治ったのでしょうか。

石けんを変えたのがよかったのかもしれませんし，泡立ての方法を変えたのがよかったのかもしれませんし，ローションを変えたのがよかったのかもしれません。もしかすると，石けんと泡立ての組み合わせが効いたのかもしれませんし，石けんとローションの組み合わせがよかったのかも，泡立てとローションの組み合わせがよかったのかもしれません。いや，もしかすると，3つ全てがそろってはじめて湿疹が治ったのかもしれません。

他にも可能性はあります。たとえば，夫婦が気づいていない第4の原因があるかもしれません。たまたまミルクの種類を変えていたとか，タイミングよく涼しい季節に変わったのかもしれません。このように考えると，ミルクと石けんの組み合わせや季節と泡立ての組み合わせなども考えていかなければならず，組み合わせは膨大な数になっていきます。

さらに，もしかすると「何もしなくても治った」という可能性も考えることができます。乳児期の湿疹の中には，自然に治るものもあるそうです。あるいは，何かに触れて一時的に湿疹が出ただけなのかもしれません。この場合にも，何を試しても結局は「治る」ことになりますので，「いずれも湿疹が治った原因ではない」ということになります。

本来であれば，一つずつ原因を確かめていけばよいのでしょう。しかし，自分の子どもに湿疹ができて何とかしてあげようとしているとき，あれこれとよいと言われるものを全てやってみようとするのが自然な姿ではないでしょうか。こうして結果的に，何がよかったのかが分からないままになるのです。

ところが私たちは，通常このような場合に，「分からないまま」にしておきません。たいていは，どれかもっともらしそうな要因に注目して，「これがよかったから治ったんだ」と考えてしまいます。そして，「この石けんがよかったよ」とか「この泡立て方が効く」といった話が日本中，世界中でくり返され，「湿疹にはこの石けん」といった情報がかけめぐることになります。インターネットで検索してみれば，このような情報であふれ返っていることが分かるのではないでしょうか。

　もしもあなたが，「私の周りの友人は×型ばかりだから，血液型とパーソナリティには何か関係があるに違いない」と思ったとしても，やはりあなたの友人の数は限られています。あなたが，「私の友人はB型でわがままだからやっぱり関連がある」と考えても同じです。本当はそうではない人も多数いるにもかかわらず，自分が経験していることだけを全てに当てはまると考えてしまっているのです。子どもの湿疹の例のように，個人の体験をそのまま一般的な法則として当てはめるのは，非常に難しい問題がともなうのです。

4．信じることの是非

（1）血液型の話題を否定したらどうなる？

　多くの日本人は，積極的に血液型と性格との関連を肯定しているわけではなく，話題に出てきたときにその会話に乗って話をしているだけなのかもしれません。たしかに血液型の話題は，初対面の相手に向かって気軽に切り出すことができる，便利な話題と言えるでしょう。しかし，血液型の話題が好きでない人にとっては，「参加しなくてはいけない」という暗黙の圧力が感じられるのではないでしょうか。

　たとえば，「あなたは何型？」と血液型を尋ねてきた相手に向かって，「じつは，血液型と性格には関係がないと言われているんだよ。その理由はね……」と話しはじめる場面を想像してみればよくわかります。きっと，「なんでこの程度の話題で否定するの？　空気の読めない人だな！」という反応を返してく

ることでしょう。

　世の中で血液型の話題は，当たりさわりのない話題であると認識されています。だから初対面でも相手の血液型を聞きやすいし，聞いても相手は気軽に答えてくれると思っています。そして，「そこから話題が広がっていくこともあるじゃないか」とも認識されています。それだけに，血液型性格判断を面と向かって否定しづらい，暗黙の圧力が存在しているとも言えるのです（菊池・宮元・谷口，1995）。

（2）　遊びの中で
　多くの人は，血液型性格判断を本気ではなく「遊びだ」と割り切って楽しんでいることでしょう。血液型を話題にすることは，あたりさわりのない，とくに問題になるような会話だとは認識されていません。初対面の相手に挨拶代わりに血液型を尋ねることもできますし，友人とも血液型の話題で盛り上がることがあるなど，会話の潤滑油になると考えている人も多そうです。

　また多くの人は，「血液型ですべてが決まるわけではない。半分くらいしか当たっていないのだから」と思っているのではないでしょうか。しかし，「半分当たっている」という考え方が正しくないことは，すでに説明したとおりです。

　たしかに友人や仲間同士の話題として楽しんでいる分には，問題は少ないかもしれません。ただ，「なぜ楽しいのか」は考えておいた方がよいでしょう。

　その最大の理由は，「当たっているような気がするから」ではないでしょうか。「やっぱり○○さんは×型っぽいよね」と言ったときに，「そうそう！」という反応が返ってくるから楽しいのです。「え？　そうなの？」という否定的な反応や無関心な反応が返ってくるようであれば，この話題をくり返そうとは思わないでしょう。

（3）　次第に信じるようになる
　「当たっているように感じる」ことは，ステレオタイプを確証していくこと

につながります。何となく思っていることでも、周囲の人から「そうそう！」という反応を得ることで、「やっぱり関連するよね」という信念を強めていってしまうことになるからです。

「そこまで強く信じていない」という人であっても、日常生活の中で何度もくり返し自分の意見が確かめられていけば、その意見を信じるようになっていってしまうことは十分に考えられます。すると、「何となくの関連」が「当たり前」「事実」「絶対」と感じられるようになっていきます。すると、重大な決定場面で血液型を使うようになってしまうかもしれません。

筆者がこれまでに聞いたことがある例をいくつか挙げてみましょう。

◆　事例１　◆

以前ある大学で講義をしたときのことです。授業の感想に、次のような相談を書いてきた女子学生がいました。

「私の彼は血液型性格判断を信じていますが、私は自分の血液型をまだ知りません。自分の親の血液型から考えると、私はＯ型かＢ型です。ところが彼は、私がもしＯ型だったら別れないが、Ｂ型だったら『別れる』と強く主張しているのです。そして、一緒に献血に行って、血液型を確かめようと迫ってきます。いったいどうしたらよいのでしょうか」

いったい彼は「何と」つきあっているのでしょうか。

◆　事例２　◆

別の大学で授業をしたとき、一人の女子学生が次のような感想を提出しました。

「私はどうしてもＡ型の男性とは相性が悪いので、二度とつきあわないことにしています。もし話しかけられても、Ａ型だと分かったら、無視することにしています」

彼女は、４割もの日本人男性と「絶対につきあわない」と宣言してしまっています。本当にもったいないことです。

◆　事例３　◆

また別の大学で学生から聞いた話です。その学生は、あるチェーン店のアル

バイトの面接を受けにいきました。すると，社員から最初に「あなたの血液型は何ですか？」と尋ねられたそうです。彼が「Ａ型です」と答えると，面接していた社員は次のように答えたそうです。「今回はＯ型しか採用しないことになっているのですよ」と。どうやら，「店長に向いている血液型」といったものがあるらしく，今回はＯ型だけを採用しようとしているのだということです。

　百歩譲ってそれでもよいとしましょう（もちろんよくはない）。せめてアルバイトの募集広告に堂々と「Ｏ型のアルバイト募集！」と明記すべきではないでしょうか。わざわざ彼は電車賃と時間を使って面接に行っているのですから。

◆　◆　◆

　事例１の「Ｂ型だったら別れる」と主張する彼氏は，幼い頃からこのような考えをもっていたわけではないでしょう。人々とやりとりをくり返す中で，「やっぱりＯ型とは相性がいいんだ」「やっぱりＢ型とは相性が悪いんだ」という確証を強めていき，このように主張するまでになってしまったのだと考えられます。

　事例２の「Ａ型とはつきあわない」と主張する女子学生も同じです。これまで何人かとつきあってきた中で，「やっぱりＡ型とは相性が悪い」という確信を強めてきたはずです。たとえそれが，「Ａ型とは相性が悪い」という先入観をもつことによって，出来事を選択して認識しているだけだとしても，彼女にとってこれはリアルな経験なのです。

　事例３の「Ｏ型しか雇わない」と主張する社員も同じです。もしかすると最初は，本やインターネットで「Ｏ型が店長に向いている」という情報を得ただけなのかもしれません。そして，周囲の店長を見回したときに，たまたま数人の有能なＯ型の店長がいたのでしょう。

　繰り返しになりますが，現在のデータからは，血液型とパーソナリティ（性格・気質）との間にはとても恋愛や仕事に役立てられるような明確な関連は見つかっていません。本来関連のない事柄で，何か重大な判断を下すというのは望ましいことなのでしょうか。もしかしたら，「相性が悪い血液型」と思っている相手の中に，一生つきあっていけるような異性がいるかもしれませんし，

第10章　あなたは人を分類しているか(2)

「この仕事に向いていない血液型」の中に売り上げを大きく伸ばす人材がいるかもしれません。そういう機会を失ってしまっているとも言えるのです。

(4) ネガティブなイメージの血液型

　これもある女子学生が書いてきた感想です。

　「私はB型なのですが、いつもそれで嫌な気分になることがあります。私の周りの人たちは、私がB型だと言うと『わがまま』だとか『いいかげん』だとか悪いことばかり言いはじめるのです。だから最近私は、血液型を聞かれても『O型だよ』と嘘をつくことにしています」。

　日本では、B型とAB型に対してネガティブ（否定的）なイメージがあります。たとえば図10-1は、10数年前に筆者が看護学校生（すべて女性）を対象に行った意識調査の結果です。グラフの白い棒は「よいイメージ」、黒い棒は「悪いイメージ」と回答した人数を表しています。これを見て分かるように、明らかにA型とO型のイメージがよく、B型とAB型のイメージは悪い方向に偏っています。

　表10-7は、それぞれの文章にどの血液型の人が当てはまるかを、318名に尋ねた結果です。「隣には住みたくないタイプ」でB型と答えた人は約18％、

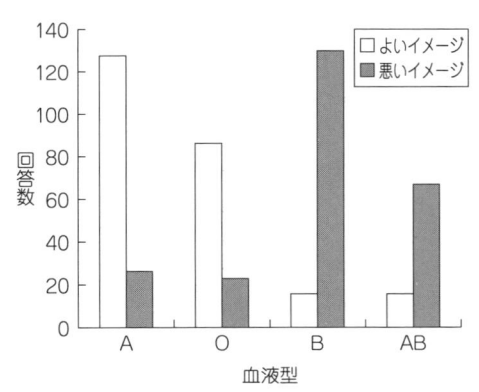

図10-1　各血液型の良し悪しイメージ
（小塩, 2007；小塩・中間, 2007より）

表 10-7　各血液型のイメージ（佐藤，1994より）

(％)

	A	O	B	AB	なし
隣には住みたくないタイプ	6	2	18	20	51
仲間として一緒のクラブに入りたくないタイプ	6	2	9	13	64
結婚したくないタイプ	10	3	12	22	50
自分には好きになれないタイプ	5	2	12	14	60

表 10-8　血液型別好きな血液型と嫌いな血液型（山岡，2009より作成）

(％)

	好きな血液型				嫌いな血液型			
	A型	O型	B型	AB型	A型	O型	B型	AB型
A型の人	48.9	30.6	10.8	9.7	11.4	16.4	63.9	8.2
O型の人	40.8	28.2	25.1	5.9	38.2	10.5	28.9	22.4
B型の人	21.6	29.9	38.1	10.4	57.3	27.4	6.1	9.2
AB型の人	24.2	17.2	22.2	36.4	30.7	45.8	17.5	6.0

AB型と答えた人は約20％でした。「仲間として一緒のクラブに入りたくないタイプ」でAB型と答えた人は約13％，「結婚したくないタイプ」でAB型と答えた人は約22％もいます。「自分には好きになれないタイプ」でB型と答えた人は約12％，AB型と答えた人は約14％でした。もちろん，半数以上の人は「該当する血液型はいない」と答えているのですが，残りの半数はいずれかの血液型を回答しています。

　表10-8は，それぞれの血液型別に好きな血液型と嫌いな血液型を尋ねた結果です（山岡，2009）。各血液型の人々が好きな血液型は，O型を除いて皆自分とおなじ血液型を挙げています。また嫌いな血液型としては，A型の人はB型を，O型の人は自分以外の血液型を，B型の人はA型を，AB型の人はO型とA型を挙げる傾向にあることが分かります。これらのことは，血液型に注目することが，自分以外の血液型の人々に対する嫌悪や否定的な態度に結びつく可能性があることを示しています。

（5） 遺伝と差別

　ABO式の血液型は遺伝によって決定され，ほとんどの場合は生涯を通じて変わることはありません(62)。そして，4つの血液型にはそれぞれ特定のイメージが付随しており，多くの人々にステレオタイプが形成されています。

　遺伝という要因に，ネガティブなイメージが結びつくという構図は，人種差別や性差別と同じです。たとえば，人種も遺伝によって決定され，自分で変えることはできません。そして本来そうあるべきではないのですが，特定の人種にはネガティブなイメージがともない，偏見をもった目で眺め，実際に行動がともなうようになると人種差別となります。性差別も同じです。性別も遺伝によって決定され，簡単にそれを変えることはできません。そして，特定の性別（ほとんどは女性でしょう）にネガティブなイメージがともない，実際の態度や行動となって現れると，性差別となります。

　血液型も同じです。表10-6で見たように，すべての人がB型やAB型をネガティブに捉えているわけではありません。しかし中には，「つきあいたくない」「結婚したくない」「隣に住みたくない」という人も少なからずいるのです。もしそれが態度や行動に現れれば，差別と同じになります。このような，特定の血液型に対してネガティブな言動をとることによって不快感を生じさせることを，ブラッドタイプ・ハラスメントといいます（佐藤，1994）。

（6）「差別するつもりはない」？

　「まさか，差別するつもりなんてない」と反論する人もいるでしょう。しかし，差別は「よし，やってやろう」と思ってするものではありません。「それ

---

(62) 骨髄移植（造血幹細胞移植）を行った場合には，患者はドナー（提供者）の血液型に変わります。骨髄移植で「性格が変わった」という話もあるのですが，その治療が必要になるような重病を患い，幸運にも治療に成功する経験をすれば，物事の考え方に多少の変化があっても不思議ではないでしょう。また，生後間もなく行った血液検査では，血液型の判定がうまくいかないこともあるようです。「調べてみたら以前言われていた血液型と違っていた」というケースは，このためである可能性があります。

が当然のことだ」と思ってすることなのです。もしかすると，差別を行う人々の中には，自分が差別をしていることにも気づいていない人がいる可能性すらあります。

　それでも，「血液型で差別だなんて」と思う人がいるでしょう。では，次の文章を読んでみてください。

　　「私は天然パーマの男性とは相性が悪いので，つきあいたくない」

　あなたの友人がこのような発言をしたら，「何を言っているの？」と不思議に思うのではないでしょうか。普通は，「天然パーマ」と「相性の悪さ」が結びつくようには思えません。では次の文章はどうでしょうか。

　　「私はＢ型の男性とは相性が悪いので，つきあいたくない」

　天然パーマでは違和感があるのに，なぜＢ型だと違和感がなくなるのでしょうか。しかし，天然パーマもＢ型も，遺伝によって決定されるという点では同じです。天然パーマはストレートパーマを当てることで隠すことができ，血液型も偽って言うことはできるのですが，「周りの人によく思われないので」という理由で偽るのは何かおかしい気がします。では次の文章はどうでしょうか。

　　「私は背の低い男性とは相性が悪いので，つきあいたくない」

　体重とは違い，背の高さは自分ではほとんどコントロールすることができません。自分ではどうしようもない要因で「つきあいたくない」と言われると，言われた方は無力感を覚えるかもしれません。では次はどうでしょうか。

　　「私は黒人の男性とは相性が悪いので，つきあいたくない」

　知識として人種差別が望ましくないということは，多くの人が理解していることでしょう。では次の文章はどうでしょうか。

　　「私は大阪生まれの男性とは相性が悪いので，つきあいたくない」

「私は中国生まれの男性とは相性が悪いので，つきあいたくない」

　天然パーマや血液型，肌の色といった遺伝要因も，身長といった遺伝から大きく影響を受ける要因も，どこで生まれ育つかも，本人にはどうしようもないことです。では，「天然パーマは相性に関係ないけれど血液型は関係する」とか，「黒人とつきあいたくないというのはダメだけれど血液型ならいい」と言えるのでしょうか。遺伝要因など本人にはどうしようもない要因によって決定される属性だけを根拠として，その本人の詳しい情報を得ることなく，否定的評価を下しているという点では，どの文章も同じことです。

　天然パーマの男性の中には，あなたに合う人も合わない人もいます。B型の男性の中にも，あなたに合う人と合わない人がいるのです。同じように，背が低い人の中にも，黒人の中にも，大阪人の中にも中国人の中にも，あなたに合う人と合わない人がいるのです。あなたに合うかどうかは，これらの属性で決まるのではありません。実際の対人関係の中で決まることなのです。

（7）「人数の少なさ」がイメージに与える影響

　アメリカの社会心理学者のハミルトンとギフォード（Hamilton, D. L., & Gifford, R. K., 1976）は，錯誤相関（illusory correlation）の実験を行っています。この実験では，架空の2つの集団に所属する人々の行動が示されます。A集団では望ましい行動を示す人が18人，望ましくない行動を示す人が8人含まれています。その一方でB集団では，望ましい行動を示す人が9人，望ましくない行動を示す人が4人含まれています。A集団とB集団の望ましい行動・望ましくない行動の比率は同じで，人数が異なっているというわけです。

　これら合計39件の情報をランダムに人々に見せます。すると，情報を見ている人々はおおまかに，所属人数の多いA集団を「望ましい集団」，所属人数の少ないB集団を「望ましくない集団」だと認識し，B集団の望ましくない行動を「多い」と判断する傾向があることが明らかにされました。

　さて，この実験と同じことが，血液型でも生じているのではないでしょうか。

日本人の血液型比率は，A型が約40％，O型が約30％，B型が約20％，AB型が約10％です。もしあなたに日本人の友人が5人いれば，確率的にそのうちB型は1人，AB型は1人いるかいないか半々の確率になります。⁽⁶³⁾日本においてB型やAB型というのは，ハミルトンとギフォードの研究でいう人数の少ない集団に相当します。

　さらに，血液型の話題が使われる場面も関係するように思います。5人の日本人が仲間同士で話をしている場面を想像してみてください。その中には平均してB型が1人，AB型は1/2の確率で1人（平均0.5人）がいることになります。そして，「○○って，こんなことして。やっぱり×型だからしょうがないよね」といった会話が行われます。往々にして，失敗の原因を血液型に求めるような発言がなされるのですが，やはりその場にいない人や，人数が少ない人が話題になることが多いのではないでしょうか。このようなことが日本国中でくり返され，しだいにB型とAB型のイメージが悪くなっていく，ということがあるかもしれません。

　「AB型はよく分からない」という発言には，明らかにAB型の人数比率の少なさが表れています。AB型は人数が少ないために（B型の半数しかいない），B型よりも「そうそう，こんな特徴」という同意が得られにくいと考えられます。「自分の周りにはこんなAB型の人がいる」という話を話題にしても，その相手にはAB型の友人がいなかったり，違う特徴のAB型がいたりするために，イメージが確定しにくいのです。それにくらべてB型はまだ多くの人がいますので，「そういえばそんなところがあるかも」という同意を得られやすいと言えます。いずれにしてもこれは，B型とAB型の人にとっては不幸な状況です。

（63）　あくまでも確率の話なので，この文章を読んでいるあなたに5人のAB型の友人がいてもおかしくありません。たとえば，5人の日本人の友人全員がAB型である確率は，$(1/10)^5$で10万分の1の確率ですが，5人の友人がいる日本人が1000万人いれば，そのうち100人の日本人は5人の友人全員がAB型になると期待されます。

（8） 血液型性格判断にロマンはあるか？

　「血液型とパーソナリティには関連がない」という話をすると，「ロマンがない」「夢がない」という反応をする人もいるようです。しかし，血液型性格判断に「ロマン」や「夢」はあるのでしょうか。

　人々を本人の努力ではどうしようもない遺伝要因で分類し，いくつかのグループをつくります。そしてそれぞれのグループに，本当は何の関連もない誰にでも当てはまるような特徴を当てはめます。それぞれのグループに当てはめられる特徴の中にはポジティブなものもネガティブなものもありますが，特定の集団にはよりポジティブなイメージが，別の集団にはよりネガティブなイメージが形成されていきます。失敗したりうまくいかなかったりしたときには，「○○だからだ」と，その原因・理由をその集団に属していることに求めます。そしてそのことを周囲の人々に話し，承認し合うことで「やっぱりそうだ」と自分の信念を確証していきます。それが日々繰り返され，自分の信念がますます訂正できなくなっていき，「これは絶対関連があるに違いない」という確信をもつようになります。するとそのうち，「このグループの人じゃないとつきあえない」「このグループの人は好きになれない」と言い出すようになります。しかも言っている本人は，「好きになれない」というグループに属する人々が不快感を抱いていることに気づいていません。不快感を抱く人々の中には，自分がそのグループに属することを隠そうとする人もいるのです。

　……このようなプロセスのどこかに，「その人をよく理解しよう」という姿勢があるのでしょうか。個人個人の性格を大切にしようとする姿勢があるのでしょうか。ある一つの特徴だけで人々を分類し，単純な判断をしているだけではないでしょうか。このような考え方にロマンや夢があるとはとても思えないのですが，みなさんはどう思うでしょうか。

（9） 分類することは人間の本質的な特性

　しかし，おそらくこのような見方をするのが人間の一つの本質的な特性なのでしょう。

人々をいくつかのカテゴリに分け，その特徴を論じることは，ヒポクラテスやガレノスの例にもあるように，少なくとも2,000年以上の歴史があります。もしも今後，日本で血液型性格判断が下火になれば，また新たな形を変えた分類基準が登場するに違いありません。東南アジアの国々では生まれた日の曜日で性格判断を行いますし，欧米では星座を尋ねるのが一般的です。日本で始められたmixiのプロフィール欄に血液型の項目がありますが，アメリカのソーシャル・ネットワーキング・サービスであるFacebookのプロフィール欄には，血液型ではなく星座の欄が用意されていました。ちなみに，Facebookが日本に進出したあとで，日本語版には血液型の欄が用意されています。同じようなことは，他の地域でもおそらく見られることでしょう。人はつい，人々を分類し，類型化して捉えてしまうのです。

　それは私も含め，皆さんも同じです。学生時代，部活動などをしていて「今年の新入生は……」と文句を言った経験はないでしょうか。これと同じ構造のまま，大学教員であれば「今時の学生は……」と言い，会社員であれば「今年の新入社員は……」と言い，年をとれば「最近の若いものは……」と言うだけなのです。これらは，「年代」によるカテゴリ分けを行って，優劣を論じていることになります。人々はつい，こういうことを考えてしまいがちです。だからといって，この傾向を放っておいてよいというわけではありません。放っておけばこういったことが起こるのだということを，自覚しておくことが重要です。

文献

Forer, B. R. (1949). The fallacy of personal validation: A classroom demonstration of gullibility. *Journal of Abnormal and Social Psychology,* **44**, 118–123.

Hamilton, D. L., & Gifford, R. K. (1976). Illusory correlation in interpersonal perception: A cognitive basis of stereotypic judgments. *Journal of Experimental Social Psychology,* **12**, 392–407.

菊池　聡・宮元博章・谷口高士（1995）．不思議現象　なぜ信じるのか：こころ

の科学入門　北大路書房
能見正比古（1973）．血液型人間学　あなたを幸せにする性格分析　サンケイ新聞出版局
小塩真司（2007）．実践形式で学ぶSPSSとAmosによる心理・調査データ解析　東京図書
小塩真司・中間玲子（2007）．あなたとわたしはどう違う？：パーソナリティ心理学入門講義　ナカニシヤ出版
佐藤達哉（1994）．ブラッドタイプ・ハラスメント―あるいはAB型の悲劇　現代のエスプリ, **324**, 154-160.
上村晃弘・サトウタツヤ（2006）．疑似性格理論としての血液型性格関連説の多様性　パーソナリティ研究, **15**, 33-47.
Wason, P. C. (1960). On the failure to eliminate hypotheses in a conceptual task. *Quarterly Journal of Experimental Psychology,* **12**, 129-140.
ワイズマン，R.　矢羽野薫（訳）（2004）．運のいい人，悪い人：運を鍛える四つの法則　角川書店
山岡重行（2009）．血液型性格判断の差別性と虚妄性　日本パーソナリティ心理学会第18回大会

第11章 遺伝と環境はパーソナリティにどのようにかかわるのか
——双生児の研究から

　この章では，双生児や養子のきょうだいを研究対象とする行動遺伝学の研究成果を中心として，パーソナリティに及ぼす遺伝と環境の影響について説明します。ただし，「どのように考えるのがよいか」という観点を中心に説明したいと思います。これまでにも繰り返し説明してきたように，遺伝と環境の影響をどのように考えるかは，私たちの考え方全般にも大きな影響を及ぼす可能性があります。

1. 双子に注目する

（1）　一卵性双生児と二卵性双生児
　双子には，一卵性双生児と二卵性双生児がいます。
　一卵性双生児は一つの受精卵が何らかの理由で2つに分割したものであり，その分割した2つの受精卵はまったく同じ遺伝情報をもちます。それに対して二卵性双生児は2つの卵のそれぞれに別の精子が同時に受精したものです。双子の出産の確率は一卵性双生児，二卵性双生児ともに1,000回の出産のうち4回ほどになります。[64] 一卵性双生児が互いにまったく同じ遺伝情報をもつのに対

---

[64] ちなみに，妊娠初期に超音波を用いて調べてみると，妊娠の8回に1回もしくはそれ以上の割合で複数の胚（初期の発生の状態）が見られますが，ほとんどの場合，これは妊娠後数週間で見られなくなるため，通常は医師も母親もその存在には気づかないことが多いそうです（Clark & Grunstein, 2000 鈴木訳, 2003）。もしかすると母親のお腹の中では皆さんにも，双子のきょうだいがいたのかもしれません。

し，二卵性双生児では約50％が同じ遺伝情報をもちます。なお，父親（母親）と子，双生児ではないきょうだい間も二卵性双生児と同じように，約50％の遺伝情報が同じになります。

　もしも，きょうだいが同じ家庭で育った双生児を比較したときに，一卵性双生児と二卵性双生児でパーソナリティの類似度（どの程度似ているか）が大きく異なっているのであれば，そこには何らかの形で遺伝が影響を及ぼしていると推測されます。これまでに，数多くの研究において，一卵性双生児と二卵性双生児のデータが集められているのです。

　一緒に誕生したきょうだいが一卵性双生児であるか二卵性双生児であるかは，血液や口腔粘膜細胞を使ったDNA解析によって診断することができます。しかし費用がかかるので，身長や体重の類似度や，どれくらいきょうだいと間違えられた経験があるかなどを尋ねる質問紙で診断することも多いそうです。この質問紙は，DNA解析の結果と比較して94％以上の精度があると言われています（Jang, 2005 安藤・大野監訳, 2007）。

（2）双生児のきょうだい間の相関係数

　図11-1は，一卵性双生児と二卵性双生児のきょうだいの類似性を，ビッグファイブの5特性（第6章 p.94参照）それぞれとIQ（知能指数）について見たものです。グラフの棒の高さは相関係数を表します（相関係数については第3章p.50を参照）。棒が高くなるほど，きょうだいで似ており，逆に棒が低くなるほどきょうだいで似ていないことを表します。

　図11-1を見て分かるように，ビッグファイブの5つの特性とIQすべてにおいて，明らかに一卵性双生児のきょうだいの方が二卵性双生児のきょうだいよりも類似しています。一卵性双生児のきょうだいも二卵性双生児のきょうだいも，それぞれ同じ家庭で育っています。「一卵性双生児と二卵性双生児では，家庭内の扱われ方に違いがあるのではないか」と思う人もいるかもしれませんが，その扱われ方の違いで，ここまで差が生じるものなのでしょうか。

　ここで表されている相関係数を散布図で表すと，図11-2のようになります

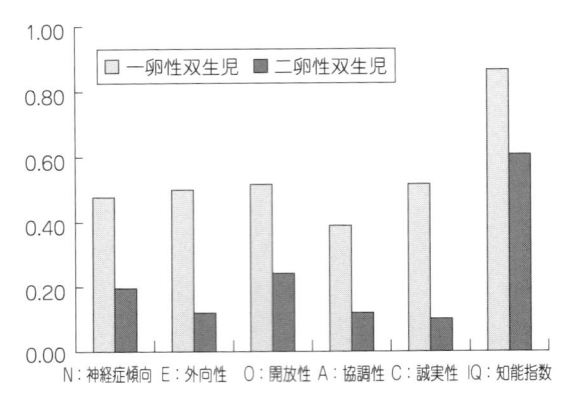

図11-1　一卵性・二卵性双生児きょうだい間のビッグファイブとIQの相関（安藤，2006；プロミン，1994に基づき作図）

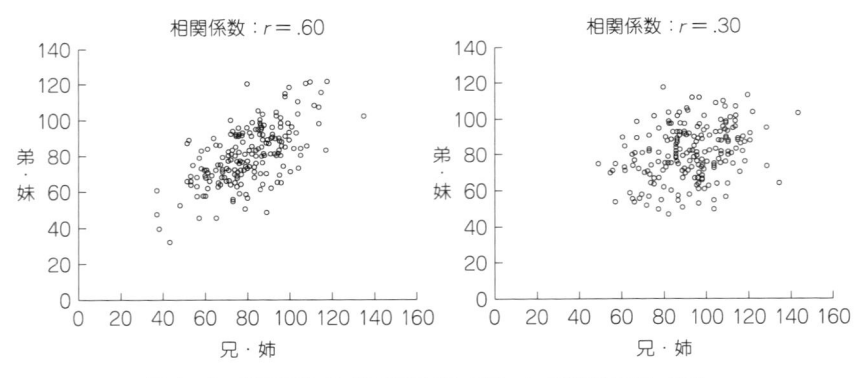

図11-2　相関係数が.60の散布図（左）と.30の散布図（右）

（実際のデータではなく，あくまでもイメージです）。図11-2の左側は相関係数が$r=.60$の散布図，右側は$r=.30$の散布図です[65]。左側の散布図の方が，右上がりのまとまりをより強くもっていることが分かると思います。

「一卵性双生児のきょうだいの方が二卵性双生児のきょうだいよりも類似している」と言うときは，図11-2の左右のグラフにおける点の集まりの形状の

---

[65] 相関係数の記号は「r」（小文字のr）を使います。

差を表しています。つまり，一卵性双生児の方が二卵性双生児よりも，「兄（姉）が高ければ弟（妹）も高い」「兄（姉）が低ければ弟（妹）も低い」という関係が，より成立していることを意味しているのです。相関係数を用いたときの「似ている」ということの意味を理解してほしいと思います。

2. 遺伝と環境に関する考え方の基本

（1） 特性で考える

ここでは，「パーソナリティが遺伝する」と言うときの基本的な考え方を説明したいと思います。

まず重要なことは，パーソナリティを類型ではなく，連続的な量で表される「特性」で考えることです。これまでに説明してきたように，パーソナリティは身長や体重と同じように，「明るい・暗い」といったカテゴリではなく，「明るいから暗いまで」の細かい段階をもつ，連続的な「量」として表現することができます[66]。

パーソナリティを類型で考える場合と，特性で考える場合とでは，その「原因となるもの」の考え方も大きく異なってきます。とくに，次に説明するように遺伝情報の一つ一つは「カテゴリ情報」ですので，その遺伝がどのように影響するかという点で，考え方が変わってきます。

（2） カテゴリで表現される表現型への遺伝

皆さんになじみがある遺伝のモデルは，メンデルの遺伝モデルだと思います。そこでは，「丸い種子」と「しわのある種子」が例として出てきます。しかし，「丸」と「しわ」の中間はなかったはずです。血液型の遺伝も同じです。つまり，メンデルの遺伝の法則は「類型論」にうまく適用できる法則なのです。

---

(66) 繰り返しになりますが，もちろん，パーソナリティは直接測定することはできないという点で，身長や体重とは異なっています（第1章から第3章を参照してください）。

たとえば，血液型を例にとってみましょう。血液型は遺伝で決まります。血液型の遺伝型にはA，B，Oの3つがあり，それらの2つの組み合わせで，表現型としての血液型が現れます。なお，遺伝型とは遺伝子の型であり，表現型とは表に目に見える形で表れたものを指します。

  表現型 遺伝型
- A型 ……AA，AO
- B型 ……BB，BO
- O型 ……OO
- AB型 ……AB

このように，同じA型にも遺伝型としては2種類があり，AAの遺伝子型をもつ人とAOの遺伝子型をもつ人がいます。同じように，表現型はB型であっても，遺伝型にはBBとBOがあります。O型とAB型は，表現型と遺伝型が一致しています。ちなみに，輸血を行うときには遺伝型は関係ありません。遺伝型がAAであろうとAOであろうと，表現型が同じA型であれば輸血に問題は生じません。

 血液型の遺伝子は，当然のことながら両親から受け継がれます。図11-3に，血液型の遺伝の例を示します。上の図は，両親がA型（遺伝子型はAO）である場合に，子どもがとり得るパターンです。この場合には，子どもは4分の3の確率でA型，4分の1の確率でO型になります。

 図11-3の下の図は，母親がA型（遺伝子型AO）で父親がB型（遺伝子型BO）である場合の子どものとり得るパターンです。この場合には，4分の1の確率で，子どもはすべての血液型をとり得ることになります。

（3）誤ったパーソナリティの遺伝モデル

 連続的に変化するパーソナリティに，図11-3のようなモデルを適用するこ

（67）血液型の章（第9章）に書きましたが，この遺伝子型による血液型性格判断や占いもあります（もちろん明確な関連は見出されていません）。

第11章　遺伝と環境はパーソナリティにどのようにかかわるのか

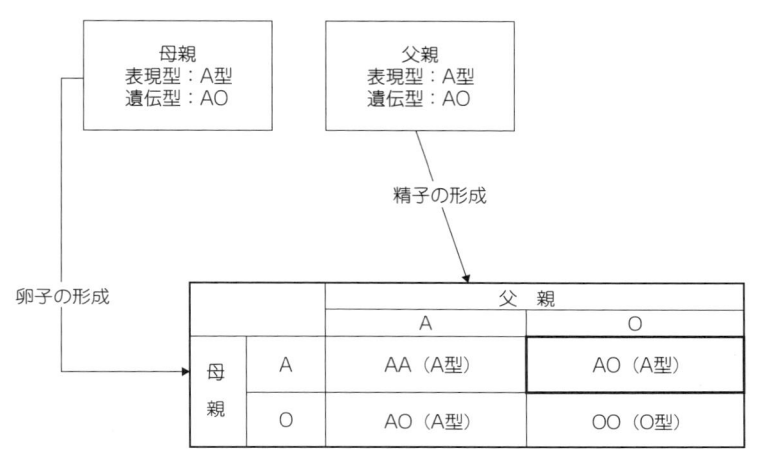

```
┌─────────────┐        ┌─────────────┐
│ 母親        │        │ 父親        │
│ 表現型：A型 │        │ 表現型：A型 │
│ 遺伝型：AO  │        │ 遺伝型：AO  │
└─────────────┘        └─────────────┘
                            │
                         精子の形成
                            ↓
```

		父　親	
		A	O
母親	A	AA（A型）	AO（A型）
	O	AO（A型）	OO（O型）

（卵子の形成）

子どもの遺伝型
　　AA：AO：OO＝1：2：1
子どもの表現型
　　A型：O型＝3：1

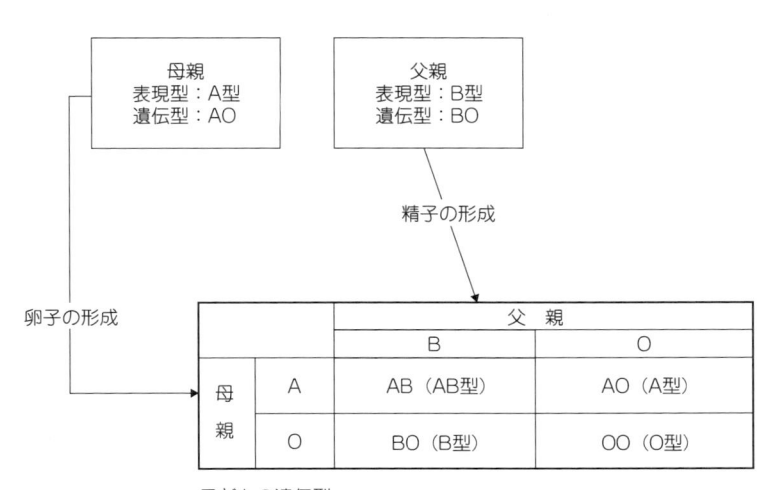

```
┌─────────────┐        ┌─────────────┐
│ 母親        │        │ 父親        │
│ 表現型：A型 │        │ 表現型：B型 │
│ 遺伝型：AO  │        │ 遺伝型：BO  │
└─────────────┘        └─────────────┘
                            │
                         精子の形成
                            ↓
```

		父　親	
		B	O
母親	A	AB（AB型）	AO（A型）
	O	BO（B型）	OO（O型）

（卵子の形成）

子どもの遺伝型
　　AB：AO：BO：OO＝1：1：1：1
子どもの表現型
　　AB型：A型：B型：O型＝1：1：1：1

図11-3　A型（AO）どうしの遺伝（上）とA型（AO）・B型（BO）の遺伝（下）

とはできるでしょうか。

　たとえば,「明るいパーソナリティ」に影響する遺伝子があり，その遺伝子をもっていたら「明るいパーソナリティ」に，もっていなかったら「暗いパーソナリティ」になるという関係を考えてみましょう。すると，成長の段階でいくら環境が影響したとしても，明るさにある程度遺伝の影響力があるようであれば，人々の明るさを測定したときには「2段階」の痕跡が観察されるはずです。では,「明るいパーソナリティ」に影響する遺伝子が2つあると考えてみましょう。2つの遺伝子をもっていたら「明るい」，片方をもっていたら「中間」，両方もっていなかったら「暗い」となります。この場合も同じように，成長の段階で環境が影響したとしても，明るさにある程度遺伝の影響力があるのであれば,「3段階」の痕跡が見出されるはずです。

　心理学や行動遺伝学という学問領域では，ある一つのパーソナリティ特性に数多くの遺伝子が関与する，ポリジーンモデルと呼ばれる考え方がとられています。これは，個人の中にそのような影響を与える遺伝子が多数存在しており，それらの遺伝子の数によって，総合的にどの程度のパーソナリティの遺伝状態になるかが決まってくるというモデルです。一つ一つの遺伝子は，パーソナリティを明るくする方向に影響を与えたり，暗くする方向に影響を与えたりします。そして全体として，それらの遺伝子をそれぞれどの程度の割合でもっているかによって，遺伝的な「明るさ」の程度が定められるという考え方です。

　この考え方に基づいて，誤った考え方と，より正しい考え方のモデルを示してみたいと思います。

　図11-4は，もしかするとみなさんが素朴に思っているかもしれない遺伝のモデルです。ここでは，白丸が性格を明るくする方向に影響を与える遺伝子，黒丸は暗くする方向に影響を与える遺伝子としましょう。ここで示されている考え方は,「明るい親から明るい子が生まれる」「この子が暗いのは父親の暗い遺伝子を受け継いだからだ」といった素朴な遺伝の考え方です。しかしこの考え方は，正しい理解のしかたではないのです。

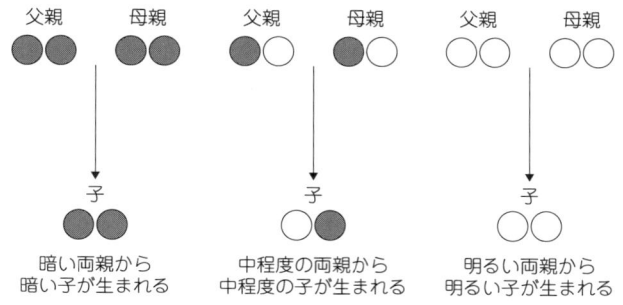

第11章 遺伝と環境はパーソナリティにどのようにかかわるのか

```
  父親  母親      父親  母親      父親  母親
  ●●  ●●      ●●  ○○      ○○  ○○
     ↓           ↓           ↓
     子           子           子
    ●●          ●○          ○○
 暗い両親から   中程度の両親から   明るい両親から
 暗い子が生まれる 中程度の子が生まれる 明るい子が生まれる
```

図11-4　親の性格がそのまま子に伝わるモデル（誤り）（安藤，2000を改変）

（4）正しいパーソナリティの遺伝モデル

　より正確なモデルは，図11-5に示すものです。ここでは，10個の遺伝子が「明るさ……暗さ」のパーソナリティに影響を与えると考えています。父親は10個の遺伝子のうち5つが白く，5つが黒いので，ほぼ中間くらいの明るさの遺伝子をもっています。母親は10個の遺伝子のうち7つが白く，3つが黒いので，平均よりも明るい遺伝的な特徴をもつ人だといえます。

　さて問題は，この両親からどのような子どもが生まれてくるかです。遺伝子は，対応する場所にある2個の遺伝子のセットがいくつもあり，そのうちの一方ずつがランダムに組み合わさり，精子・卵子がつくられ，受精することで子どもに伝わっていきます。これは，何度も繰り返しコイン投げを行うようなものです。この多様性は，一人の男性が放出する精子の中にふくまれる遺伝情報がすべて異なり，一人の女性が一生に排出する卵子の中にふくまれる遺伝情報がすべて異なっているほどだとイメージすれば分かるのではないでしょうか。みなさんそれぞれがもつ遺伝情報のセットは，これまでも地球上に一度も現れていないし，今後も二度とこの世にあらわれることはないくらいの低い確率で存在しているのです。

　図11-5の組み合わせの場合では，パーソナリティを明るくする遺伝子と暗くする遺伝子の組み合わせによって，10個中2個しか明るくする遺伝子（白丸）を持たない子どもから，10個中10個すべてが明るくする遺伝子（白丸）に

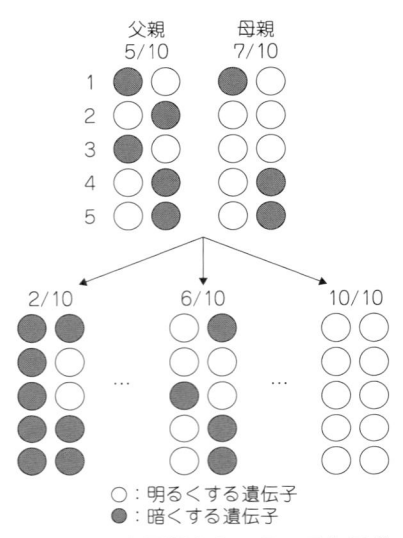

図11-5 同じ両親からいろいろな子が
生まれるモデル（正しい）（安藤,
2000を改変）

なる子どもまで，多くの遺伝的バリエーションが生まれてきます。

　しかし，実際に生まれてくるのは，この非常に多くの組み合わせの中でたった一つだけになります。もしきょうだいが生まれれば，同じようにこの多くの組み合わせの中から別のある特定の組み合わせをもった子が生まれてくることになります。そのきょうだいがパーソナリティの明るさに関して同じような遺伝子をもっているのか，まったく異なる遺伝子を持っているのかは，生まれてみないと（受精してみないと）分かりません。もしかしたら，兄は10／10で弟は2／10かもしれません（「兄さんは母親似で明るいのに弟は……」と言われることでしょう）。もしかしたら，姉は4／10で妹は8／10かもしれません（「姉さんは父親似で妹は母親似だね」と言われることでしょう）。兄は7／10で妹は8／10かもしれません（「きょうだいとも明るくてよく似ているね」と言われることでしょう）。このように，この遺伝のモデルは確率的なものなのです。

　さらに，ここではたった10個の遺伝子しか想定していませんが，おそらく一

つのパーソナリティ特性に影響を及ぼす遺伝子の数は非常に多いと考えられます。さらにパーソナリティ特性も数多く設定することができますので，それぞれのパーソナリティ特性に影響を及ぼす遺伝子が，それぞれ数多くあると想定されます。

　なお，一つ一つの遺伝子が「明るくしよう」とか「暗くしよう」という意志をもっているわけではありません。また，「明るくする遺伝子」「暗くする遺伝子」というものが実在するわけでもありません。ここでは，次のようにイメージするとよいのではないでしょうか。たとえば，ある遺伝子をもっていれば少しだけ顔の表情の作り方に影響し，別の遺伝子をもっていれば少しだけ神経伝達物質に作用し，また別の遺伝子をもっていれば少しだけ発声のしかたに影響し……といったかたちで，間接的に「明るさ」に影響を及ぼしていくのです。

　もちろん，両親ともきわめて明るければ，子どもも明るくなる可能性は高くなります。しかし，あくまでもそれは確率の問題であって確実な話ではありません。そもそも，あるパーソナリティの形成に，いったいいくつの遺伝子がかかわるのかもあまりよく分かっていない状況なのです。明るい両親から暗い子が生まれることもあれば，逆に暗い両親から明るい子が生まれることだってあります。そもそも，一組の親から生まれる子どもの数は限られています。どのような子が生まれたとしても，それは親から生まれる限りないバリエーションの中で，偶然一つの遺伝情報をもって生まれてくるのです。

　パーソナリティを特性として量的に捉えた場合には，「親が明るいから子も明るい」とか「親が暗いから子も暗い」といった単純な遺伝の法則を当てはめることが困難になります。こういう話をすると，「でもうちの親子は性格が似ているのですが」という意見を言う人がいます。もちろん，確率の問題なので，似ている親子も似ていない親子もいていいのです。また，そもそも「似ていると思うかどうか」というのはきわめて主観的な問題であり，偶然なにか目立つ特徴が親子で似ていれば，「似たもの親子」と言われ，目立つ特徴が似ていなければ「親子なのに似ていないね」と言われるものです。

(5) 2つの環境

双生児の研究では、環境要因を大きく2種類に分けて考えます。一つは「共有環境」と呼ばれるものです。これは、双子の類似度を高めるようにはたらく環境要因のことです。たとえば、同じ家庭環境で育つことや親が双子に同じはたらきかけをすることなど、双子に同じように接する（双子が同じようになることを促す）ことは、共有環境の要因だと言えます。

それに対して、双子の類似度を低めるようにはたらく環境要因もあります。これを「非共有環境」と呼びます。たとえば、双子のきょうだいそれぞれで学校の担任教師が違っていること、読む本が違う、見るテレビが違う、友人が違うなど、家庭環境以外の多くの要因は非共有環境に相当します。

なお、このような双子の研究は、一卵性双生児が育てられた家庭環境と二卵性双生児が育てられた家庭環境の間には、質的な差がないという前提のもとで行われています。この等環境仮説は、双生児がどの程度同じように扱われたか、どの程度同じように服を着せられたか、同じクラスに入れられたかなどを、卵性と性別ごとに比較することによって検討されます。そして現在のところ、等環境仮説がある程度成り立つこと、また等環境仮説が成り立たない場合でも、双生児の研究において遺伝と環境の影響力を推定することに対してほとんど影響しないことが明らかにされています（Jang, 2005 安藤・大野監訳, 2007）。

3. 遺伝と環境の影響力を推定する

（1） パス図で表現する

図11-6は、一卵性双生児のきょうだいと二卵性双生児のきょうだいそれぞれにとられたデータを遺伝と環境で説明するためのモデルです。このような図をパス図と言います。

---

(68) 男性の一卵性双生児、女性の一卵性双生児、男性の二卵性双生児、女性の二卵性双生児、異性の二卵性双生児という組み合わせがあります。

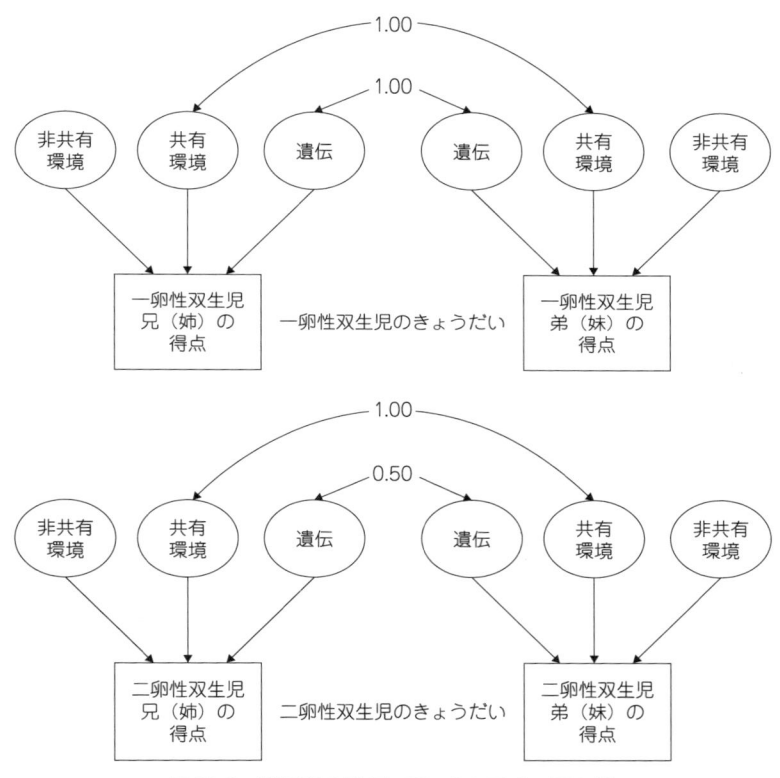

第11章　遺伝と環境はパーソナリティにどのようにかかわるのか

図11-6　遺伝率の推定に用いられるパス図の例

　一卵性双生児も二卵性双生児も，きょうだいそれぞれの得点には「遺伝」，「共有環境」（きょうだいの類似性を高める環境要因），「非共有環境」（きょうだいの類似性を低める環境要因）がかかわっています。一卵性双生児と二卵性双生児の違いは，きょうだいの遺伝要因の間の双方向の矢印につけられた係数（数値）で表現されます。先に説明したように，一卵性双生児は遺伝が100％同じ

―――――――――――――――――――
（69）　パス図は，四角形（観測変数），円（楕円；潜在変数），単方向矢印（因果関係），双方向矢印（相関，共分散）を用いて変数間の関係を表現する方法です。
（70）　このほかの要因として，遺伝子どうしの相互作用を意味する非相加的遺伝を加えることもあります。

であり，二卵性双生児は50％が同じです。ですので，一卵性双生児のきょうだいの遺伝要因間には「1.00」（100％という意味）という数字がつけられており，二卵性双生児のきょうだいの遺伝要因間には「0.50」（50％という意味）という数字がつけられているのです。

　研究では，図11-6に示されたモデルが実際のデータにどれくらい合致しているのかを統計的に分析していきます。

（2）遺伝と環境の影響力

　では，実際に遺伝と環境の影響力を推定すると，どのようになるのでしょうか。表11-1は，身体的側面，知的側面，パーソナリティのいくつかの特性において遺伝と共有環境，非共有環境の影響力をおおよその値として推定した結果です。なお，表11-1に表示されている数字は割合（パーセント）です。たとえば，身長については遺伝の影響力が約66％，共有環境の影響力が約24％，非共有環境の影響力が約10％，身体的魅力については遺伝の影響力が約42％，共有環境の影響力が0で非共有環境の影響力が約58％ということになります。知能であれば，遺伝率は約52％，共有環境の影響力が約34％で非共有環境の影響力は約14％となります。[71]

　表11-1にはビッグファイブの各特性についても記載されています。表に示されている数値は，過去に行われた研究をまとめたものです（Jang, Livesley, & Vernon, 1996; Bouchard & McGue, 2003を参考にしました）。ビッグファイブの各特性いずれについても，遺伝の影響力は50％前後，非共有環境の影響力が50％前後で，共有環境の影響力はほとんどないことが分かると思います。身長や知能，学業成績，学歴については共有環境がある程度の影響力をもつのですが，パーソナリティに対してはあまり影響力をもたないという研究結果が得られています。[72]

---

(71)　ただし，知能に対する共有環境の影響力は，年齢によって異なることが示されており，16歳を超えると推定値がほぼ0となる（Boomsma et al., 1999）という推定や，20歳を超えるとほぼ0となる（McGue et al., 1993）という推定があります。

表11-1 身体面・知的側面・パーソナリティの遺伝と環境の影響割合（安藤，2000；Bouchard & McGue, 2003; Jang, Livesley, & Vernon, 1996; Olson et al., 2001より作表）

	遺伝率	共有環境	非共有環境
身長	.66	.24	.10
体重	.74	.06	.20
身体的魅力	.42	.00	.58
運動好き	.58	.00	.42
知能	.52	.34	.14
学業成績	.38	.31	.31
学歴	.49	.33	.18
神経症傾向	.41〜.58	ほぼ0	.42〜.59
外向性	.49〜.56	ほぼ0	.44〜.51
開放性	.45〜.58	ほぼ0	.42〜.55
協調性	.33〜.52	ほぼ0	.48〜.67
誠実性	.38〜.53	ほぼ0	.47〜.62

4. 遺伝と環境についてどう考えるべきか

（1） 遺伝も環境も影響する

　表11-1を見て分かるように，多くの特性は「遺伝だけ」で決まるわけでも「環境だけ」で決まるわけでもありません。多くの特性は，遺伝と環境とが両方合わさって表に現れてくるのです。

　図11-7で，AさんとBさんという2人の人物の「明るさ」を考えてみます。AさんはBさんよりも遺伝的により「明るくなる」初期値をもって生まれてき

（72） ちなみにビッグファイブの下位側面を詳細に調べていくと，中には共有環境の影響力がある程度推定されている特性もあります。たとえば，NEO-PI-Rにおける開放性の下位側面の「感情」（感情に対する反応の鋭さ）では共有環境の影響力が39％，協調性の下位側面のうち「慎み深さ」では33％，誠実性の下位側面のうち「秩序」で24％，「自己鍛錬」で34％，「慎重さ」で24％と推定されています（Jang, Livesley, & Vernon, 1996）。

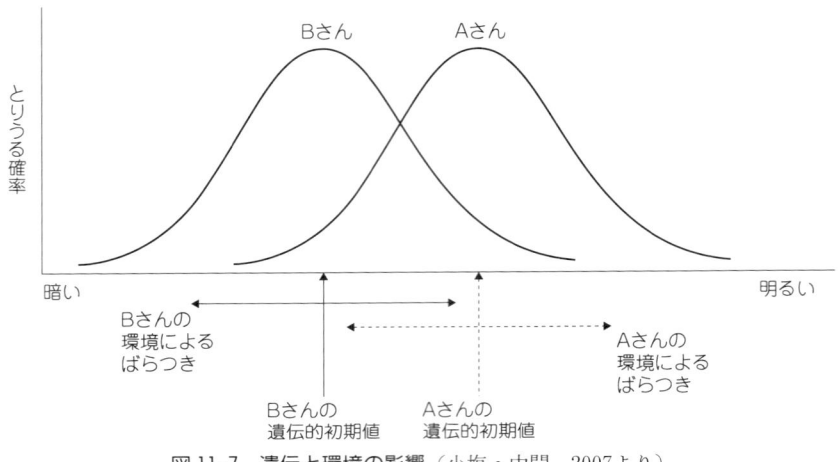

図11-7　遺伝と環境の影響（小塩・中間, 2007より）

ました。すでに説明したように，この遺伝状態も，数多くの「可能性」の中の一つです。同じ親から生まれたとしても，もしかしたらAさんの遺伝状態はこれとは異なったものであったかもしれません。

　誕生後，AさんとBさんに環境が影響を与えていきます。明るさに対する環境の影響力を考えた場合に，具体的な中味はよく分かりませんが，「より明るくする環境」と「より暗くする環境」があると想定することができます。数多くの環境が，より明るくなる方向に影響を与えたり，より暗くなる方向に影響を与えたりしていくことでしょう。確率としては，その両者が半々になる可能性が一番高くなり，極端に明るくする環境ばかりである場合や，極端に暗くする環境ばかりに接する場合は少ないでしょう。したがって図11-7では，AさんもBさんも遺伝的初期値の中央あたりをとる確率が一番高く，極端な値をとる確率が低くなるように表現してあります。

　しかし，もしかしたら，Aさんは暗くなる方向に影響する環境が多い場所で過ごし，逆にBさんは明るくなる方向に影響する環境が多い場所で過ごしていくかもしれません。すると，Aさんがより明るく，Bさんがより暗い遺伝状態をもつにもかかわらず，結果として生じるパーソナリティは逆転することも十

分に考えられます。

　このように，遺伝による初期値に環境が合わさることによって，現在のパーソナリティ（などの個人差要因をもつ状態）が形づくられます。遺伝的初期値がどのようになっているかは，誰にも分かりません。そもそも，知能やパーソナリティに影響を及ぼす遺伝子がいくつあって，どのような組み合わせのときにどうなるかは分かっていないのです。そして先に説明したように，親を見るだけでは本人のパーソナリティに関する遺伝状態は分かりません。

　さらに重要なことは，以上の説明が，たった一つのパーソナリティ特性についてだけのものであるという点にあります。パーソナリティ特性自体，数多くのものがありますので，それらをすべて解明するためには相当な研究の積み重ねが必要になることでしょう。

（2）　環境を変えることの影響力

　パーソナリティに対しては，共有環境はほとんど影響を及ぼしません。共有環境とは，たんに家庭環境を指すわけではなく，「その家庭内で暮らす人々に同じ方向を向かせるような」環境のことを意味します。つまりパーソナリティに対して共有環境がほとんど影響していないということは，「ある家庭環境で育つ人は皆，あるパーソナリティが伸ばされる」という影響力がほとんど見られないことを指します。当然，家庭内にも非共有環境は存在しており，たとえば親が2人の子どもに対して同じ行動をとったとしても，それぞれの子に対する影響の方向性が異なれば，それは非共有環境になると考えられます。したがって，共有環境の影響力がほとんどないことは，「家庭環境に意味がない」ことを表すのではありません。(73)

　表11-1で見たように，パーソナリティに及ぼす非共有環境の影響力は約50％です。自分で環境を変えていくことは，非共有環境に変化を加えることに相

---

(73)　親がこうしたから子どもがこうなる，という法則が存在しているわけではない，ということです。それは，後で述べるように「一流のプロ野球選手が練習したプログラムを実行しても，誰もがプロ選手になれるとは限らない」という話と同じことです。

当します。表11-1をもう一度見てください。非共有環境の影響の大きさは，身長で約10％，体重で約20％，知能で約14％，学業成績で約31％，ビッグファイブの各特性で約50％です。しかしこれを見て，「たったこれだけしか影響がないの？」と思うかもしれません。そこで，次のように考えてみましょう。[74]

表11-2は，身長や体重，知能指数，大学入試センター試験，ビッグファイブ（NEO-PI-R）の各得点の平均値と標準偏差（平均的な得点のばらつき）をまとめたものです。ここで，自分で環境を変えることによって，これらの値を「平均的なばらつきである1標準偏差分増減させる」ことを考えてみます。

たとえば「身長」です。身長171cmの人物が，環境を変えることによって「6 cm（1標準偏差分）身長を高くする」ことはどれくらい難しいでしょうか？　では，「体重」ではどうでしょう。体重63kgの人物が，環境を自分で変えることによって「11kg（1標準偏差分）体重を増やす」ことはどれくらい難しいでしょう？　さらに，身長を6 cm高くすることと，体重を11kg増やすことは，どちらが難しいでしょうか。身長の方が難しく，体重の方が簡単だと感じられるのではないでしょうか。この違いを，「非共有環境の影響力の違い」と考えてみるのです。

次に「知能」で考えてみましょう。表11-1によると，知能に対する非共有環境の影響力は約14％となっています。これは小さな値だと思えるかもしれません。しかし身長や体重の非共有環境の影響力と比較して，「知能を15ないし16変化させることは，体重を11kg変化させることよりも難しいが，身長を6 cm変化させることよりは簡単だ」と考えてみるのはどうでしょうか。

同じように表11-1によると，学業成績に及ぼす非共有環境の影響力は約31％です。たとえば大学入試センター試験の各教科の標準偏差は表11-2に示すとおりです。これらの科目で1標準偏差分得点を高くすることは，[75] 知能指数を

---

(74) ただしここでの説明は，本来個人差の説明に使われるべき遺伝と環境の影響力を，あたかも個人内の変動に対する影響力であるかのように論じていますので，あくまでも理解の補助をするための説明だと考えてください。

(75) 偏差値で言えば，50から60へ上昇することを意味します（第8章 p.127参照）。

第11章　遺伝と環境はパーソナリティにどのようにかかわるのか

表11-2　各特性の平均値と標準偏差

	男性		女性	
	平均	標準偏差	平均	標準偏差
身長[1]	171	6	158	5
体重	63	11	53	8

	男女	
	平均	標準偏差
知能[2]	100	16
センター試験[3]		
国語	122	34
英語	125	39
現代社会	61	14
数学Ⅰ・数学A	66	24
生物Ⅰ	58	19
ビッグファイブ[4]		
神経症傾向	111	26
外向性	101	23
開放性	116	16
協調性	108	17
誠実性	95	22

（注1）　平成20年度学校保健統計調査より，高校3年生のデータ
（注2）　知能の平均と標準偏差については第8章（p.126）参照
（注3）　大学入試センターによる平成20年度センター試験結果
　　http://www.dnc.ac.jp/center_exam/20exam/20heikin.html
（注4）　Nakaya, Oshio, & Kaneko, 2006より，NEO-PI-R を大学生に実施した結果

16上昇させることよりも，体重を11kg変化させることよりも簡単なことなのです。

このように他の特性と比較しながら考えてくると，パーソナリティ特性の「非共有環境の影響力が約50％」という数字はずいぶん大きいように感じられます。「パーソナリティ検査の得点を1標準偏差分変化させることは，センター試験の偏差値を10変化させることよりも，体重を11kg減らすことよりもず

っと簡単なのだ」と考えてみましょう。ずいぶん変化しやすいものであるように思えるのではないでしょうか。

　ただし，どのような環境がどのような性格を形成していくのか，まだ分かっていないことも多いのです。したがって，自分で狙ったようにパーソナリティを変えることは難しいでしょう。しかし，環境を変えることで何らかの方向へ徐々に変化していく可能性は十分にあると言えます。「留学をしたら見違えたようになった」「就職したら大人びた感じになった」「子どもが生まれたら親らしくなった」など，環境の大幅な変化がもたらす影響は思い当たることがあるのではないでしょうか。

（3）　遺伝と環境の相互作用

　私たちは，ある遺伝子をもっていたらかならず何かが起こるとは限りませんし，ある環境のもとにおかれていればかならず何かが獲得されるというわけでもありません。そこには，複雑な相互作用があるのです。

　たとえば，日本人のメジャーリーガーを思い浮かべてください。もしもいまこの文章を読んでいるあなたが，そのメジャーリーガーとまったく同じ練習メニューを小学時代から与えられてきたならば，同じようにあなたもメジャーリーガーになっているでしょうか。逆に，もしもそのメジャーリーガーが，野球の普及していない国（たとえばイギリス）で生まれ育ち，一流の環境を与えられてきたならば，その選手は一流のサッカー選手やラグビー選手やクリケット選手になっていると言えるでしょうか。それも難しいかもしれません。

　遺伝子が環境を選択したり，環境が遺伝子を選択したりすることもあります。たとえば，走るのが速くなるような遺伝子のセットをもっている子は，小学校低学年の頃から徒競走で目立つ活躍をすることになるでしょう。すると，学校代表の選抜チームに抜擢され，特別なトレーニングを受けることになっていきます。さらにそこでも活躍すれば，さらに市の代表，県の代表と選抜されてゆき，トレーニングを重ねてさらに伸びてゆけばオリンピック選手にまで上り詰めていくかもしれません。これは，遺伝子が環境を選択し，さらに環境が整う

第11章 遺伝と環境はパーソナリティにどのようにかかわるのか

（適切なトレーニングが行われる）ことによって，遺伝子セットの特徴がさらに表に現れやすくなるという効果が見られる例と言えるでしょう。

さて，「みなさんが経験したことのない環境」はどれくらいあるでしょうか。たとえば筆者は，クリケットもカーリングもスキューバダイビングもトライアスロンもしたことがありませんし，グライダーやヘリコプターやヨットの運転もしたことはありません。習ったことがない言語も数限りなくありますし，世界中の大部分の国には足を踏み入れたことすらありません。学んだことがない学問も数多くあります。みなさんも，「経験したことがない環境」は数限りなくあるのではないでしょうか。もしかしたら，経験したことがないだけで「ある程度練習してみたらものすごく自分の遺伝子セットに合っているもの」が何かあるのかもしれません。誰もがそういう可能性があるとしたら……明日から何か始めてみてはどうでしょうか？

また，環境と遺伝の境界線が曖昧な場合もあります。たとえば，フェニルケトン尿症という病気を例に挙げてみましょう（Blumberg, 2005 塩原訳, 2006）。これは古くから「遺伝病」として知られている病気で，アミノ酸フェニルアラニン（ある合成甘味料の主要成分）を分解する酵素をつくる遺伝子が欠損することで発症します。この酵素が作られないと，体内にフェニルアラニンが蓄積し，脳に送られるアミノ酸が不足して脳の正常な発達が妨げられてしまうのです。ただし，フェニルケトン尿症の幼児がフェニルアラニンを含む食物を避ければ，この病気の発症を簡単に防ぐことができます。さらに，いったん脳の発達が完了してしまえば，その後はフェニルアラニンを含む食物を食べても，まったく影響はありません。

さて，この病気はさらに複雑な様相を見せます。あるフェニルケトン尿症の女性が，乳幼児期にフェニルアラニンを含まない食事をとることによって治療に成功し，大人になった今では普通の食生活を送っているとします。ただし，彼女は現在もフェニルアラニンを分解する酵素をつくりだす遺伝子をもっていませんので，大人になった現在は無害だとはいえ，血中には高濃度のフェニルアラニンが蓄積しています。ここで，彼女が妊娠したとしましょう。遺伝子的

には何の問題もない正常な胎児が子宮の中で育っていきます。ところが，遺伝子的には何の問題もない胎児であるのに，彼女の血中にあるフェニルアラニン濃度の高さのために，フェニルケトン尿症と同じ症状が出てきてしまうのです。このように考えると，いったいこの病気は遺伝子がもたらしているのか，環境がもたらしているのかが分からなくなってきます。

　もしかしたら，他にもフェニルケトン尿症と同じようなプロセスをもつ病気や，病気でなくても何らかの表現型が存在するかもしれません。遺伝と環境は相互作用を起こすだけでなく，その境界はそれほど明確に線引きできないこともあるのです。さらに言えば，遺伝と環境の影響力について，よりデータが蓄積され，モデルが修正されていけば，本章で述べた内容も改訂が必要とされる可能性が十分にあります。

（４）遺伝と環境の影響は年齢に伴って変化する

　遺伝と環境の影響力は相対的なものです。もしも，完全に同じ環境のもとで育った人々の間に「個人差」が存在するのであれば，その個人差は遺伝による可能性が大きくなります。

　筆者は競馬をしませんが，競馬が好きな人は「血統」（競走馬の親族関係）をとても気にします。今度レースに出る馬が，どの馬の子どもでどの馬の孫なのか，ということにとても詳しい人がいるのです。本当に競走馬のレース結果に対して，どれくらい遺伝要因が関与しているかは分かりません。しかし，競走馬のような環境差が少ない状況（トレーニングセンターが異なっても，調教内容やトレーニング内容には人間のスポーツのようなばらつきの大きさはないのではないでしょうか）では，遺伝の影響が比較的強くなることも想像できます。[76] このように，環境のばらつきが小さければ，相対的に遺伝の影響力が増します。

　さて，人間の知能指数の研究では，年齢とともに遺伝と環境の影響力が異な

（76）　ただし，馬のスピードに影響を及ぼす遺伝子も多数あるはずですので，速い馬の子がかならず速くなるという保証はありません。

っていくことが知られています（Boomsma et al., 1999; Bouchard & McGue, 2003; McGue et al., 1993; Wilson, 1983）。双生児の知能のデータによると，5歳頃では遺伝の影響力が約30〜40％で共有環境の影響力が約50％，10歳で遺伝の影響力が約50〜60％で共有環境の影響力が約30％，それに対して成人になると遺伝の影響力が80％を越え，共有環境の影響力は0％になります。その後，遺伝の影響力の大きさは中年期まで上昇していき，その後はやや減少するようです（Bouchard & McGue, 2003）。双生児の年齢に伴った相関係数の変化を見ると，幼いときは一卵性双生児のきょうだいと二卵性双生児のきょうだいの知能の相関係数の差はほとんどないのですが，成長とともに一卵性双生児と二卵性双生児の相関係数の差は広がっていきます。一卵性双生児はやや上昇し，二卵性双生児は低下していくのです。

　競走馬の場合と同じように，知能に対する遺伝と環境の影響力も相対的なものです。幼い頃は，知能に及ぼす共有環境（家庭環境など）の影響力が大きく，相対的に遺伝率は低くなります。成長とともに共有環境の影響は少なくなり，相対的に遺伝の影響力が増します。では，なぜ成人になった後も年をとるとともに遺伝の影響力が増していくのでしょうか。

　一つの可能性は，年齢を経るに従って新しい遺伝要因が知能に影響を与えていくというものです。思春期になると声変わりや精通・初潮，体つきの変化が起きます。これは，ある年齢に達したときに遺伝子が表現型となって表に現れてくるのです。これと同じように，成長に伴って追加的に遺伝が知能に影響を及ぼしていくモデルが考えられています。たんに年齢に伴って遺伝子のスイッチが入っていくというだけでなく，年齢とともに新たな環境に移行（進学や就職など）することで遺伝子が表に現れていくというプロセスも考えることができます。この考え方だと，遺伝要因が同じ一卵性双生児では成長とともに相関係数が上昇し，遺伝要因が50％しか同じではない二卵性双生児では相関係数が下降していくことが説明できます。このように，遺伝や環境の影響は人生を通じて一定であるというわけでもないのです。

（5） 類型論では理解できない

　遺伝と環境の両方がパーソナリティに影響するというのは，言われてみれば当たり前だと思うでしょう。しかし，これまでに説明したような理解をしている人は多くありません。その大きな要因は，パーソナリティを類型で把握してしまうことにあります。パーソナリティを類型的に捉えているかぎり，遺伝と環境の両方が影響を与えるということを理解するのは難しいのです。

　たとえば，「明るい人」と「暗い人」という2類型で考えているとしましょう。父親と母親両方が「明るい人」であるときには，そこに「暗い子」が生まれるということは想定しづらいのではないでしょうか。また，いったん「暗い子」という遺伝情報をもって生まれてきたときに，環境によって「明るい子」になるという想定もしづらいでしょう。

　では次に，人々が「神経質な人」「明るい人」「いいかげんな人」に分かれるという3類型で考えるとしましょう。父親が「神経質な人」で母親が「明るい人」であるとき，そこに「いいかげんな子」が生まれてくることが想定できるでしょうか。また，遺伝的に「いいかげんな人」が，環境の影響で「神経質な人」に育っていく，ということも考えにくいでしょう。

　パーソナリティを類型で考えているときに，「遺伝も環境も両方が影響する」という話をすると，何となく分かったような気にはなるのですが，遺伝と環境の要因が複雑に入り組んでパーソナリティが形成されるというモデルを考えにくいのです。これはいくら類型が増えても同じことです。遺伝的には「神経質」が促され，環境要因によって「いいかげんさ」が助長され，結果として……結局，なんだかよくわからなくなってしまいます。そこで，「結局は，環境の影響だろう」「結局は，遺伝が影響するのだろう」と，ついいずれかの要因「だけ」に単純化して考えてしまうのです。

　細かく連続したものとしてパーソナリティを考えているからこそ，同じ両親からバリエーションをもった子が生まれてくることが想定できますし，遺伝的初期値に対して環境の影響で徐々にパーソナリティが変化していくようなプロセスを考えることもできるようになります。「神経質さ」「明るさ」「いいかげ

んさ」のそれぞれを量的なかたちで測定していれば、「いいかげんさ」が低い両親からでも、「いいかげんさ」が高い子が生まれ、育っていく確率を考えることができるのです。

　遺伝と環境の影響という話をすると、「結局どっちが影響するのですか？」という質問をする人は多いようです。「もっと単純に分かりやすく言うとどうなるのですか？」という質問も同じです。そのような質問が出てくること自体、パーソナリティ特性という考え方を理解できていない証拠です。ここには、「結局どちらか」などといったことはないのです。本章で行った説明は複雑に思えるかもしれませんが、現実はもっとはるかに複雑です。複雑なものは、理解できる範囲でそれなりに複雑なものとして理解しておくのが、正しい姿勢ではないかと思うのですが、いかがでしょうか。

文献

安藤寿康（2000）．心はどのように遺伝するか：双生児が語る新しい遺伝観　講談社

安藤寿康（2006）．遺伝と環境　二宮克美・子安増生（編）　キーワードコレクション　パーソナリティ心理学　新曜社　Pp. 10-13.

Blumberg, M. S. (2005). *Basic Instinct: The Genesis of Behavior*. New York: Thunder's Mouth Press.（ブランバーグ, M. S.　塩原通緒（訳）(2006)．本能はどこまで本能か：ヒトと動物の行動の起源　早川書房）

Boomsma, D. I., de Geus, E. J. C., van Baal, G. C. M., & Koopmans, J. R. (1999). A religious upbringing reduces the influence of genetic factors on disinhibition: Evidence for interaction between genotype and environment on personality. *Twin Research, 2*, 115-125.

Bouchard, T. J. Jr. (2004). Genetic influence on human psychological traits: A survey. *Current Directions in Psychological Science, 13*, 148-151.

Bouchard, T. J. Jr., & McGue, M. (2003). Genetic and environmental influences on human psychological differences. *Journal of Neurobiology, 54*, 4-45.

Clark, W. R., & Grunstein, M. (2000). *Are We Hardwired?： The Role of Genes in Human Behavior*. New York: Oxford University Press.（クラー

ク, W. R.・グルンスタイン, M. 鈴木光太郎（訳）（2003）．遺伝子は私たちをどこまで支配しているか：DNA から心の謎を解く　新曜社）

Jang, K. L. (2005). *The Behavioral Genetics of Psychopathology: A Clinical Guide*. Hillsdale, NJ: Lawrence Erlbaum Associates.（ジャン, K. L.　安藤寿康・大野　裕（監訳）（2007）．精神疾患の行動遺伝学：何が遺伝するのか　有斐閣）

Jang, K. L., Livesley, W. J., & Vernon, P. A. (1996). Heritability of the Big Five Personality dimensions and their facets: A twin study. *Journal of Personality,* **64**, 577-591.

McGue, M., Bouchard, T. J. Jr., Iacono, W. G., & Lykken, D. T. (1993). Behavior genetics of cognitive ability: A life-span perspective. In R. Plomin & G. E. McClean (Eds.), *Nature, Nurture, and Psychology*. Washington D. C.: American Psychological Association.

Nakaya, M., Oshio, A., & Kaneko, H. (2006). Correlations for Adolescent Resilience Scale with Big Five Personality traits. *Psychological Reports,* **98**, 927-930.

Olson, J. M., Vernon, P. A., Harris, J. A., & Jang, K. L. (2001). The heritability of attitudes: A study of twins. *Journal of Personality and Social Psychology,* **80**, 845-860.

小塩真司・中間玲子（2007）．あなたとわたしはどう違う？：パーソナリティ心理学入門講義　ナカニシヤ出版

プロミン, R.　安藤寿康・大木秀一（訳）（1994）．遺伝と環境：人間行動遺伝学入門　培風館

Wilson, R. S. (1983). The Loisville twin study: Developmental synchronies in behavior. *Child Development,* **54**, 298-316.

第12章　赤ちゃんに個人差はあるのか
——気質とその発達

　第11章では，パーソナリティに及ぼす遺伝と環境の影響力について説明しました。本章では，生まれたばかりの乳児の個人差に注目し，さらに「気質」という概念について考えてみたいと思います。これまでの研究から，生まれたばかりの赤ちゃんにも行動上の個人差が観察されることが分かっています。ときにその個人差は，子育てにも影響を与えていきます。では，どのような個人差があるのか，見ていきましょう。

1. 乳幼児の個人差

（1）「難しい子ども」

　1956年，トーマス（Thomas, A. 1914- ）とチェス（Chess, S. 1914-2007）らの研究グループは，ニューヨークで大規模な縦断研究を開始しました。縦断研究とは，同じ人物に対して繰り返し調査を行う研究方法のことです。彼らは85家族141名の子どもたちの親に面接調査を行い，いくつかの特徴的な子どもたちがいることを見出しました（Thomas, Chess, & Birch, 1968）。

　とくに，問題行動を呈しているわけではないものの，母親・インタビュアー・研究チームのメンバーによって「難しい子ども」（difficult children）とか「母親泣かせ」（mother killers）と呼ばれる子どもたちに注目が集まっていました（水野，2003）。このグループの子どもたちは，日常リズムが不安定で新しい刺激に慣れず，機嫌がすぐに悪くなる傾向が見られました。

　当時は，母親の養育態度が子どもの発達を決定づけるという考え方が主流で

した。したがって，このような「難しい子ども」の親の養育態度が，そうではない子どもたちの親の養育態度と違っており，その結果として「難しい子ども」になると考えるのが一般的でした。

ところが実際には，これらの子どもが生まれてからしばらくの親の子どもに対する接し方や養育態度は，他の子どもたちの親と何も違う点が見られなかったのです。むしろ，「難しい子ども」の母親たちは，子どもたちの扱いにくさの原因が自分の子育てにあると考え，罪の意識や無力感を覚えてさえいました。「難しい子ども」の母親たちは一生懸命に子どもの要求に応えようとするのですが，どうしても普段の生活の中では応え切れなくなってしまいます。すると，子どもたちはますます扱いにくくなるという悪循環が生じてきます。

このように，親の養育が一方的に子どもに影響を与えるのではなく，子どもの気質的な特徴が親の育て方に影響を及ぼすこともあるということが明らかにされたのです。トーマスとチェスは一連の研究を行う中で，子どもがもつ気質的な特徴と，その子どもが置かれた環境との相性の良し悪しが，適応・不適応となって表れていくという環境適合モデル（Goodness of Fit Model）を提唱しました。

トーマスとチェスは，ニューヨーク縦断研究のデータから，子どもの気質として9つの次元と3つの類型を見出しました（表12-1）。9つの次元とは，「活動水準」「周期の規則性」「順応性」「接近・回避」「刺激に対する閾値」「反応強度」「気分の質」「気の散りやすさ」「注意の範囲と持続性」というものです。これらを組み合わせることで，以下の3つの気質のタイプを見出しました。

第1に「扱いやすい子」（easy child）であり，新しい場面に慣れやすく，ポジティブな情動を示し，生活パターンにも問題がない，親にとって育てやすい子どもです。子どもたちの約40％がこのタイプに分類されました。第2に「扱いにくい子」（difficult child）であり，生活リズムが不規則になりやすく，新しい状況になかなか慣れず，機嫌が悪いことが多いタイプです。子どもたちの約10％がこのタイプでした。そして第3に「エンジンがかかりにくい子ども」（slow to warm-up child）であり，活動水準が低く，新しい刺激には徐々に慣れ

表12-1 トーマスとチェスによる気質の特徴（稲垣, 2006；菅原, 1996より作表）

気質次元		
活動水準	activity	身体運動の活発さ
周期の規則性	rhythmicity	睡眠・排泄など身体・生活の規則正しさ
順応性	adaptability	環境変化への慣れやすさ
接近・回避	approach/withdrawal	はじめて接するものへの反応
刺激に対する閾値	threshold	刺激に対する敏感さ
反応強度	intensity	反応の表出の大きさ
気分の質	mood	機嫌が良いことが多いか少ないか
気の散りやすさ	distractability	別の刺激への注目しやすさ
注意の範囲と持続性	attention span/persistence	注意の長さ・集中しやすさ
気質類型		
扱いやすい子	easy child	乳児の約40%
扱いにくい子	difficult child	乳児の約10%
エンジンがかかりにくい子	slow to warm up child	乳児の約15%
その他	others	乳児の約35%

ていくタイプです。約15%の子どもがこのタイプに分類されました。

（2） 乳幼児の気質研究から

　トーマスとチェスの研究以外でも，これまでに多くの乳幼児期の気質に関する研究が行われています。

　アメリカの発達心理学者ケーガン（Kagan, J. 1929- ）は，縦断研究に参加し，多くの行動特性を分析する中で，乳幼児期から成人期まで一貫してみられる特性を見出しました。それは「行動抑制性」（behavioral inhibition）と呼ばれる特性で，新しい・見慣れぬ状況において引っ込み思案で臆病になる傾向です。ケーガンらは縦断研究を行う中で，この特徴が幼児期から児童期を通じてある程度一貫してみられることを報告しています（Kagan, 1989）。

　バス（Buss, A. H. 1924- ）とプロミン（Plomin, R. 1948- ）は，発達の初期に現れる遺伝的・生得的なパーソナリティ特性を気質だと考えました（Buss & Plomin, 1984）。そして気質の次元として，「情動性」（emotionality；恐れやいらだちといった負の情動を表出する程度），「活動性」（activity；動作の速さや活発さ

の程度），「社会性」（sociability；他者とかかわろうとする程度）という3つを取りあげました。バスとプロミンは，この3つの気質特性を測定するEAS尺度を作成しています。

　ロスバート（Rothbart, M. K. 1940- ）とデリベリー（Derryberry, D.）は，気質を生物学的な体質に基づいた「反応性」と「自己制御」における個人差だと考えました。反応性とは環境の変化に対して示す生物学的な反応の特徴であり，自己制御とは反応性を調整する機能を意味します（Rothbart & Derryberry, 1981）。ロスバートらは気質を測定するための行動チェックリスト質問紙であるIBQ（Infant Behavior Questionnaire）を作成しました。その質問紙では，「活動性のレベル」「制限されたときの負の情動の表出」「恐れ」「注意の持続」「微笑みと笑い」「なだめやすさ」という6つの次元が測定できるように構成されています。IBQの改訂版であるIBQ-Rについては，日本語版も作成されています（中川・鋤柄，2005）。

　菅原（1996, 2003）は，これまでに行われてきた乳幼児の気質研究で共通する特性として，「新奇なものに対する恐れ」「フラストレーション耐性」「注意の集中性」の3つを挙げています。「新奇なものに対する恐れ」は，見知らぬ他者やはじめて行く場所，見慣れない遊具などに対する恐れを表出する程度のことです。誰に対してもにこにこと愛想よくする乳幼児から，玄関で来客の声がするだけでパニックに陥ってしまうような乳幼児まで，広い個人差が見られます。「フラストレーション耐性」は，やりたいことを禁止された場面や，嫌なことを我慢したりしなければならない場面で怒りや反抗が表出される程度のことです。そして「注意の集中性」は，一つのおもちゃや活動に対する集中する程度（飽きっぽさの程度）の個人差を意味します。生後間もない赤ちゃんにも，このような個人差が見られるそうです。

2. 乳幼児以外の気質理論

（1） グレイの理論

　第5章で説明したように，気質の概念は古代ギリシア・ローマ時代にまでさかのぼります。現代の「気質」という概念には，これまでに説明した乳幼児期の個人差を表すものと，これから説明するより生物学的メカニズムに近い個人差が仮定されているものがあります。

　第6章では，アイゼンクが「神経症傾向」と「外向性」を組み合わせることで，四気質説に対応した類型を構成することができると示したことを紹介しました。アイゼンクはとくに「外向性」について，この個人差が脳幹網体と大脳皮質の覚醒水準の個人差によって生じると説明しました（Eysenck, 1967 梅津・祐宗他訳, 1973）。

　グレイ（Gray, J. A. 1934-2004）は，大学卒業後にロンドン精神医学研究所のアイゼンクの研究室で研修をした経験をもつ，イギリスの実験心理学・臨床心理学者です。彼は恐怖やストレス，欲求不満，回避行動といった現象と生理的反応，脳の活動との関連を詳細に論じ，人間の精神疾患の一つである神経症とその治療についても論じています（Gray, 1987 八木訳, 1991）。そしてその中で，アイゼンクのパーソナリティ理論を修正・発展させ，生物学的メカニズムに直接対応する2つの次元を用いることを提唱しました。その次元とは，図12-1の「不安」と「衝動性」です。

　「不安」は，神経症傾向の高さと内向性の高さ（神経症傾向の低さと外向性の高さ）に対応しています。そして，この背景には「行動抑制系」（Behavioral Inhibition System; BIS）という動機づけのシステムが仮定されています。このシステムは，罰や無報酬，新奇の刺激，恐怖を引き起こす刺激を受けてはたらくものであり，行動を抑制したり注意を喚起したりする行動を引き起こします。

　その一方で「衝動性」は，神経症傾向の高さと外向性の高さ（神経症傾向の低さと内向性の高さ）に対応しています。この背景には，「行動賦活系」（Be-

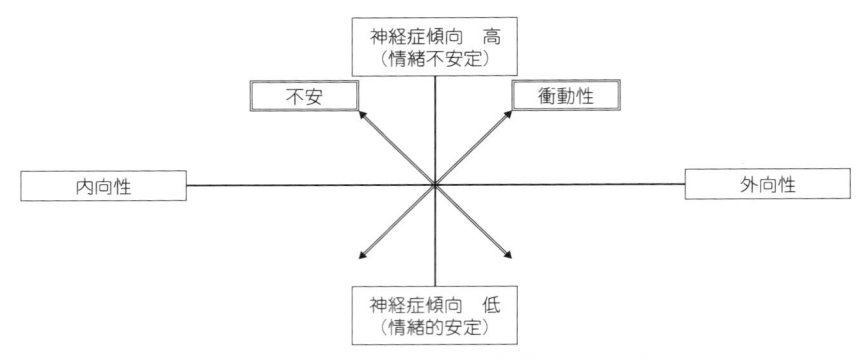

```
        神経症傾向　高
        （情緒不安定）
    不安            衝動性

内向性                      外向性

        神経症傾向　低
        （情緒的安定）
```

図 12-1　アイゼンクのモデルとグレイのモデル

havioral Activation System: BAS) という動機づけシステムの存在が仮定されています。このシステムは，報酬や罰の不在によってはたらくものであり，目標の達成に向けて行動を引き起こします。

　また，行動抑制系はセロトニン神経系，行動賦活系は中脳辺縁系のドーパミン作動系に関係することが仮定されているなど，グレイはこれらのシステムを大脳活動にも結びつけています。アイゼンクの理論（第 5 章 p. 74，第 6 章 Pp. 90-92 参照）は四気質説ともつながりをもちますので，グレイの理論はギリシア・ローマ時代の四気質説として伝わってきた気質特徴に，大脳神経活動という生物学的な基礎が関与しうることを示したと言えるのかもしれません。近年では，グレイのモデルに沿って気質を測定する質問紙も開発されており（BIS/BAS 尺度），日本語版も作成されています（高橋他，2007；安田・佐藤，2002）。[77]

(2) クロニンジャーの理論

　アメリカの精神医学者・心理学者のクロニンジャー（Cloninger, C. R. 1944- ）は，生物学的な理論や臨床活動での知見に基づいて，精神障害に特徴的なパーソナリティを説明するために，気質と性格に関する理論を構築しました。クロ

（77）　その意味では，四気質がベースとなっている血液型性格判断にもこのモデルを当てはめることができそうですが，やはり関連はないでしょう。

ニンジャーが述べる「気質」とは，情動的な刺激に対する自動的な反応に見られる傾向で，遺伝的な要因に規定され，文化や社会生活を通じて安定している部分であると仮定されています。それに対して「性格」は，他者との関係の中で現れてくる個人差で，気質と家族環境，個人の経験の相互作用の結果として発達するとされています（若林，2009）。

クロニンジャーは当初，「新奇性追求」「損害回避」「報酬依存」という3つの気質を考えていました（Cloninger, 1987）。後に報酬依存から「固執」を独立させる形で，4つの気質を設定しています（Cloninger, Svrakic, & Przybeck, 1993）。また性格次元として，「自己志向」「協調性」「自己超越」の3つが想定されています。これらの気質は脳内の伝達物質に関連することが想定されており，新奇性追求はドーパミン，損害回避はセロトニン，報酬依存はノルアドレナリンと関連するとされています。

クロニンジャーによる4つの気質は，次のような意味をもっています。「新奇性追求」は新しい刺激を求め，衝動的で興奮しやすい傾向を表す気質で，グレイのBAS（行動賦活系）に相当するものです。「損害回避」は不安や恐れが強く，疲れやすい傾向を表す気質で，グレイのBIS（行動抑制系）に相当するものです。「報酬依存」は他者を喜ばそうとしたり他者に共感したりするといった，社会的な関係をつくる傾向を表す気質です。そして「報酬依存」から独立した「固執」は，勤勉で忍耐強く取り組む傾向を表す気質です。また後天的に形成されると仮定されている3つの性格については，「自己志向」が自己決定や行動をコントロールする傾向を表すこと，「協調性」が他者に対して協力し共感する傾向，「自己超越」は自己を越えたものと一体感を感じる傾向を意味します。

なお，クロニンジャーが設定した気質と性格を測定する質問紙も開発されており（Temperament and Character Inventory; TCI），日本語版も作成されています（木島他，1996）。

3. 気質とパーソナリティ

(1) 気質はずっと変わらないのか

　乳幼児期に観察される気質の個人差は，成長していく中でも安定して見られるのでしょうか。そして，乳幼児期の気質は，成長後のパーソナリティにそのままつながっていくのでしょうか。

　ここで安定性（不安定性）というとき，いくつかの意味に分けて考えることができるという点に注意する必要があります（Clark & Watson, 2008）。第1に，平均レベルの安定性です。これは，ある検査をある年齢集団に実施し，数年後に同じ集団に同じ検査を実施したときに，平均値に差が生じるか否かを問題にします。たとえば，2歳のときの平均値と，4歳のときの平均値に大きな差がみられなければ，安定していると考えます。第2に，順位の安定性です。これは，同じ人物にくり返しデータをとり，前の年齢で取られたデータと後の年齢で取られたデータの関連（相関関係）を検討することを意味します。2歳のときに他の子どもよりも注意の集中性が高い子どもが，4歳のときにも他の子どもよりも高いと言えるのかを検討するということです。第3に，構造の安定性です。これは，変数どうしの関係が年齢をへて変化していくのか，変わらないのかを検討することを意味します。2歳児のデータにおける注意の集中性とフラストレーション耐性の関係が，4歳児のデータでも同じであるのか異なっているのかを検討するということです。これらの安定性の考え方は，研究を行う上で重要になってきます。

　表12-2は，トーマスとチェスの縦断研究の結果をまとめたものです（菅原，2003による）。数字は相関係数で，無関連の場合に「0」，完全な対応関係にあるときには「±1」となります（第3章 p.50および第11章 p.191参照）。表を見ると，1歳のときと2歳のとき，2歳のときと3歳のときのように，1年間隔でとられたデータの間には，ある程度の関連が認められます。

　表12-2のデータは，同じ人物について，1歳のときから成人に至るまで，

表12-2　行動特徴の経年変化（相関係数，$n=131$）（菅原，2003を改変）

行動特性次元	年齢間隔					
	1歳と2歳	2歳と3歳	3歳と4歳	4歳と5歳	1歳と5歳	1歳と成人
活動水準	**.30**	**.38**	**.33**	**.37**	.18	.06
周期の規則性	**.41**	**.38**	.18	**.35**	.22	－.10
順応性	**.33**	**.41**	**.45**	**.52**	.14	.14
接近・回避	.09	.02	.20	**.40**	－.03	－.02
刺激に対する閾値	**.43**	.22	**.30**	**.28**	.22	.15
反応強度	**.45**	**.39**	**.33**	**.33**	.02	.20
気分の質	**.52**	.19	**.28**	**.29**	.08	－.07
気の散りやすさ	－.07	.17	.19	.11	.08	.03
注意の範囲と持続性	.09	**.35**	.22	.14	.02	－.13

（注）　太字は相関係数が1％水準で有意（$r=.23$以上，$n=131$）であることを意味する。なお，$r=.18$以上（$n=131$）の場合には5％水準で有意と判断することもできる。

繰り返しデータがとられています。したがって，同一人物の時期を隔てた同一指標間の関連を検討していることになります。もちろん，乳幼児期と成人で行動が同じ意味になると言えるのかどうかという点には問題があります。しかし，1歳のときの行動特徴と5歳のときの行動特徴との間の相関，1歳のときと成人となったときの相関係数は，非常に低いものだと言えます。[78]

　もちろん，このような気質や行動特徴の中には，乳幼児期からある程度の年齢になるまで安定したものもあることでしょう。しかし，「小さな頃はこうだったから大人になったらこうなる」という結びつけをすることは難しそうです。やはり，個人がもつ気質と環境との相互作用の中でパーソナリティが発達していくと考えるのがよいのでしょう。

（2）　気質と生物学的基盤

　もしも，グレイやクロニンジャーが仮定する気質が遺伝的な傾向を強くもっ

---

[78]　この相関係数を，第11章の図11-1（p.203）で示した，双生児のきょうだい間のパーソナリティおよび知能指数の相関と比べてみるとよいでしょう。一卵性双生児のきょうだいとはいえ別の人物どうしの相関係数の方が，時間を経ているとはいえ同一人物の相関係数よりも高くなっているのです。

ているのであれば，双生児法による遺伝率の推定（第11章 Pp. 200-203参照）を行った際に，通常のパーソナリティよりも遺伝率が高く推定されるはずです。

日本人の双生児617名にTCIを実施し，各気質の遺伝率を推定した研究によると，その遺伝率は22％から49％でした（Ando et al., 2004）。また，グレイのBIS/BASについて遺伝率を検討した研究では，およそ30％と推定されています（高橋他，2007）。これらの研究から，たしかに気質には遺伝が影響を及ぼしていますが，その影響力は一般的なパーソナリティと比較してもとくに高いとは言えないと考えられます。

ここまで見てきたように，気質はパーソナリティよりも，生物学的基礎に強く根付いた個人差を表しています。パーソナリティに生物学的な基礎がどのようにかかわっているのかを明らかにするためには，気質に注目することが一つの有効な手段だと考えられます。そして，現在では多くの研究者が遺伝や脳の活動など気質の生物学的な基盤を明らかにすべく研究を続けています。

しかし，気質として想定されるような個人差が，はたしてパーソナリティと同じような方法で適切に測定可能であるのか，測定された気質はパーソナリティと明確に区別可能であるのかなどについても不明確な部分は少なくありません。この領域の研究については，今後の研究の進展を待ちたいと思います。

文献

Ando, J., Suzuki, A., Yamagata, S., Kijima, N., Maekawa, H., Ono, Y., & Jang, K. L. (2004). Genetic and environmental structure of Cloninger's temperament and character dimensions. *Journal of Personality Disorders,* **18**, 379-393.

Buss, A. H., & Plomin, R. (1984). *Temperament: Early Developing Personality Traits*. Hillsdale, NJ: Lawrence Erlbaum Associates.

Clark, L. A., & Watson, D. (2008). Temperament: An organizing paradigm for trait psychology. In O. P. John, R. W. Robins & L. A. Pervin (Eds.), *Handbook of Personality: Theory and Research*. New York: The Guilford Press.

Cloninger, C. R. (1987). A systematic method for clinical description and classification of personality variants: A proposal. *Archives of General Psychiatry,* **44**, 573-588.

Cloninger, C. R., Svrakic, D. M., & Przybeck, T. R. (1993). A psychological model of temperament and character. *Archives of General Psychiatry,* **50**, 975-990.

Eysenck, H. J. (1967). *The Biological Basis of Personality.* Springfield, IL: Charles C. Thomas Publisher.（アイゼンク, H. J. 梅津耕作・祐宗省三他（訳）(1973). 人格の構造 岩崎学術出版社）

Gray, J. A. (1987). *The Psychology of Fear and Stress,* 2nd ed. Cambridge: Cambridge University Press.（グレイ, J. A. 八木欽治訳（1991). ストレスと脳 朝倉書店）

稲垣由子（2006). 乳幼児期における心の育ち 母子保健情報, **54**, 47-52.

Kagan, J. (1989). The concept of behavioral inhibition to the unfamiliar. In S. J. Reznick (Ed.), *Perspectives on Behavioral Inhibition.* Chicago: University of Chicago Press. Pp. 1-23.

木島伸彦・斎藤令衣・竹内美香・吉野相英・大野 裕・加藤元一郎・北村俊則（1996). Cloninger の気質と性格の7次元モデルおよび日本語版 Temperament and Character Inventory（TCI） 季刊精神科診断学, **7**, 379-399.

水野里恵（2003). 乳幼児の気質研究の動向と展望 愛知江南短期大学紀要, **32**, 109-123.

中川敦子・鋤柄増根（2005). 乳児の行動の解釈における文化差はIBQ-R 日本版にどのように反映されるか 教育心理学研究, **53**, 491-503.

Rothbart, M. K., & Derryberry, D. (1981). Development of individual differences in temperament. In M. E. Lamb & A. L. Brown (Eds.), *Advances in Developmental Psychology.* Hillsdale, NJ: Lawrence Erlbaum Associates. Pp. 37-86.

菅原ますみ（1996). 気質 青柳 肇・杉山憲司（1996). パーソナリティ形成の心理学 福村出版 Pp. 22-34.

菅原ますみ（2003). 個性はどう育つか 大修館書店

高橋雄介・山形伸二・木島伸彦・繁桝算男・大野 裕・安藤寿康（2007). Gray の気質モデル：BIS/BAS 尺度日本語版の作成と双生児法による行動遺伝学的検討 パーソナリティ研究, **15**, 276-289.

Thomas, A., Chess, S., & Birch, H. G. (1968). *Temperament and Behavior Disorders in Children.* New York: New York University Press.

若林明雄（2009）．パーソナリティとは何か：その概念と理論　培風館

安田朝子・佐藤　徳（2002）．行動制御システム・行動接近システム尺度の作成ならびにその信頼性と妥当性の検討　心理学研究，**73**，234-242．

第13章　あとがき

1. 類型的な見方から特性的な見方へ

　本書の大きな目的の一つは，類型的な見方から特性的な見方への移行を促すことでした。これは，以前に私がかかわった本（小塩・中間，2007）のあとがきでも述べたことです。本書は，この視点をより強調するような内容で構成されています。近年では，臨床心理学の領域でも，類型論から特性論・次元的なアプローチへと移行する動きがあります（杉浦・丹野，2008）。病気の診断というのは，「健康（正常）か病理（異常）か」また「どの病気にあてはまるか」という類型的なアプローチがとられることが多いと言えます。しかし，現実には，健康体から病気の状態までの間を連続的に捉えることができる病気は数多くあります。また，明確に「この病気だ」と判断することが難しい場合もあります。それは精神面での病理でも同じです。近年では一般の健康な状態から病理の状態までを連続的に捉えようとする試みが多く見られます。

　パーソナリティを連続的な特性として把握することで，そこから多くの一連のことが理解できてきます。たとえば，パーソナリティに及ぼす遺伝と環境の影響プロセスについても，特性的な考え方をとらなければその本質的な理解には近づけないでしょう。自分や他者のパーソナリティを理解しようとするときにも，類型的な見方をすると行動とパーソナリティを同一視することになりがちです（第10章 Pp.163-164）。それは，血液型性格判断や県民性をはじめとする類型的な見方のもつ多くの問題点にも通じることです。類型論的な見方に固執することは環境・状況の影響力の軽視にもつながり，ときに誤解や確執を生じさせることもあります（第11章 Pp.212-213）。

しかし第9章と第10章でも見たように，私たちはつい人々を類型化して捉えてしまいます。人を多面的に見ようと心がけたとしても，そう簡単にうまくいきません。すぐに「敵と味方」「東京人と大阪人」「A型とB型」「日本人と中国人」「私の世代と若者の世代」といったような区別を行ってしまいます。私たち（日本人だけでなく世界中の人々）の初期設定は，「類型化して捉えること」になっているのです。

　これに対して特性的に物事を捉えることは，多面的に物事を捉えることに通じます。多面的に物事を捉えるというのは，特性に相当する評価軸を数多くもっていることに相当するからです。

　そこでもう一つ重要な視点が加わります。それは，その評価軸と「社会的な望ましさ」との関連です。一つ例を挙げてみましょう。「とくに勉強しなくてもテストが解けて有名大学に合格してしまう」という人物は，たしかに存在しています。皆さんは，こういう人物を「うらやましい」と思いますか？　それはなぜでしょうか？　それは，「勉強ができる（できない）」という評価軸が，「社会的な望ましさ」と強く結びついているからではないでしょうか。

　「勉強ができる程度」「知能指数」「足の速さ」「野球の上手さ」「身長」「やさしさ」……人々の間には数多くの「個人差」が存在しています。そして，この中には現代の日本において社会的な望ましさに強く結びついたものと，あまり結びついていないものがあります。

　第8章でも述べたように，ある面で秀でた人物を，妬んだり貶めたりするのではなく，素直に「すごいね」と認めてあげることも重要であるのかもしれません。そして先ほどの話にもどります。評価軸を多くもち，別の評価軸でも同等に他者を判断し，認めていくことが重要であるように思います。絵が上手かったり走るのが速かったり，サッカーが上手かったりアニメについて詳しかったり，やさしかったり真面目だったり，他の多くの側面でも同様にです。(79)

（79）　ただ，さすがに「人をだますのが上手いね」とか「物を盗むのが上手いね」といった反社会的な面で認めるのはどうかと思います。

問題となるのは,「社会的に望ましいのはこの側面だけ」と限定した捉え方をしたときです。すると,その限られた側面が劣る人は「もうダメだ」という思考に陥ってしまうかもしれません。特性的な評価軸を複数もち,それぞれの軸が社会的な望ましさとどのような関係にあるのかを自覚すると,すこし物事を冷静に見つめることができるようになるのではないでしょうか。

2. 特性的に捉える練習

とはいえ,いきなり「特性的に考えることが重要だ」と言われても,本書で見てきたようにそう簡単なことではありません。そこで,少し練習してみましょう(小塩,2007を改変)。

①あなたは次の5つの果物のうち,どれが一番好きですか? 一つだけ選んで丸をつけてください。

りんご　みかん　バナナ　メロン　桃

これは,5つの選択肢の中から一つだけを選ぶ形になっています。第7章で説明した尺度水準で言えば「名義水準」の尋ね方になっており,類型論的な考え方に基づいています。これを,次のように変えてみましょう。

②次の5つの果物を,一番好きな物から順に並べ替えてください。

りんご　みかん　バナナ　メロン　桃
(　　)→(　　)→(　　)→(　　)→(　　)

これは,尺度水準で言うと「順序尺度」の尋ね方になっています。名義尺度よりは高い尺度水準で尋ねていますので,②の方法で得たデータを名義尺度に変換することはできます(一番目に記入した果物を取り出せば①と同じデータを得ることができますよね)。

③あなたは次の5つの果物それぞれがどのくらい好きですか? もっともあて

はまる数字一つずつに○をつけてください

　　　1：嫌い　2：やや嫌い　3：中間　4：やや好き　5：好き
　　　(1)　りんご……………1　　2　　3　　4　　5
　　　(2)　みかん……………1　　2　　3　　4　　5
　　　(3)　バナナ……………1　　2　　3　　4　　5
　　　(4)　メロン……………1　　2　　3　　4　　5
　　　(5)　桃…………………1　　2　　3　　4　　5

　この尋ね方は，特性論の考え方に近づいています。5つの果物それぞれについて，好きである程度を「量」で尋ねているからです。このような尋ね方だと，すべてが好き，すべてが嫌い，すべてが中間，2つが同じくらい好きで3つは同じくらい嫌い，といった判断をすることもできるようになります。この点で，一つだけしか選べない①の方法よりも，強制的に順位をつけなければいけない②の方法よりも，自由度が高くなっています。また，この方法は尺度水準で言えば，「間隔尺度」で尋ねていることになります。(80) したがって，より低い順序尺度や名義尺度の水準へデータを変換することもできます。たとえば，一番「好き」と評定した果物から一番「嫌い」と評定した果物まで並べれば，順序尺度の水準になります。また，一番得点が高い果物を取り出せば，①と同じデータを得ることもできます。

④あなたはそれぞれの果物にどのようなイメージをもっていますか。それぞれの形容詞対について，もっとも当てはまる数字に○をつけてください。
(1)　りんご

　　　　　　　　　　非常に　やや　中間　やや　非常に
　　　[1] 嫌い　　　　1　　　2　　3　　4　　5　　　好き
　　　[2] 暗い　　　　1　　　2　　3　　4　　5　　　明るい

---

(80)　この程度の段階だと「順序尺度で測定している」と考える研究者もいます。しかし，心理学の研究では間隔尺度とみなして分析を行うことがほとんどです。正確には，順序尺度と間隔尺度の中間くらいの方法で測定していると言えるでしょう。

[3]	冷たい	1	2	3	4	5	暖かい
[4]	軽い	1	2	3	4	5	重い
[5]	小さい	1	2	3	4	5	大きい

(2) みかん

……

　このような尋ね方を，SD法（Semantic Differential；意味微分法）と言います。アメリカの心理学者オズグッド（Osgood, C. E. 1916-1991）による有名な測定方法です（Osgood et al., 1957）。このような尋ね方をすると，一つの果物について多面的かつ量的な情報を得ることができます。形容詞を左右につけなくても，片方だけにつけても同じように測定することができます。また，次のように文章にしてもよいでしょう。[81]

⑤次の文章を読んで，もっともあてはまると思う数字に○をつけてください。
　1. まったく当てはまらない，2. 当てはまらない，3. どちらとも言えない
　4. 当てはまる，5. とてもよく当てはまる
(1)　私はときどき，無性にりんごを食べたくなる………1　2　3　4　5
(2)　私はりんごによいイメージをもっている……………1　2　3　4　5
(3)　お店でリンゴを見つけると，つい買ってしまう……1　2　3　4　5
……

　どうでしょうか。高い尺度水準で測定するということについて，イメージができたでしょうか。

　これは，パーソナリティを把握するときでも同じです。「神経症傾向」「外向性」「開放性」「調和性」「勤勉性」の中でどれか一つを選択して，「私は外向的な人」と言うのではなく，それぞれを量として把握する方が，高い尺度水準で特性として把握することになります。

---

[81]　これらの質問が妥当なものであるかどうかは別の話です。なお測定する際に考えるべきことについては，第3章と第4章を参照してください。

普段の生活でこういう考え方をするのは面倒だ，と感じる人も多いことでしょう。類型で捉えた方が，一瞬で相手のことが分かって判断がしやすい，と。たしかに，それが正しければ問題はないのです。さらに極端なことを言えば，もし間違っていても，それで実際上の問題が生じないのであれば，ことさらそれを疑問視することもないでしょう。重要なことは，必要なときに特性的な捉え方ができるかどうかではないかと思います。「できる」と思うかもしれませんが，やはり少しは練習が必要です。ぜひときどき，本書を参考にして，「特性的・多面的に見てみよう」と意識してもらえれば幸いです。

3．最後に

　本書の執筆は，2008年9月にミネルヴァ書房の吉岡昌俊さんからパーソナリティ心理学のテキスト執筆のお話を受けたことがきっかけでした。最初は，大学に入ったばかりの学生向けの，わかりやすいパーソナリティ心理学のテキストを「編集」してくださいというご依頼だったと記憶しています。ところが，北海道で開かれた学会の会場で打合せをする中で，「内容の一貫性を保つために一人で執筆する」という方向性へと変化し，さらに正式に執筆させていただけることになってしまいました。一度パーソナリティ心理学に関する自分の考えをまとめておきたいという考えもありましたので，よいチャンスをいただけたと思っています。このような機会を与えていただいたミネルヴァ書房さん，そして吉岡さんには本当に感謝しています。

　とはいえ，私は国内外のパーソナリティ心理学の研究を十分にフォローできているわけではありません。本書を執筆するにあたり，ある程度の文献には目を通しましたが，十分ではない部分もあることでしょう。また，分量の関係から盛り込めなかった内容もあります。本書の執筆はパーソナリティ心理学の現状を学ぶよい機会になりましたが，現在の私の力量ではこのあたりが限界です。内容の不十分な点は私に責任がありますので，ご容赦いただければ幸いです。最後に，子どもたちを寝かしつけたあと毎晩のようにおこなっていた執筆作業

を，慌ただしい日々にもかかわらず暖かく見守ってくれた妻に感謝します．

2010年1月

小塩真司

文献

Osgood, C. E., Suci, G., & Tannenbaum, P.（1957）. *The Measurement of Meaning*. Chicago: University of Illinois Press.

小塩真司（2007）．実践形式で学ぶSPSSとAmosによる心理・調査データ解析　東京図書

小塩真司・中間玲子（2007）．あなたとわたしはどう違う？：パーソナリティ心理学入門講義　ナカニシヤ出版

杉浦義典・丹野義彦（2008）．心理学の世界　教養編5　パーソナリティと臨床の心理学：次元モデルによる統合　培風館

人名索引

あ行
アイゼンク（Eysenck, H. J.） 74, 90, 219
ウェイソン（Wason, P. C.） 170
ウェクスラー（Wechsler, D.） 123
ヴント（Wundt, W. M.） 73
オールポート，ゴードン（Allport, G. W.） 12, 85
オールポート，フロイド（Allport, F.） 85
オドバート（Odbert, H. S.） 87

か行
ガレノス（Galen） 72
カント（Kant, I.） 73
ギフォード（Gifford, R. K.） 185
キャッテル（Cattell, R. B.） 88
ギルフォード（Guilford, J. P.） 130
グレイ（Gray, J. A.） 219
クレッチマー（Kretschmer, E.） 75
クロニンジャー（Cloninger, C. R.） 220
ケーガン（Kagan, J.） 217
ゴールドバーグ（Goldberg, L.） 93
ゴールトン（Galton, F.） 115
ゴールマン（Goleman, D.） 135
コスタ（Costa, Jr., P. T.） 93
ゴダード（Goddard, H.） 118

さ行
サーストン（Thurstone, L. L.） 129
シェルドン（Sheldon, W. H.） 80
シモン（Simon, T.） 115
シャイエ（Schaie, K. W.） 129
シュテルン（Stern, W.） 125
鈴木治太郎 119
スティーブンス（Stevens, S. S.） 104
スピアマン（Spearman, C.） 129

た行
ダーウィン（Darwin, C. R.） 114
ターマン（Terman, L.） 118
ターンブール（Turnbull, W. W.） 138
田中寛一 119
チェス（Chess, S.） 215
辻平治郎 96
テオプラストス（Theophrastus） 70
デリベリー（Derryberry, D.） 218
テレゲン（Tellegen, A.） 98
ドーキンス（Dawkins, C. R.） 112
トーマス（Thomas, A.） 215

な行
能見俊賢 151
能見正比古 149, 160

は行
バーナム（Barnum, P. T.） 161
バス（Buss, A. H.） 217
ハミルトン（Hamilton, D. L.） 185
ビネ（Binet, A.） 115
ヒポクラテス（Hippocrates） 72
フォアー（Forer, B. R.） 161
フリン（Flynn, J. R.） 131
古川竹二 142
フロイト（Freud, S.） 8
プロミン（Plomin, R.） 217

ま行
マクレー（McCrae, R. R.） 93
松井豊 152
ミッシェル（Mischel, W.） 43
ミルグラム（Milgram, S.） 38
村上宣寛 96

や行
ヤーキーズ（Yerkes, R.） 120
ユング（Jung, C. G.） 80

ら　行

ラントシュタイナー（Landsteiner, K.）
　141
ロスバート（Rothbart, M. K.）　218

わ　行

ワイズマン（Wiseman, R.）　175
ワトソン（Watson, J. B.）　8

事項索引

あ 行

アイゼンクパーソナリティ質問票（EPQ） 90
アイゼンクパーソナリティ目録（EPI） 90
悪魔の証明 154
頭のよさ 137
扱いにくい子 216
扱いやすい子 216
後知恵バイアス 162
α係数 61
αテスト（陸軍A式検査） 120
EAS尺度 218
一卵性双生児 190
一貫性論争 43
一般知能（g） 129
遺伝 7, 131
　——決定論 9
　——病 209
移民制限法 133
イレヴン・プラス試験（中等学校進学適性検査） 134
因子分析 86, 88
うつ病 77
ABO式血液型 141
エンジンがかかりにくい子ども 216
黄胆汁 72

か 行

外向型 80
外向性（Extraversion, Extroversion） 90, 93
階層構造 92
外胚葉型 80
開放性（Openness, Openness to Experience） 95
ガウス分布 20
確証バイアス 170, 173
学力 66
活動水準 216
活動性 217
活動の気質 73
環境 7, 36
　——決定論 9
　——適合モデル 216
　——要因 37
感情の気質 73
気質 11, 72, 91, 215
気の散りやすさ 216
気分の質 216
基本的帰属錯誤 37
キャラクター教育（character education） 13
ギャンブラーの錯誤 51
Q因子分析 112
協調性（調和性，Agreeableness） 95, 221
共通特性 87
共有環境 131, 200
　非—— 131, 200
クラスタ分析 112
傾性概念 33
血液 72
血液型性格関連説 69
血液型性格判断 141
『血液型でわかる相性』 149
『血液型と気質』 146
『血液型人間学』 150, 160
結晶性知能 129
語彙仮説 87
5因子性格検査（Five-Factor Personality Questionnaire: FFPQ） 96
5因子モデル（Five Factor Model: FFM） 93
構成概念 33
　理論的—— 33
構造の安定性 222
肯定的情動性 98

事項索引

行動　34
　　——の結果　34
　　——遺伝学　190
　　——賦活系（BAS）　219
　　——抑制系（BIS）　219
　　——抑制性　217
項目—尺度間相関（I-T相関）　61
黒胆汁　72
　　——質（憂うつ質）　72,91
固執　221
個人差　15,24
個別特性　87

さ　行

錯誤相関（illusory correlation）　185
3因子モデル　98
散布図　110,191
刺激に対する閾値　216
自己志向　221
自己制御　218
自己超越　221
16PF（Sixteen Personality Factor Questionnaire）　89
16PF人格検査　89
質問項目　46
質問紙尺度　45
社会性　218
社会的な望ましさ　17
尺度　103
　　——水準　103
　　間隔——　104
　　順序——　104
　　比率——　104
　　名義——　105
社交性　94
習慣　92
周期の規則性　216
縦断研究　215
　　ニューヨーク——　216
『種の起源』　114
主要5因子性格検査（Big Five）　96

順位の安定性　222
順応性　216
状況　36
情緒安定性　93
衝動性　219
情動性　217
　　否定的——　98
情動知能（EI, EQ）　135,136
情報量　112
所産　130
人格　11
新奇性追求　221
新奇なものに対する恐れ　218
神経症傾向（情緒不安定性，Neuroticism）　90,93
人種差別　183
身体緊張型　80
身長　206
信頼性　57
　　再検査——　59
数値化　29
ステレオタイプ　173,178
性格　1,11
正規分布　20,126
性差別　183
誠実性（勤勉性，Conscientiousness）　95
精神年齢（MA）　124
精神病傾向　90
精神分析学　8
生物化学的人種指数　146
制約性　98
接近・回避　216
折半法　61
選択肢　48
躁うつ病（双極性障害）　77
相関係数　50,89,191,222
相互作用　208
相対的な比較　27,53
測定　45
　　——誤差　131
損害回避　221

237

た　行

『体格と性格』　75
大学入試センター試験　206
体質　76
体重　206
大脳緊張型　80
多血質　72, 91
多肢選択方式　123
妥当性　57, 61
　　──尺度　96
　　基準関連──　63
　　構成概念──　64
　　内容的──　63
　　併存的──　63
　　予測的──　63
単位　28
胆汁質　72, 91
団体指数（活動性指数）　147
知的操作　130
知能　86, 114
　　流動性──　129
知能検査　86, 115, 119
　　ウェクスラー式児童用──（WISC）
　　　123, 131
　　ウェクスラー式成人用──（WAIS）　123
　　　──第3版（WAIS-III）　130
　　ウェクスラー式幼児用──（WPPSI）
　　　123
　　ウェクスラー・ベルビュー──　123
　　鈴木・ビネー──　119
　　スタンフォード・ビネー──　119
　　田中・ビネー──　119
知能指数（IQ）　119, 125, 127, 191, 206, 210
知能偏差値　128
注意の集中性　218
注意の範囲と持続性　216
中胚葉型　80
デブリーフィング　42
てんかん　78
『天才と遺伝』　115
等環境仮説　200

統計学　103
統合失調症　77
闘士型　76
特殊学級　116
特殊知能（s）　129
特性　109, 193
　　──論　82

な　行

内向型　80
内臓緊張型　80
内的整合性（内的一貫性）　60
内胚葉型　80
内容　130
ナラティヴ・アプローチ　86
二卵性双生児　190
粘液　72
　　──質　72, 91
年齢段階　118
能力　115

は　行

パーソナリティ　1
　　──特性プロフィール　84
　　──の3つのプロトタイプ　112
バーナム効果（フォアー効果）　161
パス図　97, 200
母親泣かせ　215
パラメータ　82
反応強度　216
反応性　218
PMAテスト　129
非相加的遺伝　201
ビッグスリー（Big Three）　98
ビッグファイブ（Big Five）
　　93, 191, 202, 206
『人さまざま』　70
肥満型　76, 77
標準偏差　49
病前性格　77
不安　219

フェニルアラニン 209
フェニルケトン尿症 209
服従実験 38
双子 190
フラストレーション耐性 218
ブラッドタイプ・ハラスメント 183
不連続精神 112
分類 69
平均 18
　──レベルの安定性 222
βテスト（陸軍B式検査） 120
ベル・カーブ 20
偏差値 50, 127
偏差知能指数（D・IQ） 127
報酬依存 221
細長型 76
ポリジーンモデル 196

ま 行
3つ組数字課題（2-4-6課題） 170
無関連 51, 167
難しい子ども 215
メリトクラシー 135
メンデルの遺伝モデル 193
モーズレイ性格検査（MPI） 90

や 行
優生学 115, 133
優生断種法 133
四気質説 72, 141, 220
四体液説 72

ら 行
流動性知能 129
類型 109, 193
　──化 188, 228
　──論（タイプ論） 69
暦年齢 125

欧 文
character 11
IBQ (Infant Behavior Questionnaire) 218
　──-R 218
NEO-PI-R (Revised NEO Personality Inventory) 96, 206
overcontrolled 112
personality 11
resilient 112
TCI 221
temperament 11, 72
undercontrolled 112

《著者紹介》

小塩真司（おしお・あつし）

1972年生まれ
2000年　名古屋大学大学院教育学研究科博士課程後期課程修了
中部大学人文学部講師，助教授，准教授を経て
現　在　早稲田大学文学学術院　教授
　　　　博士（教育心理学）
著　書
『性格を科学する心理学のはなし』新曜社，2011年
『Progress & Application　パーソナリティ心理学』サイエンス社，2014年
『性格がいい人，悪い人の科学』日本経済新聞出版社，2018年
『性格とは何か』中央公論新社，2020年
『非認知能力─概念・測定と教育の可能性─』北大路書房，2021年（編著）
『パーソナリティ・知能　キーワード心理学11』新曜社，2021年（共著）
『Big Five パーソナリティ・ハンドブック─5つの因子から「性格」を読み解く─』福村出版，2023年（共著）
『「性格が悪い」とはどういうことか─ダークサイドの心理学─』筑摩書房，2024年

　　　　　　　　　はじめて学ぶパーソナリティ心理学
　　　　　　　　　　───個性をめぐる冒険───

| 2010年4月20日　初版第1刷発行 | 〈検印省略〉 |
| 2025年1月30日　初版第11刷発行 | |

定価はカバーに
表示しています

著　者　　小　塩　真　司
発行者　　杉　田　啓　三
印刷者　　田　中　雅　博

発行所　株式会社　ミネルヴァ書房
607-8494　京都市山科区日ノ岡堤谷町1
電話代表　(075)581-5191
振替口座　01020-0-8076

©小塩真司，2010　　創栄図書印刷・吉田三誠堂製本

ISBN978-4-623-05684-2
Printed in Japan

―――――― いちばんはじめに読む心理学の本 ――――――

臨床心理学
―― 全体的存在として人間を理解する

伊藤良子　編著

A5判　256頁
本体2500円

発達心理学［第2版］
―― 周りの世界とかかわりながら人はいかに育つか

藤村宣之　編著

A5判　274頁
本体2500円

認知心理学
―― 心のメカニズムを解き明かす

仲真紀子　編著

A5判　264頁
本体2500円

知覚心理学
―― 心の入り口を科学する

北岡明佳　編著

A5判　312頁
本体2800円

よくわかるパーソナリティ心理学

吉川眞理　編著

B5判　216頁
本体2600円

公認心理師の基本を学ぶテキスト⑨
感情・人格心理学
―― 「その人らしさ」をかたちづくるもの

川畑直人・大島剛・郷式徹　監修／中間玲子　編著

A5判　216頁
本体2200円

―――――― ミネルヴァ書房 ――――――

https://www.minervashobo.co.jp/